Histérica

Histérica

Elissa Bassist

Traducción de Ana Duque

Rocaeditorial

Penguin
Random House
Grupo Editorial

Título original: *Hysterical*
Primera edición: noviembre de 2023

© 2022, Elissa Bassist
© 2023, Roca Editorial de Libros, S.L.U.
Travessera de Gràcia, 47-49. 08021 Barcelona
© 2023, Ana Duque, por la traducción

Printed in Spain – Impreso en España

ISBN: 978-84-19449-75-7
Depósito legal: B 17296-2023

Impreso en Liberdúplex
Sant Llorenç d'Hortons (Barcelona)

RE49757

Para mi madre,
para Thea,
y para todas las demás zorras locas psicópatas

Índice

Introducción

—No tienes un tumor cerebral —dijo el primer neurólogo.

—Necesitas que te vuelvan a graduar la vista —dijo el primer oftalmólogo.

—Puede que tengas una sinusitis —dijo el propietario de la tienda de rosquillas, coincidiendo con mi médico.

Era finales de febrero, habían pasado tres meses desde las elecciones de 2016, y mi visión se había vuelto borrosa.

Después mi estado evolucionó rápidamente hacia un dolor de cabeza tipo alambre-atravesando-el-cerebro, que dio paso a un incesante dolor de garganta, y posteriormente a persistentes dolores estomacales, llegando incluso a sufrir una hernia discal, entre otros síntomas, tantos que empecé a sentirme avergonzada. Durante los dos años siguientes no tuve vida; tenía hora con el médico: con psicólogos o psiquiatras, oftalmólogos o médicos de familia, neurólogos o psicofarmacólogos o radiólogos, un alergólogo, una otorrinolaringóloga, un gastroenterólogo, un nefrólogo, un cirujano ortopédico de las manos, un terapeuta ocupacional, un rehabilitador especialista en columna vertebral, un fisioterapeuta, una masoterapeuta, una acupuntora, una naturópata o una especialista en trastornos obsesivos compulsivos.

Cada semana tenía programadas dos o tres citas con distintos médicos, a las que acudía sola, habiendo perdido peso respecto a las anteriores visitas y con un poco menos de pelo.

El diagnóstico que se me daba una y otra vez, solo superado por la falta de diagnóstico, era: «No te pasa nada».

Tenía lo mismo que tantos otros millones de mujeres estadounidenses: dolores que desconcertaban a los médicos, un cuerpo que no encajaba con los parámetros científicos, una psique que no tenía sentido para la humanidad en general.

Para que tuviera sentido, para no sucumbir, para recuperarme, tendría que llegar hasta el origen de esas afecciones sin diagnóstico, malentendidas (como yo y otras mujeres) y con un tratamiento desacertado. Tendría que remontarme a mi nacimiento y al de Eva.

Lo que descubrí es algo que nadie mejor que mi madre puede expresar, la cual, en cualquier conversación que durase más de diez minutos, decía con su acento sureño: «Es un mundo de hombres».

La autora y activista Caroline Criado Perez reafirma las palabras de mi madre en *La mujer invisible: Descubre cómo los datos configuran un mundo hecho por y para los hombres*:

> Desde la teoría del «hombre cazador», los cronistas del pasado han profundizado poco en el papel que han tenido las mujeres en la evolución de la humanidad, ya sea esta cultural o biológica. Sin embargo, la vida de los hombres ha llegado a representar la de los seres humanos en general. Cuando se trata de la vida de la otra mitad de la humanidad, a menudo no hay más que silencio. Y estos silencios se encuentran por todas partes: en las películas, las noticias, la literatura, la ciencia, la planificación urbana, la economía. Las historias que nos contamos sobre nuestro pasado, presente y futuro. Todo está marcado —o desfigurado— por una «presencia ausente» con forma femenina.

Estos silencios se encuentran por todas partes. Aunque he experimentado algunos, otros me habían pasado desapercibidos. Al ocupar el asiento de un automóvil, sospechaba que el cinturón de seguridad no había sido diseñado por alguien que tuviera pecho. Como peatón, había advertido que los semáforos representan una figura masculina caminando (las mujeres obviamente están en casa, ataviadas con vestidos, cuidando de los niños o de sus maridos). En las consultas en las que esperaba en calidad de mujer enferma, me quedaba mirando fijamente la decoración de las paredes, donde el cuerpo femenino estaba ausente, mientras que el masculino, representando el cuerpo humano, el cuerpo universal, estaba por todas partes. Cuando gané un viaje gratis a Israel y visité el Muro de las Lamentaciones en Jerusalén, me encontré con lo que se habían encontrado durante siglos las demás mujeres: la parte reservada para nosotras es mucho más reducida que la de los hombres (el Muro segrega los dos géneros, y dos tercios de su longitud están destinados al masculino, de manera que las mujeres se apiñan para hablar con Dios mientras que los hombres pueden hacerlo dando un paseo). En El Salvador, país donde el aborto está prohibido, diecisiete mujeres conocidas como «Las 17» han sido encarceladas y sentenciadas a condenas mínimas de treinta años por abortos espontáneos o haber parido un feto muerto. En marzo de 2019, no se pudo hacer historia cuando la NASA canceló su primer paseo espacial exclusivamente femenino debido a un problema de vestuario: no contaban con dos trajes espaciales en tallas más pequeñas (incluso en el espacio exterior hay una brecha de género). Se puede elegir a un perro como alcalde (en Minnesota, en California, en Colorado, en Kentucky), pero en 2021 solo la cuarta parte de los alcaldes humanos eran mujeres. «Mujer» se define del siguiente modo en el *New Oxford American Dictionary*, el diccionario por defecto de Apple:

(1) «UNA MUJER SALIÓ DEL COCHE»: señora, chica, fémina; matrona; escocés *lass*: muchacha soltera, chavala; en lenguaje informal: chica, chiquilla, hermana, dama, tía, jovencita; tipa; en lenguaje literario: doncella, señorita, damisela; en lenguaje arcaico: moza, doña; (mujeres) hembraje.

(2) «SE BUSCÓ UNA NUEVA MUJER»: novia, amada, compañera, persona especial, enamorada, amante, querida; prometida; cónyuge, esposa; en lenguaje informal: parienta, media naranja, amante (habitual), muñeca, cariño; anticuado: ligue, dulcinea.

En cambio, «hombre» se define así:

(1) «UN HOMBRE ATRACTIVO»: macho, adulto, caballero; en lenguaje informal: tío, colega, tipo, fulano, señor, compadre, chico, andoba; (hombres) hombría.

(2) «TODOS LOS HOMBRES SON MORTALES»: ser humano, humano, persona, mortal, individual, personaje, alma.

(3) «LA EVOLUCIÓN DEL HOMBRE»: la raza humana, la especie humana, *Homo sapiens*, humanidad, seres humanos, humanos, gente, género humano.

(4) «LOS HOMBRES VOTARON PARA IR A LA HUELGA»: trabajador, obrero, jornalero, peón, operario; personal.

En el principio ya existía el Verbo, y algún tipo pronunció la palabra, y esa palabra fue «moza». Puesto que la Biblia fue escrita por hombres, al igual que *Los 5 lenguajes del amor*,[1] y los diccionarios de definiciones y de sinónimos,[2] que han forjado el léxico estadounidense, mientras las mujeres «salen de un coche» y son referentes románticos para otras mujeres, los hombres votan y van a la huelga; nacen ya siendo atractivos y están vivos y tienen alma y progresan. Los hombres son la norma y el ideal. Todo aquello que no encaje en esa categoría es invisible o irrelevante, y puede ser ignorado o ridiculizado, despreciado o silenciado, eliminado o ultrajado, o asesinado. O una combinación de todas esas posibilidades, razón por la cual una moza, una dama, una chica, novia o esposa, o una querida pueden morir a causa del silencio.

En *Doing Harm: The Truth About How Bad Medicine and Lazy Science Leave Women Dismissed, Misdiagnosed, and Sick (Haciendo daño: la verdad sobre cómo la mala práctica de la medicina y la ciencia ociosa dejan abandonadas, mal diagnosticadas y enfermas a las mujeres)*, publicado en 2018, la autora, Maya Dusenbery, establece la conexión: las mujeres tienen «por lo menos el doble de probabilidades de sufrir afecciones dolorosas crónicas que actualmente afectan a cien millones de estadounidenses adultos», y estas dolencias «lamentablemente no reciben un tratamiento adecuado y no se investigan lo suficiente». A ello cabe añadir «síntomas no explicados por la medicina»; la «última etiqueta que aplicar a supuestos síntomas de histeria», escribe Dusenbery. Cita estudios que afirman que «hasta un tercio de los pacientes en atención primaria» y «hasta dos tercios […] en clínicas especializadas» presentan esa clase de síntomas inexplicables. Y «aproximadamente el 70 % [de pacientes con síntomas no explicados por la medicina] son mujeres». Dusenbery aclara además que al-

---

1. El pastor bautista Gary Chapman escribió *Los 5 lenguajes del amor: el secreto del amor que perdura*, que se ha convertido en un *best seller*. Jeanna Kadlec, exevangélica y autora de *Heretic: A Memoir (Hereje: Memorias)*, tuiteó en su lectura de esa obra que los lenguajes de los que habla, que comprenden «palabras de afirmación», «tiempo de calidad», «contacto físico», «actos de servicio» y «dar y recibir regalos», «están específicamente pensados para reforzar las normas de género patriarcales».

2. Peter Mark Roget en 1805. Para este libro busqué sinónimos de «víctima» en *OneLook Thesaurus* y el segundo de la lista es «mujer».

gunos síntomas sin causa conocida por la medicina simplemente «todavía no han conseguido ser explicados». Eso se debe a que «muchos millones» de mujeres estadounidenses «experimentan largas esperas y tienen que visitar a distintos profesionales sanitarios antes de obtener un diagnóstico correcto», y en ocasiones un diagnóstico de endometriosis se demora hasta diez años (la endometriosis «se cree que afecta a una de cada diez mujeres», escribe Perez en *La mujer invisible*, y sin embargo «hubo que esperar hasta el año 2017 para que el Instituto Nacional de Excelencia en Salud y Atención de Inglaterra publicara sus primeros consejos a los médicos para tratarla», en los cuales la «recomendación principal» es «escuchar a las mujeres»). La autora Alyson J. McGregor en su obra *Sex Matters: How Male-Centric Medicine Endangers Women's Health and What We Can Do About It (El género sí importa: cómo la medicina centrada en el cuerpo masculino pone en peligro la salud de las mujeres y qué podemos hacer al respecto)* advierte: «Es necesario comprender esto: las mujeres corren mayor riesgo de recibir un diagnóstico erróneo, un tratamiento inadecuado y de sufrir complicaciones en situaciones médicas habituales».

Las mujeres también corren mayor riesgo de padecer una enfermedad mental. La depresión es un 70 % más frecuente en mujeres que en hombres. «Aproximadamente una de cada cinco mujeres en Estados Unidos de América toman fármacos psicotrópicos, por oposición a uno de cada ocho hombres», escribe Dusenbery. Los intentos de suicidios en mujeres adultas presentan un índice de 1,6 veces mayor que en los hombres, y, entre 2007 y 2015, las tasas de suicidio en chicas adolescentes se duplicaron (en el año 2015, los y las adolescentes consumieron un promedio de nueve horas diarias de contenidos sexistas, misóginos y violentos).

Estas estadísticas proceden de una cultura en la que los hombres hablan y las mujeres callan.

Siendo hija única de padres divorciados que contrajeron segundas nupcias, la televisión fue para mí como un quinto progenitor, y me considero parte de la primera generación «siempre conectada», en la actualidad *millennials* geriátricos, por lo que sé con certeza que los hombres son los que más hablan en las películas, en la televisión y en

15

los programas en *streaming*, y cuando hablan las mujeres, normalmente hablan sobre hombres.[3] Asimismo, suelen ser hombres quienes informan sobre la mayoría de las noticias, incluso las relativas a las mujeres, como por ejemplo temática reproductora, violencia de género y acoso. Y fueron hombres quienes fundaron y todavía dirigen nuestras cajas de resonancia (Facebook, Instagram, Twitter, Reddit, Snapchat), y predominan en todos los niveles de la industria y el gobierno. Mientras tanto, se reprime, ataca e interrumpe cualquier voz femenina, a veces con la colaboración incluso de una mujer. Durante el debate vicepresidencial de 2020, la senadora Kamala Harris no solo repitió (tuvo que repetir) «tengo la palabra», sino que además la moderadora Susan Page permitió que Mike Pence hablase durante más tiempo, la interrumpiera e ignorara, e incluso moderara el debate formulándose él mismo las preguntas que responder.

A lo largo de la historia, mujeres como Harris han sido reprendidas o medicadas por usar su voz «inapropiadamente» al expresar tristeza, ira o alegría de forma que pudiera perturbar a los demás. Mi historia sobre la llegada a la madurez se desarrolló en una cultura que parece no comprender a las mujeres y sus muchos y variados sentimientos, en la que si un hombre no acepta un «no» por respuesta es algo normal, pero en caso de tratarse de una mujer, se la considera una «psicótica». Donde no pasa nada si un hombre en una *app* de citas no es capaz de escribir sin faltas, pero si una mujer utiliza demasiados signos de exclamación es una demente, y si no usa los suficientes, es una zorra. Donde el silencio de un hombre significa que «no está interesado», mientras que el de una mujer es una cuestión de decoro. Pero si una mujer se dispone a hablar, si tiene que hacerlo, entonces lo más importante es el deseo que puede llegar a inspirar, no lo que tenga que decir, ni tampoco aquello con lo que se muestra en desacuerdo. Por tanto, la voz de una mujer es su jaula, dentro de la cual debe manejar los controles del audio para que se la escuche, y si yo fuera un hombre, esta metáfora mixta podría funcionar.

3. Es decir, la mayoría de las películas y programas no pasan el Test de Bechdel, surgido de la tira cómica *Dykes to Watch Out For* (*Unas lesbianas de cuidado*) de Alison Bechdel, que incluye los siguientes criterios: debe ser una obra de ficción (1) donde aparezcan al menos dos personajes femeninos (2) que mantengan una conversación (3) que no tenga como tema un hombre.

Lo que las mujeres no se han preguntado a sí mismas, tanto en el contexto laboral como en una relación, es: ¿qué hay que hacer para que te oigan cuando los demás no quieren escuchar? Y ¿por qué las palabras pronunciadas por un hombre parecen citas bíblicas, pero las mismas palabras en boca de una mujer parecen una regañina? En las relaciones es más probable que sean las mujeres quienes pidan disculpas, y menos probable que digan «no». Lo mismo es aplicable al contexto laboral.[4] Y la norma tácita para las mujeres en el amor es la misma que funciona en el trabajo: menos es más.

La sociedad es en sí misma básicamente una retransmisión en directo del patriarcado que bombardea la misma regla y otros mensajes a mujeres y adolescentes: habla con más suavidad, gime con más fuerza, sé pura, no seas tímida, no contestes, no lo cuentes, no digas esto (o lo otro), no llames la atención, no seas difícil, sé agradable, sé aquella que todos los demás necesitan que seas.

Mi autoestima absorbió esos mensajes, que son subliminales hasta que se convierten en nucleares, hasta que los hube transmutado en algo sólido y supremo, y empecé a decírmelos a mí misma y a aceptarlos como si fueran de mi propia cosecha. Esos mensajes se convertirían en mi filtro, mi filosofía y mi personalidad, en todos mis pensamientos y en la base de mi interacción (social, política, romántica, ideológica, superficial), mi pauta de conducta y la inspiración que me motivó a elegir una voz tan suave, amable y normal que es un milagro médico que pudiera incluso respirar…

Había entrado en un círculo vicioso.

¿Y qué sucede cuando la retransmisión en directo del patriarcado nos bombardea además con chicas muertas y mujeres ultrajadas *ad nauseam*? «El único y mejor vaticinador de las violaciones —escribe la prolífica autora y profesora de estudios de comunicación Julia T. Wood, citando un estudio de 1989— es la circulación de […] materiales que glorifican la fuerza y la explotación sexual», mate-

---

4. Tal vez porque la temperatura estándar en las oficinas es baja, elegida en función de cuerpos masculinos en ropas masculinas, y según la revista *Atlantic* puede que esa sea la causa de una disminución del funcionamiento cognitivo de las mujeres.

17

riales que declaran su afecto por mujeres y adolescentes mediante la degradación.

A pesar de los rumores, no es tan fácil alzar la voz. Puesto que las mujeres han sido entrenadas para desaparecer mientras se las observa constantemente, nos hemos convertido en nuestras principales y más duras críticas y censoras; es decir, hablar por nosotras mismas no es precisamente la forma en que aprendimos a hablar. Y, sin embargo, somos muy hábiles a la hora de sonreír, de cuestionarnos, en el autodesprecio, en pedir las cosas, en malentendidos, en ofrecer reverencias. Se trata en realidad de diferentes formas de silencio: hablamos, pero exclusivamente en forma de cumplido («expresas tan bien tu sexismo») y de disculpa, y diciendo siempre lo correcto. Una conversación típica entre mujeres suena así:

—Lo siento.

—No, ¡soy yo quien lo siente!

—¡No tienes por qué! Soy yo la que lo siente.

—Ay, lo siento, tienes razón. Lo siento.

—Por favor, soy yo la única que debe disculparse.

Puesto que apenas existimos, tenemos que seguir disculpándonos por existir, para justificar que somos y nos sentimos humanas. Lo cual puede hacer que formarse una opinión o incluso compartirla sea algo impensable.

Especialmente en medio de un silenciamiento directo. En la reacción negativa a #MeToo, algunas personas cuestionaban quién se merecía tener voz, y argüían que, puesto que las mujeres tienen más voz que nunca —dado que en 2021 alcanzaban casi el 27 % de participación en el Congreso en comparación con casi el 24 % de 2019; y que los grupos con 23,6 % de mujeres parecen ser el estándar mientras que el 26,7 % parece algo excepcional; y que además *Wonder Woman* (la primera película) no estaba tan mal)—, pues ya deberían haberse quedado calladitas. O si no...

O si no, somos unas histéricas.

En 2017, el que había sido asesor presidencial Jason Miller llamó a la senadora Kamala Harris «histérica» durante una audiencia sobre la conspiración de Jeff Sessions con Rusia durante las elecciones de 2016. «Vamos a ver, es que estaba haciendo preguntas muy duras», ofreció Miller como explicación, y todos los hombres republicanos se enorgullecieron de que un hombre llamara las cosas por su nombre.

«Histérica» significa que una mujer hace preguntas difíciles. Este término con siglos de antigüedad puede describir y desacreditar y hacer caso omiso de todo lo que pueda sentir, pensar, decir o hacer una mujer. No está enferma, está histérica. ¿Tiene dolor? Está histérica. ¿Está sensible? Está histérica. ¿Enamorada? Está histérica. ¿Es directa? Está histérica. ¿Testaruda? Está histérica. ¿Se desangra? Está histérica. ¿Hizo su trabajo? Está histérica. ¿Está en desacuerdo? Está histérica. La etiqueta es pegadiza (la mujer es la cola y al hombre le rebota), de forma que una mujer ya etiquetada y aquellos a su alrededor solo podrán pensar en una posibilidad: histérica. Histérica. Histérica.

¿No estamos enfermas ya de tanto desequilibrio? Personalmente puedo decir que sí que lo estamos, como mínimo literalmente.

Y no quiero que suene como si estuviera histérica, pero casi me muero debido al silencio, a la enfermedad, al diagnóstico «No te pasa nada». A tener una voz aguda que los perros son capaces de oír pero los médicos no. A preferir morir antes que sacar de quicio a alguien o ser una «zorra loca psicópata».

Soy feminista (gracias) con un grado en Estudios de Género y Sobre la Mujer y una goma de borrar que pone «BORRA EL PATRIARCADO» en mi escritorio, y sin embargo… Y sin embargo, pido perdón a objetos inanimados. Y sin embargo, sonrío mientras me insultan. Y sin embargo, doy propina a los taxistas por no agredirme. Y sin embargo, sigo preguntándome por qué mi ex no contesta a mis mensajes («¿será porque he dicho algo mal o porque el mensaje era demasiado largo?»). Y sin embargo, me siento obligada a hablar «lo justo», a verbalizar mis pensamientos «con dulzura», a regurgitar lindezas que no reflejan mis creencias, a decir «estoy bien» cuando estoy sangrando.

Y sin embargo, no es tan simple borrar el patriarcado porque no solo vivimos en él, sino que es el patriarcado el que vive en nosotras. Algunas semanas antes de las elecciones de 2016 presencié una conversación entre bell hooks y Joey Soloway en la Universidad New School, donde Soloway predijo el fin del patriarcado, y hooks se rio; no se produciría el fin del patriarcado. En parte porque el patriarcado

19

es nuestra lengua materna y condición preexistente. Todavía me encojo al mencionar la palabra «patriarcado» por miedo a que se me apode «feminazi».

Pero mi silencio me dolía más que cualquier cosa que pudiera decir. Y cuando estaba enferma no solo pensaba que me iba a morir (estaba bastante segura de que me moriría), sino que pensaba además que me iba a morir con tantas cosas todavía en el tintero.

Mi enfermedad, mi «histeria», me suplicaba que analizara la forma en que callarme y encogerme estaba amenazando mi cuerpo/mente/vagina/alma/vida. Para ponerme bien tenía que romper mis propios silencios y recuperar la voz que era mía antes de que el mundo interviniera, y después volver a usarla sin arrepentimientos.

Tengo la esperanza de que quienes lean esto me imiten.

PERO, DE MOMENTO, SILENCIO, PORQUE ESTE LIBRO ESTÁ A PUNTO DE EMPEZAR.

1

Historial médico

«*Y* el Oscar es para... ¡Casey Affleck, *Manchester frente al mar*!», anunciaba Brie Larson en la octogésima novena entrega de los premios de la Academia. Estaba usando mi portátil en mi apartamento de un dormitorio en Brooklyn, viendo como Casey Affleck, con el pelo recogido en un moño, subía al escenario, y Larson, que había ganado el premio a la mejor actriz el año anterior por su papel como superviviente de una agresión sexual en *La habitación*, le recibía con un abrazo y le daba la estatuilla, y de repente me di cuenta de que no podía hacer lo que estaba haciendo: no veía con claridad. Me dolía el ojo derecho mientras veía cómo otro acusado de acoso ganaba un premio por su arte en lugar de ser arrestado o de algún modo disciplinado por su (en dos ocasiones) supuesto delito (que se resolvió extrajudicialmente por una suma no revelada).[1]

Algunos días más tarde, el dolor había pasado al ojo izquierdo. Y unos cuantos días después, no podía leer el letrero con el nombre de mi calle a la altura del cruce.

Supuse que se trataba de fatiga ocular debida a mi devoción a la pantalla, y pedí hora con un oftalmólogo del Upper West Side (que no cubría mi seguro). Los libros de Joan Didion estaban expuestos en el mostrador de la entrada (realmente se trataba del oftalmólogo de Joan Didion, fue el destino, no lo elegí intencionadamente), y la ayudante administrativa me facilitó el primer compendio de formularios de historial médico que tuve que rellenar repetidamente durante los siguientes dos años.

---

1. Pero Brie Larson fue ampliamente criticada por «la cara que puso» y por no mostrarse entusiasmada.

Sentada en la sala de espera que parecía una galería de arte, le conté un poco de mí misma al formulario.

Edad/Género/Ubicación: principio de la treintena/femenino/en mi cabeza.

Raza: blanca/translúcida.

Carta astrológica: sol en Virgo, luna en Cáncer, ascendente en Escorpio.

Estado civil: soltera; soltera-soltera, también para montar los muebles de IKEA.

Contacto de emergencia y redes de seguridad: mamá y padrastro acomodados.

Ocupación: escritora y editora *free lance*, trabajo sin remunerar en la mayoría de los casos; artista en trabajos temporales varios (cuidadora de perros, niñera, transcriptora, barista); «artista»; artista; «desempleada» (según mi padre).

Seguro: Medicaid, la ley de la atracción.

Información privilegiada: Sí.

Medicación: Sí.

¿Acepta no ponerse enferma a menos que usted (o alguien que conozca) pueda permitirse el coste?: Sí.

¿Acepta no ganar lo suficiente para poder acogerse a Medicaid y nunca ganar tanto como para no poder optar (1) a Medicaid o (2) ser capaz de permitirse el pago de un seguro?: Sí.

Me dilataron, tocaron y examinaron los ojos. El oftalmólogo de Joan Didion me recomendó lágrima artificial y suplementos de aceite de pescado, y renovó la graduación de mis gafas. El suplicio había terminado.

Una semana después recogí las gafas con los cristales nuevos, me las probé y esperé para ver si mis ojos se adaptaban y podían leer el nombre de la calle Court Street en Brooklyn. No fui capaz. La graduación estaba mal, o tal vez eran las gafas, o mis ojos, no podía saberlo, pero por lo menos pude empezar a entrar en pánico.

De regreso a la sala de espera del oftalmólogo para repetir las pruebas, me quedé mirando las pinturas de paisajes enmarcadas que no podía ver bien y me puse a llorar en público. «¿Y si nunca puedo volver a ver un paisaje?», pensé. Había dado por supuesto que siempre podría. Intenté grabar la imagen del paisaje en mi memoria, por si acaso.

—La graduación está bien —me aseguró el oftalmólogo.

Volví a la óptica.

—Las gafas tienen la graduación indicada —me aseguró el optometrista.

De modo que visité otros oftalmólogos y optometristas, que me dieron graduaciones nuevas que prescribían al cabo de pocos días.

Muy pronto la vista dejó de importarme porque tenía algo más de qué quejarme: el dolor de cabeza. En realidad, a veces era dolor de cabeza, pero casi siempre era un *poltergeist* que intentaba sacarme los ojos de las cuencas.

Había sufrido dolor de cabeza con anterioridad, unas cuantas veces, pero no eran como este. Este no tenía fin.

Un neurólogo intentó categorizarlo. Primero era migraña, clasificada como «cefalea primaria», el tercer trastorno médico más habitual y el séptimo más discapacitante a nivel mundial (47 millones de estadounidenses sufren migraña, y de ellos el 75 % son mujeres). Pero yo no tenía síntomas típicos de migraña, como náuseas o ver auras, de modo que el neurólogo reclasificó mi dolor de cabeza como «cefalea en racimos», también primaria, y conocida como «dolor de cabeza suicida», así apodada porque el dolor no entra dentro de la escala, y porque no te mata pero quien lo sufre desearía que lo hiciera. Fiel a las características de la cefalea en racimos, mi dolor era lateral y se concentraba alrededor de mi ojo derecho, pero se había extendido y se había iniciado de forma aleatoria, lo cual sugería un final también aleatorio. Pero mi dolor no era «suficiente», aunque era agotador, como para ser una cefalea en racimos.

Otros de los trastornos por cefalea primaria que el neurólogo descartó fueron la «cefalea punzante» (oftalmodinia periódica o «dolor de cabeza como si te golpearan con un picahielo»), «cefalea asociada a la actividad sexual», «nueva cefalea persistente diaria» (NDPH por sus siglas en inglés), y algunos más de los que se enumeran en la lista infinita de la clasificación internacional de trastornos de cefalea (ICHD-3). La única característica clara de mi cefalea era su cualidad de inclasificable.

23

Para encontrar el origen del dolor, otro neurólogo examinó mi cerebro, mis nervios y mi intestino (también llamado «segundo cerebro»). Esperaba que me dijera que tenía un «tumor cerebral», por lo menos para darle un nombre, cualquier nombre. «Tumor cerebral» implicaba que los médicos me tomarían en serio, a mí y a mi dolor. Porque si una mujer está sufriendo, y ese mal no tiene nombre, entonces no está sufriendo.

Las tomografías computerizadas y las resonancias magnéticas no indicaban la presencia de un tumor. Para identificar posibles alergias alimentarias, el neurólogo me puso una dieta de eliminación, que consta de dos fases: la de eliminación (dejar de comer todos los alimentos habituales) y la de reintroducción (empezar a comer los mismos alimentos de nuevo, uno por uno, para ver cuál de ellos causa los síntomas, si es que hay alguno). El proceso puede tardar de cinco a seis semanas hasta cinco o seis años. Pero el resultado fue que no tenía ninguna alergia alimentaria.

Lo siguiente que hizo el neurólogo fue comprobar si existía compresión neural mediante una prueba de velocidad de conducción nerviosa. Una enfermera dispuso unos electrodos que enviaban leves impulsos eléctricos a los nervios bajo mi piel para estimularlos y aislar el daño nervioso. «Empezaremos con un test de prueba. No te va a doler», dijo la enfermera, creo, aunque no estoy segura porque me electrocutó. Ese fue el primer «no te va a doler» de los miles que le sucedieron. «¿No le va a doler a quién y cuánto no va a doler?», pensaba yo. La prueba real estimularía/freiría mis nervios por todas las partes de mi cuerpo, como si Dios estuviera hundiendo sus uñas en marañas de fibras hasta que quedaran ahumadas.

«Prefiero volver otro día», dije, pero nunca lo hice.

Por teléfono el neurólogo me recetó energía artificial (vitaminas B2, B6, B12), magnesio de uso militar y la medicación para la cefalea por excelencia, triptanos, que desensibiliza los nervios del dolor y reduce la constricción de los vasos sanguíneos en el cerebro. Tomé triptanos en forma de comprimidos y como autoinyectables, con una jeringa precargada que me inyectaba yo misma en el muslo. El neurólogo también me recetó sedantes (cuando tenía un problema de salud, fuera el que fuera, me recetaban sedantes. A las mujeres como yo les dan sedantes para el dolor en lugar de medicación específica para el dolor por dos razones: las mujeres que sufren dolor son consideradas personas «con ansiedad», no «con dolor», y la medicación trata la enfermedad, mientras que los sedantes hacen callar a la mujer enferma).

Me tragué los sedantes y me sentía mejor. De modo que seguí engullendo más todavía. «Aún mejor», pensé. Me tomaba los necesarios para dormir, los justos para estar despierta, los suficientes para poder quedarme quieta sentada y que el tiempo pasara a cámara rápida. Más adelante añadiría algo más a la mezcla: unos tres mil frascos de ibuprofeno, ibuprofeno en dosis máxima con receta y de Advil para el resfriado y la sinusitis, así como múltiples ciclos de esteroides orales que me hacían sentir como si estuviera esnifando cocaína, además de relajantes musculares y un antihistamínico que me tomaba para evitar alergias. Las pastillas me cuidaban, y gracias a las pastillas estaría bien. «Esta es para mi dolor, y esta también, y esta». Habría hecho cualquier cosa para aliviar mi dolor, lo que fuera; habría hecho felaciones a los empleados de Fyre Festival si eso me hubiera ayudado con mi dolor.

«¿Ya te encuentras mejor?».

«¡Que te recuperes!».

«¡Espero que te sientas mejor!».

«¿Cómo te encuentras?».

Esas eran las frases y las preguntas que personas bienintencionadas me decían directamente a la cara.

Esperaban de mí (o de cualquier otra mujer que sintiera dolor) que respondiera amablemente y con entusiasmo, censurando el dolor.

Odiaba ser una insolente, pero no estaba mejor ni me estaba poniendo mejor ni me sentía mejor. El alegato en relación con la palabra «mejor» perdía su significado para una persona que sufría un dolor que nadie más tenía, un dolor que nadie podía comprender, a menos que ese dolor le hiciera caer de rodillas en el suelo de su casa.

«¿Has intentado volver a la normalidad?», me preguntaría más adelante la misma gente. «¿O no sentir tanta lástima por ti misma?». Como si aquello que no mataba pudiera superarse sin más dilación. Como si ya no fuera divertido estar conmigo, y «¿podrías dejar de quejarte ya»?

Me sugirieron que probase con la «relajación», «dietas de zumos», «terapia de duchas» y «emocionarme ante la espléndida majestuosidad del cielo al amanecer», entre otras cosas.

«¿Es posible que no quieras ponerte bien?», preguntaban en voz alta, implicando que me lo provocaba yo misma, que había hecho una elección, y una desagradable, la de vivir con un dolor que yo había decidido sentir.

No quería seguir hablando de ello con las personas yo-estoy-guay que hacían apología de sentirse bien. Lo que realmente estaban haciendo con sus preguntas era eliminar ese dolor de su mente al sugerir que todo estaba en mi cabeza.

No debía querer sentirme mejor cuando durante mi examen médico anual de aquel otoño mi médico de cabecera dijo una cosa de las que rezamos para que nunca digan.

—Mmm.

Me estaba examinando el pecho y había encontrado bultitos.

—Seguramente no hay de qué preocuparse —dijo, y me derivó a un radiólogo para hacer una ecografía.

Pocos días después, un técnico me embadurnó el pecho con un líquido pringoso y procedió a pasar una varilla en círculos mientras observaba el monitor y apretaba sin piedad. Se detuvo en un punto, presionando cada vez con más fuerza y durante más y más tiempo; seguramente no había de qué preocuparse.

Acudió el radiólogo.

—Me gustaría hacer una biopsia —dijo—. Pero no tienes de qué preocuparte.

Cuando me dejaron sola utilicé el rollo de papel absorbente para limpiarme y luego programaron la biopsia para la siguiente fecha posible.

Que resultó ser al cabo de un mes. Tal vez tenía cáncer de mama y no debía preocuparme por ello durante treinta y un días.

Mi madre tuvo cáncer de mama tres veces. La primera vez yo estaba en el instituto; la segunda vez tenía veintiocho años; la tercera treinta y dos, y fue entonces cuando me habló del pequeño tumor maligno en el pecho izquierdo. Pero aparte de eso me había ocultado su cáncer, y no habría sabido nada de su cáncer si no fuera porque, en realidad, ya lo sabía. Se ponía una peluca rubia o se cubría la cabeza día y noche, y nunca llegué a ver su calva. Lavaba la ropa, iba a trabajar y preparaba la comida. Ocultaba o minimizaba además los detalles específicos: la tercera vez se trataba de «una molécula de cáncer», y la doble mastectomía fue «como pasar por la ventanilla para recoger la comida desde el vehículo» y dejar allí sus pechos sin bajarse del coche («mastectomías ambulatorias»: una importante operación quirúrgica que incluye la amputación de partes del cuerpo reducida a la categoría de procedimiento ambulatorio y que se ha convertido en rutina).

Mi abuela, la madre de mi madre, tuvo cáncer de páncreas en 1966, y nadie se lo dijo. Órdenes del médico. Como si ponerle nombre a su mal le hiciera más daño. Mi abuela preguntaba a mi madre qué le pasaba, pero no se lo podía decir; por amor. Por su parte, mi abuela, también por amor, le pedía a mi madre, que entonces tenía quince años, que se fuera a su cuarto y cerrara la puerta para que ella pudiera quedarse en la sala de estar y gritar de dolor, de un dolor que no comprendía (los médicos, masculinos, se negaron a administrarle morfina, con la excusa de que, aunque se estaba muriendo, se volvería adicta; en lugar de eso, cercenaron en dos ocasiones algunas de sus terminaciones nerviosas).

—No se mencionaba en casa —dice mi madre sobre la enfermedad de la suya.

Mi madre la adoraba, era una mujer morena de ojos castaños con una piel pálida que brillaba en la oscuridad, como yo. No me hablaron del mal de mi abuela hasta que yo misma estuve enferma, años después de haber escrito un relato sobre una mujer que intenta suicidarse en la bañera, no para matarse a sí misma, sino para matar su dolor, para estar muerta y poner fin a su agonía, algo que mi abuela también intentó (este es un secreto familiar porque ese acto era «impropio de ella», porque mi abuela era «fuerte»). ¿Cómo pude escribir ese relato sin saber nada del intento de suicidio de mi abuela? ¿Cómo podía saberlo sin saberlo? Simplemente lo sabía.

27

—Esto va a ser como cuando vas al dentista —dijo el radiólogo en relación con el proceso de aspiración con una fina aguja, momentos antes de la biopsia.

Para otros procedimientos menores en mis partes femeninas (cuya percepción va de «dolorosos» a «no hay adjetivos para describir lo doloroso que es»), me tomaba dos o tres comprimidos de ibuprofeno media hora antes, una recomendación que me hacía el médico cuando no se olvidaba de hacerla. Pero para una biopsia, los medicamentos similares a la aspirina (por ejemplo el ibuprofeno) están prohibidos, de modo que estaba sobria y procedieron a sangre fría.

—Puede que sientas alguna molestia[2] —dijo el radiólogo mientras me inyectaba anestesia local en el seno izquierdo, para luego volver a pincharme con una aguja hueca que aspiraba sus entrañas, y una tercera vez para insertar un granito de acero inoxidable como marcador para otros futuros radiólogos (por si la biopsia revelaba la presencia de células cancerosas).

—MENTIROSO —quise gritar. Había ido al dentista toda mi vida para hacer limpiezas, ortodoncia, protectores bucales, arcos extraorales, aparatos dentales, extracción de dientes, incluidas muelas del juicio, y cirugía en las encías, durante la cual recortaron la capa superior del velo del paladar y la cosieron en cuatro puntos por encima de mis dientes en el lugar donde las encías habían retrocedido hasta la raíz debido al bruxismo; pero aquellas visitas al dentista no se parecían en nada a la biopsia en el pecho, ni punto de comparación.

Tampoco la mamografía posterior a la biopsia (un proceso arcaico que aplasta por turnos cada uno de los senos) fue como ir al dentista.

El radiólogo, que no tenía que dormir, ni caminar ni viajar con pechos, tampoco me preparó para los días y las semanas posteriores, durante los cuales tenía que sostenerme el pecho sangrante para evitar que se moviera, o si iba en metro, sentarme y doblarme sobre los muslos reprimiendo sonidos guturales.

El bulto era benigno. Sigue en mi pecho con el granito de acero en su interior, y una vez al mes me hago un autoexamen de mamas para comprobar si es más grande que una pelota del golf. Todavía no.

El radiólogo podía haberme dicho que me pusiera hielo, o por lo menos reconocer las diferencias entre el pecho masculino y el femenino. Más adelante aprendería (no de boca de un médico, sino de leer li-

---

2. Algo parecido a «puede que sientas un poco de presión», o «puede que sientas un espasmo», o «puede que sientas un pinchacito», o «tu mal en realidad no debería causarte ningún dolor», y otras frases que la gente que no siente ese mismo dolor dice y que casi nunca coinciden con la sensación o reacción real.

bros escritos por mujeres) que la institución de la medicina rara vez reconoce las diferencias entre ambos sexos existentes en todos los órganos, tejidos y células humanas, y en el caso de la mayoría de las enfermedades.

Esta desconsideración comienza durante los estudios de medicina. Caroline Criado Perez escribe en *La mujer invisible*: «Los estudios médicos se han centrado en lo masculino como "norma", y todo lo que queda fuera de ello se considera "atípico" o incluso "anormal"», de modo que los alumnos «aprenden fisiología y fisiología femenina; anatomía y anatomía femenina». Del mismo modo resulta que hay «ejecutivos» y «mujeres ejecutivas»; «candidatos a la presidencia» y «arpías estridentes que se presentan a las elecciones por alguna extraña razón».

Casi todos los programas de estudios de medicina apenas integran enfoques de género; un informe de la organización AARP (de personas jubiladas) concluye que «la mayoría de las universidades y programas de residencia en hospitales no instruyen a los aspirantes a médicos sobre la menopausia», a pesar de que todas las mujeres cisgénero tienen que pasar por ella («casi el 80 % de los médicos residentes admiten que "a duras penas se sienten cómodos" a la hora de hablar o tratar la menopausia»).

Este sesgo también influye en la investigación médica, que a menudo excluye a las mujeres. Perez cita un artículo tras otro que en distintas variantes afirman lo siguiente: «Los cuerpos femeninos (tanto de la variedad humana como de la animal) son… demasiado complejos y variables, y resulta demasiado caro utilizarlos en ensayos clínicos. Integrar el sexo y el género en las investigaciones se ve como "engorroso"».

(Nota: cuando la medicina dice «femenino» y «mujer», el grupo al que se refiere la institución es bastante reducido. «Mujer» con frecuencia significa «mujer blanca, cisgénero», lo cual no representa a todas las mujeres, ni a las negras, ni a las indígenas, racializadas, *trans*, personas no binarias, personas con úteros, embarazadas, menopáusicas, encarceladas, inmigrantes, sin seguro médico, trabajadoras, mujeres en centros de acogida, mujeres obesas[3] o discapacitadas, aunque las diferencias de raza, historia personal, edad, clase y circunstancias alteran el tratamiento y las distintas opciones de tratamiento del paciente).

29

---

3. El consejo médico que las mujeres reciben con más asiduidad, independientemente de cuál sea la cuestión, o de los hechos, es perder peso.

Lo que el radiólogo en ningún momento dijo es que millones de mujeres sufren males inexplicables porque el dolor de una mujer simplemente no es importante, y que únicamente si los hombres tuvieran que experimentar ese dolor, solo entonces sería cuestión de vida o muerte, y le prestarían atención. El artista Pablo Picasso comentó en una ocasión: «Las mujeres son máquinas de sufrir». Como si las mujeres estuvieran bien versadas en vivir con dolor, fueran criadas para el dolor, para parir cuando el parto nos desgarra el cuerpo por la mitad.

Con toda modestia, el dolor de una mujer es mucho dolor que soportar; ¿quién podría aguantar tanto sino las mujeres?

Las mujeres informan de menos dolor del que realmente sufren. En el ensayo «La escala del dolor», su autora Eula Biss clasifica con un tres su dolor, y su padre, médico, le dice: «Un tres no es nada». Para Biss, un tres significa: «Sigues sin abrir la correspondencia. Lo que piensas rara vez llega a una conclusión. Quedarte sentada inmóvil se vuelve insoportable al cabo de una hora. Aparecen las náuseas». Sonya Huber, en *Pain Woman Takes Your Keys* (*La mujer doliente te coge las llaves*), clasificaba su dolor crónico por debajo de lo que le parecía para ser «razonable»; y se cuestiona: «Si clasifico mi dolor con un dos, o un tres, ¿estoy diciendo que he pensado en la muerte solo dos o tres veces en la última semana?».

Cada vez que me pedían que midiera mi dolor, sentía que era una pregunta trampa. La respuesta «correcta» implicaba el cálculo de una resta: «Mi dolor me está matando, lo cual significa que es un "diez" de diez, pero mi dolor realmente no puede ser tan malo porque todavía no me ha matado, de modo que ha de ser un "nueve"; pero como no debería exagerar, diré que es un "ocho"; y debería restar mis sentimientos acerca de ese dolor; y restar las emociones en general y tener en cuenta los estereotipos de género;[4] de ahí hay que volver a restar, porque no quiero parecer poco original o razonable, o pesimista; así que vuelvo a restar para sentirme segura;[5] vuelvo a restar para que no

---

4. Un estudio de Yale revela que el dolor de los chicos jóvenes se toma más en serio que el de las chicas debido a estereotipos de género que afirman que «las chicas son más emotivas» y por eso dramatizan su dolor en una «llamada de atención».

5. McGregor escribe en *Sex Matters (El género sí importa)*: «Cuanto más abiertamente hablan las mujeres de su dolor, más probable es que sus proveedores de servicios médicos las ignoren y receten fármacos para el alivio del dolor inapropiados».

me ignoren y dejen de sentir compasión, y así pueda recibir la ayuda que necesito; total, tres».

Independientemente del valor que yo pudiera asignar a mi dolor, siempre iba a decir que me parecía un tres.

Y si no fuera de raza blanca, los médicos no oirían «tres», sino «cero».[6]

El dolor en mi pecho era un tres. Y mi siguiente síntoma también lo califiqué como un tres. Ese invierno mi garganta era como un fuego forestal en California. Pero tardé en volver al médico porque pensé que creerían que les quería agobiar con mis aflicciones. De modo que me hidraté con fármacos para el resfriado sin receta médica y remedios a base de plantas con altas valoraciones en Amazon.

En primavera me di por vencida. Después de pasar tres meses con dolor de garganta tuve que visitar cuatro especialistas durante idéntico número de meses: el de cabecera, que me derivó a un alergólogo, el cual me hizo pruebas y me dijo que no tenía alergias, por lo que me aconsejó ir a ver a una otorrino, que me introdujo bastoncillos por la nariz hasta que pareció que llegaba a mi cerebro, y por último a una naturópata (que no cubría el seguro).

La otorrino sospechaba que las molestias en mi garganta eran producidas por mi estómago como consecuencia de los frascos de analgésicos que había engullido para la cefalea, que me habrían destrozado el intestino resultando en reflujo ácido (es algo habitual que tomar demasiados fármacos para el alivio del dolor provoque otros males). Me recomendó antiácidos sin receta. Probé varios, uno tras otro, y todos hicieron supurar a los órganos huecos de mi sistema digestivo (algo también habitual en el caso de las mujeres cuyo tratamiento ha hecho estragos). La mayoría de la medicación no me iba bien, no porque yo fuera anormal (esa es mi teoría de trabajo), sino porque era un caso típico, dado que:

6. La doctora Nafissa Thompson-Spires se opuso a una histerectomía como solución a su insoportable endometriosis debido a la historia de esa técnica: a mediados del siglo XIX el «padre de la ginecología» llevó a cabo sus experimentos «revolucionarios» en mujeres negras, basado en la falsa premisa de que las personas de esa raza no sienten dolor, suposición que perdura en la actualidad y debido a la cual los médicos siguen ofreciendo un tratamiento aún menos adecuado a las mujeres negras.

1. la mayoría de los medicamentos no se prueban en mujeres;
2. la mayoría de los medicamentos, en caso de que sí se prueben en mujeres, no se testan durante las cuatro fases del ciclo menstrual, y algunos fármacos pueden tener un efecto distinto en momentos diferentes;
3. la dosificación de los fármacos con o sin receta para «adultos» se basa en una persona del tamaño de un hombre con un cuerpo que no menstrúa (que se considera «humano» y «universal»), y por tanto las mujeres toman la dosis inapropiada;[7]
4. las mujeres están medicadas en exceso y son propensas a sufrir una reacción adversa.[8]

La otorrino me recomendó que visitara a un hipnoterapeuta y que me hiciera una endoscopia, que consistiría en insertar un largo tubo en mi cuerpo a través de la boca para ver mi garganta, esófago y estómago de forma detallada.

En lugar de aceptar su consejo, concerté una cita con una naturópata, con la esperanza de que la medicina occidental se olvidara de mi número.

La naturópata se había resbalado con una copa de vino y se había desgarrado el tendón de Aquiles en la fiesta de bienvenida a su futuro bebé, de modo que tuvimos que hacer la consulta mediante FaceTime. De entrada me preguntó: «¿Mantienes un registro de tu periodo o usas una *app* para controlarlo?».

Ningún médico me había preguntado por mi ciclo menstrual, aparte de cuándo había sido la última menstruación, algo de lo que nunca me acordaba.

«Descárgate una de esas *apps* ahora mismo», dijo.

De todas las *apps* que encontré (Flo, Eve, Glow y Life), me bajé una gratuita, la *app* Clue, y mientras intentaba hacer un seguimiento de mi regla con tecnología, la naturópata elaboró tés y tinturas por valor

7. A una amiga le recetaron zolpidem en 2007 en una dosis tal que se despertó en la bañera ahogándose porque se había quedado dormida; en 2013, la Administración de Medicamentos y Alimentos (FDA por sus siglas en inglés) recomendó reducir la dosis para mujeres de este medicamento a la mitad.
8. «Casi con el doble de frecuencia que los hombres», según investigaciones realizadas sobre reacciones adversas a medicamentos en 2020 por la Universidad de California, Berkeley.

de varios cientos de dólares, que yo me dediqué a hervir o a hacer gotear sobre mi lengua, junto con un trago de vinagre de sidra de manzana antes del desayuno y otro de zumo de chucrut después de comer. Pero los tés y las tinturas tuvieron el mismo efecto que las pastillas y además provocaron en mí dos estados que se alternaban en mis días del mes: ideas suicidas y diarrea.

Durante el verano me siguió doliendo la garganta y en el estómago tenía la sensación de que algo dentro de mí se había dado por vencido.

Acabé con sangre en las heces. Es decir, por fin mi último problema era lo suficientemente grave como para llamarlo problema y pedir ayuda. La sangre dejaba claro que no me estaba inventando un nuevo síntoma.

«¿Y si resulta que no encontramos ningún problema?», me preguntó la gastroenteróloga en la consulta. Me pidió un análisis de sangre para confirmar que todo estaba bien y me llamó al día siguiente. «¿Tienes alucinaciones?», preguntó.

Me parecía que no, pero ya no estaba segura de nada.

Me dijo que tenía hiponatremia, una enfermedad que podía llegar a ser mortal, y que consistía en un nivel bajo de sodio en la sangre. La hiponatremia se da en corredores de maratón y gente joven que toma MDMA en *raves* y bebe tanta agua que se muere (el agua ahoga sus células debido a la inflamación).

Entre los síntomas destacan la confusión, alucinaciones, fatiga, cólicos abdominales y esa hinchazón que ahoga las células.

El sodio en la sangre ayuda a regular el agua dentro y alrededor de las células, y el nivel normal de sodio se encuentra entre 136 y 145 mmol/l (milimoles por litro). La hiponatremia aparece cuando el nivel de sodio está por debajo de 135 mmol/l. La gastroenteróloga descubrió que en mi caso ese nivel estaba en 125 mmol/l. Una reducción drástica de sodio puede ser letal (el compañero de trabajo de una buena amiga murió de repente debido a un rápido descenso en sus niveles de sodio en sangre), y una disminución gradual como la mía podía derivar en una enfermedad prolongada.

«Si empiezas a alucinar tienes que ir a urgencias —me dijo la gastroenteróloga—. Eso significaría que tu nivel de sodio ha descendido hasta un punto en el que podría ser un estado terminal».

33

Concertó una cita para mí a la mañana siguiente con un nefrólogo, especialista en enfermedades del riñón, y esa noche estuve pendiente de si mi estado empeoraba y marqué el número de emergencias en el móvil para tenerlo a mano por si se me olvidaba.

Pero... Mi casero me había hecho llamar a ese número el día anterior para informar de un robo del que yo había sido testigo en mi edificio, y no quería llamar dos días seguidos y que diera la impresión de que estaba desequilibrada. Era mejor esperar a ver si no me moría, algo que les sucede a muchas mujeres que no informan de sus propios ataques al corazón o apoplejías por miedo a que las llamen hipocondríacas estresadas.

Para elevar mi nivel de sodio, el nefrólogo me indicó que siguiera una dieta sin agua. Cada día me moría de sed y tenía que caminar con más de treinta y dos grados y mucha humedad a urgencias para que me extrajeran muestras de sangre. Caminaba muy muy despacio porque no podía permitirme deshidratarme aún más debido al sudor, y me sentía como un gato que había conseguido sobrevivir.

2

Mujeres histéricas

Quien esté leyendo esto no debería continuar si le suena haber oído alguna vez esta palabra: «histeria», el diagnóstico que reciben las personas melodramáticas con úteros, que lo que persiguen es llamar la atención, con demasiados sentimientos volátiles y que mienten cuando dicen que su cuerpo siente dolor.

En el siglo xix, si una mujer sufría un mal inidentificable, su diagnóstico era la histeria. Hoy en día, todavía podría recibir idéntico diagnóstico. Por ejemplo, la endometriosis cuenta con una «larga historia de ser tratada como una patología que es la expresión física de trastornos emocionales», escribe la doctora Elinor Cleghorn en *Enfermas: una historia sobre las mujeres, la medicina y sus mitos en un mundo de hombres*.

Las mujeres han sido diagnosticadas de histeria por todos los motivos imaginables, desde ser estéril a no haberse casado, tener un aborto espontáneo, la menopausia, un dolor físico inexplicable o una enfermedad real, o por mostrar sus emociones o hablar en voz alta.

La histeria ha sido considerada como una patología médica, una enfermedad mental, un estado emocional y un mal espiritual (más concretamente, una posesión satánica). Se ha conceptualizado como una dolencia del cerebro, brujería, y una metáfora que abarca todo lo que los hombres no pueden tolerar o explicar en las mujeres.

Las mujeres histéricas están «enfermas», pero solo en su imaginación. O bien padecen de una enfermedad tan misteriosa que resulta inexplicable y molesta. No fue hasta 1980 cuando la Asociación Americana de Psicología eliminó «histeria» del *Manual diagnóstico y estadístico de los trastornos mentales*, la biblia de las enfermedades mentales.

Aunque ningún médico me llamó histérica a la cara, unos cuantos especialistas expresaron lo que proponen los médicos alternativos en la actualidad, algo que se hace eco en parte del diagnóstico de histeria, pero sin el sexismo: que la mente transcribe emociones en el cuerpo en forma de intenso dolor a través de los nervios. Lo primero que me decía la acupuntora en las sesiones de pinchazos para la cefalea eran las palabras «mente» y «cuerpo» en una misma frase. Al inicio de cada sesión, antes de ponerme las agujas, hablábamos sobre mi dolor crónico; luego me contaba las pulsaciones y me leía la lengua.

—¿Estás enfadada? —me preguntó en la primera visita.

—Sí —contesté, sin pensarlo dos veces, sin misericordia.

Me preguntó con cuánta frecuencia estaba enfadada.

—Todo el tiempo.

Después se interesó por saber quién me hacía enfadar.

Empecé por el primero de la lista:

—Mi padre. —Y seguí bajando.

Anotó mi respuesta en mi expediente y me preguntó si había expresado mi enojo.

Me reí, como si eso fuera una opción. Como si no me tuvieran que sacar la rabia de la boca como si fuera una muela del juicio.

Esta primera visita tuvo lugar después de un intercambio de mensajes con mi padre, un tejano que posee tres pistolas y que se fue a Houston abandonándonos a mi madre y a mí cuando yo tenía dos años. Me llamó para interesarse por mi salud, y no le devolví la llamada precisamente por cómo me sentía. Entonces me escribió: «Tenemos una ventana de veinticuatro horas de devolución de llamada y estoy esperando», como si fuera un cobrador de deudas estudiantiles automatizado. Repliqué demostrando con hechos que nunca me había llamado lo suficiente. «Tú también puedes llamarme. Funciona en ambos sentidos», respondió, ahora como un adolescente. Normalmente me habría disculpado, o cambiaría de tema, o no diría nada (pero pensaría durante meses en cómo responder), pero el dolor me hizo escribir: «Eres mi padre. Sé un padre». Y eso fue lo más emocional que he podido mostrarme con él en la historia de nuestros treinta años de relación. De acuerdo con mis recuerdos nunca había sido un padre. Y desde que mis amigos adultos empezaron a tener hijos, creía que un hombre que obliga a una mujer a convertirse en madre soltera y a una niña en hija sin padre es un mal hombre.

No respondió.

La acupuntora me miró con ojos de madre y sugirió con seriedad en su rostro: «¿Y si esa ira reprimida está contribuyendo a tu malestar físico? ¿Y si tu cefalea tiene algo que ver con tu voz y con lo que todavía no has expresado?».

«¿Y si?», pensé mientras me tumbaba sobre la camilla y ella disponía las agujas cerca de mis glándulas lagrimales para sacar esa energía de mi cabeza. Puso otras en las cejas y en mi cuero cabelludo, en la carnosidad entre el pulgar y el índice, en las rodillas y en los pies; fue girando las agujas para activar los meridianos que canalizan la energía y estimular mi sistema nervioso, y me esforcé mucho en sincronizar mis jadeos con la música de fondo de un gong.

Cuarenta y cinco minutos más tarde extrajo las agujas y salí de allí con un ojo morado y más claridad.

Joan Didion, esposa y madre, en el ensayo *El álbum blanco*, afirma en relación con su misteriosa dolencia: «Lo más sorprendente era que no estaba realmente en mis ojos, sino en mi sistema nervioso central: mi cuerpo estaba ofreciendo un equivalente fisiológico exacto a lo que había estado sucediendo en mi mente» durante los años sesenta y los asesinatos de Manson.

A las mujeres con frecuencia se les dice que su cuerpo está reproduciendo un equivalente fisiológico exacto a lo que sucede en su mente. También es más probable que escuchemos que nuestro dolor físico, real, desgarrador, es «psicosomático», debido al «estrés», o tal vez «hormonal»,[1] y mientras que a los hombres se les solicitan exámenes

---

1. «Solo tienes la regla», me dijo hace años mi novio de aquel entonces cuando orinaba sangre y no era porque tuviera el periodo. Durante días había estado orinando fuego y sudando con escalofríos. Me subí al tren número 6, yo sola, con las piernas cruzadas durante casi una hora hasta llegar a urgencias del hospital Monte Sinaí (donde tenía un amigo haciendo la residencia), el día en que se acababa mi seguro médico. Confundida por la fiebre y la incapacidad de orinar, aunque con ganas constantes de hacerlo, firmé los formularios de ingreso y esperé recibir un premio por haber sobrevivido durante las horas previas. Un médico joven y lamentablemente atractivo me atendió y examinó mi orina, y alzando una ceja comentó que debía de estar pasándomelo bien. Había tenido una infección urinaria, una lesión habitual en mujeres tras las relaciones sexuales (en WebMD se puede leer que el

médicos físicos, a las mujeres se les suele dar un diagnóstico psiquiá-
trico, incluso en el caso de apoplejías y síndrome de colon irritable,
acompañado de una receta de fármacos psicotrópicos.

El día después de las elecciones de 2016 me tomé un estabilizador
del estado de ánimo.

Unos meses antes del trastorno en mi visión me había llegado el
turno en la lista de espera para visitar a un psicólogo en un centro de
salud mental cercano (que cubría mi seguro) para hablar de lo que
ocupaba mi mente en 2016. La potencial derogación de la atención sa-
nitaria accesible, el regreso de las esvásticas, el planeta en llamas, la
pérdida de derechos reproductivos y civiles y tantas otras cosas. Un
candidato a la presidencia acababa de decir: «Agarradlas por el coño;
podéis hacer lo que queráis», haciendo referencia a las mujeres en general, y pasé por todos los estadios psicológicos a la vez. Negación
(«lo que sucede no está sucediendo en realidad»). Conmoción («¿lo
que está sucediendo sucede en realidad?»). Confusión («¿qué está sucediendo?»). Incredulidad («¿en serio?»). Melancolía («todo está seco,
marchito, agotado»). Aceptación («a los votantes estadounidenses no
les importan lo más mínimo las mujeres y apoyan incondicionalmen-
te a un homófobo racista y misógino con *transfobia* que hace *sexting*
con nazis»). El futuro mostraba sus dientes, y la vida era como una
bofetada en el pene, que es como empecé a llamar a mi vagina para
que no me la agarraran. Pero seguía olvidando algo: cómo es exactamente estar viva, sea lo que sea que eso quiera decir. La tercera peor
parte del día era irse a la cama, despertarme ocupaba el primer lugar,
y le seguía de cerca el resto del día.

Parte del proceso de admisión en aquel centro era un informe psi-
quiátrico de un psiquiatra que pudiera recetarme medicación en caso
necesario. Solicité amablemente saltarnos ese paso, pero la burocra-
cia era despiadada.

38

---

riesgo de sufrir esa afección durante la vida de una mujer es de una de cada dos), por
cortesía de mi novio, pero ahora tenía una infección en los riñones por haber tarda-
do tanto en tratar la infección urinaria. El médico me recetó antibióticos y me habló
de diferentes posiciones sexuales para evitar que me volviera a suceder en un futuro. Los antibióticos me causaron una candidiasis.

La psiquiatra me visitó en una sala claustrofóbica amueblada y decorada para niños pequeños y tristes, y procedió a repasar la lista de cuestiones estándar.

—¿Te sientes triste o irritable? —me preguntó, para identificar los síntomas y su gravedad.

—Sí y sí —respondí. Iba rodeando con un círculo mis respuestas en el dosier que tenía delante y me pidió que midiera con un número mi tristeza e irritabilidad.

Luego siguió leyendo el resto de las preguntas, que escuché a través de un filtro de depresión.

—¿Durante más de dos semanas consecutivas has advertido alteraciones de peso o en tu apetito?

»¿El hecho biológico de tener que comer para subsistir, encontrar comida, comprarla, prepararla, probarla, masticarla, tragarla y digerirla, como formalidad, tres veces cada veinticuatro horas, diariamente, a perpetuidad, te parece una locura?

»¿Duermes demasiado o demasiado poco?

»¿Estás agotada de darlo todo, entregarte por completo, a los hombres de este mundo?

»¿Te quedas mirando por la ventana, acongojada, habitualmente?

»¿Nunca te llegan en buen momento los correos electrónicos?

»¿No hay ningún «perdona» que suene lo suficiente a «perdón»?

»¿Tú no eres «tú»? ¿Tienes la sensación de que no tienes el papel protagonista?

»¿Los sentimientos heridos son toda tu personalidad?

»¿Crees que otras personas tienen razones para sentirse como se sienten, pero tú no?

»¿Hay algún momento de tu historia familiar en el que hayas sentido algo?

»¿Todo lo positivo siempre tiene alguna pega?

»¿No encuentras otra razón para vivir excepto mantenerte con vida?

»¿Te sientes incapaz de responder a estas preguntas porque la sala se está derritiendo?».

Todas mis respuestas eran «SÍ, SÍ, SÍ». A través de las paredes debía de sonar como si la psiquiatra y yo estuviéramos montándonoslo.

Υ

Lo que estaba sintiendo y me empujaba a visitar psicólogos y psiquiatras era algo que comenzó el primer día de curso de sexto, una época en la que el lenguaje no puede expresar las experiencias, cuando las cosas no son tan fáciles de decir y lo más indecible de todo son los sentimientos. A diferencia del curso anterior, quinto, durante el cual tuve otros *hobbies* aparte de mis sentimientos, en sexto, cuando pasé a llevar falda, sujetador y maquillaje para resultar apetecible a las miradas de los chicos, mi corazón era como una bomba en mis pulmones.

La bomba detonó un día de primavera en los pasillos de las clases de sexto. Mi novio me había dejado usando una nota escrita a mano para decírmelo, el SMS analógico, que hizo pasar por toda una multitud. Sin leerlo supe qué decía, y prorrumpí en sollozos hidráulicos para después huir al baño de chicas y mesarme el cabello (que llevaba cortado «a lo Rachel» de la serie *Friends*).

Ya en casa me hice un ovillo sobre la alfombra color crema de mi cuarto para deshidratarme llorando y moqueando. Lloraba antes de irme a dormir, a plena luz del día, en centros comerciales (que es la opción preferida de las adolescentes, dándolo todo). Me habían sacudido en pleno espíritu, justo en el centro del CD de Mariah Carey. «Pero ¿dónde está la sangre? —escribí—. ¿Dónde está eso que me han arrancado? ¿Dónde está la hemorragia corporal abierta?». Sentía un dolor visceral (por su tamaño, forma y textura) sin que hubiera una herida.

Cuando tenía doce años, hasta donde yo sabía, los conceptos «depresión», «ansiedad», «antidepresivos», «terapia», «no» y «masturbación femenina» eran ficticios y aparecían en las muchas conversaciones que todavía nunca había mantenido. La Sensación, como di en llamarla, no desaparecía, no conseguía quitármela de encima. Iba conmigo a todas partes, a clase, a almorzar, a Claire's en el centro comercial, durante el fin de semana, en las fiestas de pijama. No había dónde huir, ni tampoco un lugar de mi cuerpo donde ocultarla. Se encontraba en mis lagrimales y también en todas las demás partes, en mis células y en cada segundo, y en los espacios entre las células y los segundos. Solo había eso; eso en todo momento, nada más que eso. La Sensación tenía solamente un estado, y ese estado era el modo «mascota muerta». Duplicaba su intensidad cuando yo o los demás la ignoraban o me ignoraban a mí, y cada vez que se la denominaba erróneamente (como «drama») se triplicaba, y se cuadruplicaba al ser minimizada. Muy pronto la Sensación era más real, más profunda y de mayor envergadura que cualquier otra cosa, y solo se volvería cada vez más desagradable, era algo que simplemente sabía. Y de pronto perdí la cabeza.

Y eso ocurrió una tarde después de que las chicas más crueles me hicieran una emboscada con una llamada a tres bandas; fui directa a la cocina, me subí a un taburete hasta llegar a los cuchillos de carnicero, agarré el más grande y dispuse su filo con dientes de sierra sobre las venas de mi muñeca. «Este cuchillo —pensé, como otros tantos millones de personas en la sombra atrapados en el Evento Apocalíptico del Ser— dirá lo que yo no puedo». Quería actuar de acuerdo con mis sentimientos, y acabar con ellos, y mostrar al mundo lo que sentía. Y necesitaba que el mundo lo supiera sin que yo misma tuviera que decirlo. Y que me tomaran muy en serio. Se me puede llamar loca, pero tenía la esperanza de demostrar que me estaba quemando prendiéndome fuego.

Si decía cómo me sentía, ¿cómo habría sonado?

«¡QUIERO MORIR!», había gritado a mi madre en muchas ocasiones, víctima de lo que mi propia mente podía hacer de mi vida. Me decía «shhhhh», y que mi vida era solo una fase, que no pasaba nada. Ella, que no podía saber lo que estaba pasando en la cocina, incapaz de comprenderlo o siquiera comprender que podía entenderlo, dijo que era algo «simplemente hormonal» y «emocional», «pero normal», «pero triste», y la «tristeza», como todo el mundo que está «emocionado» casi siempre sabe, «es algo temporal».

Derrumbarse debido a los sentimientos (y la supresión sistémica de estos) es algo natural. Pero mis sentimientos, mi Sensación, tenía un nombre: trastorno depresivo grave. No lo supe hasta siete años después, durante los cuales lo padecí y soporté (hasta ese momento tampoco sabía que, aunque la Sensación era mía, no era algo personal ni tenía que ver con que no me tomaran de la mano, ni con el hecho de que nunca podemos controlar nuestro corazón).[2] El Instituto Nacional de Salud Mental afirma que se tarda como promedio más de una década en pedir ayuda. Solo en preguntar. En mi caso, «necesito ayuda» requería algo más que una frase; tenía que ser una acción. Un acto de reconocimiento y alienación. Un acto que consistía en decir un secreto y compartir un no-sé-qué-es oculto, estigmatizado. Consistió en tener

41

2. Que me rompieran el corazón fue el detonante de la depresión clínica que pasó a primera línea en mi vida, pero el amor no correspondido o una ruptura no pueden causar este trastorno.

iniciativa, persistencia y paciencia, tres palabras que las personas deprimidas no conocen. Consistió en ensayo-error y en resistir. Consistió en
esperar y en listas de espera y pagos y seguros y programar citas y re-
programarlas («hoy» no era lo bastante rápido, pero, además, ¿a quién
le importa nada de eso?). Consistió en tener una capacidad en mí que
tal vez ni siquiera tenía. Consistió en intentar explicar la diferencia entre mí y todos los demás. Consistió en entenderme a mí misma y hacerme entender (la única vez que llamé al número de prevención del
suicidio me pusieron en espera, una larga espera, y al final colgaron).
De modo que durante siete años no pedí ayuda. Y entretanto las tasas
de suicidio se disparaban cada vez más.

Tenía veintiún años, George W. Bush era presidente, y yo conseguí mi primera receta a espaldas de mis padres. Era para un ISRS, o
inhibidor selectivo de la recaptación de serotonina, para quien quiera ser desagradable.

Fue mi acto singular de rebelión adolescente. Mi madre y la parte
de Arkansas de la familia no creían en: sexo antes del matrimonio, enfermedades mentales, sexo antes del matrimonio, antidepresivos, sexo
antes del matrimonio, el popular anticonceptivo que tomaba para aliviar mi moderado acné y que prevenía el embarazo, drogas callejeras,
hablar de esas cosas, drogas en fiestas, las relaciones prematrimoniales.
Mi familia, como la demás «gente normal», se «deprimía» cuando una
pareja de famosos rompía, y cuando pensaban en un «enfermo mental» les venía a la cabeza un asesino de masas, pero al margen de eso, si
salía el tema de la salud mental y de la medicación, la conversación se
extinguía de forma instantánea, como si alguien hubiera escupido fuego, como si los auténticos problemas psicológicos (sufrirlos, hablar sobre ellos) fueran contagiosos y se transmitieran por el contacto social,
y pudieran inhalarse y provocar pensamientos obsesivos malsanos a
todo aquel que estuviera a menos de dos metros de distancia.

Mientras estudiaba en la universidad, durante unas vacaciones de
verano que pasé en casa, pedí a uno de mis primos de treinta y pico
años que me dijera el nombre de un médico, cualquiera, porque la
Sensación volvía a asediarme. Me desplacé hasta la apartada consulta de un internista (un hombre especializado en órganos internos y
sistemas de órganos), no un psiquiatra (una persona que se dedica al

42

diagnóstico y tratamiento de trastornos mentales), y fue como visitar a un médico normal en una sala de consulta normal.

—¿Qué te trae por aquí? —preguntó el internista.

—Me siento como si me estuviera muriendo.

—¿Podrías concretar un poco más?

—No puedo ser feliz —empecé sin dejar de mirarle a los ojos—. Y siento que, como no puedo ser feliz, entonces solo me queda ser profundamente infeliz. Si es que esto tiene sentido. Como si ni siquiera quisiera sentirme mejor. Como si, como mínimo, aunque solo sea, me quedara esto: que me destripen y sepulten —dije, confiriendo a la conversación un tono poético—. Como si me divirtiera visualizar mi funeral tal como se me anima a imaginar mi boda.

Sin dudarlo un segundo el internista me recetó un nuevo ISRS que acababa de salir al mercado, y me aseguró que la mayoría de los estados de tristeza supina responden al acceso directo de algunas sustancias químicas diseñadas que estimulan el funcionamiento complejo del cerebro y tan solo es necesario tragar los comprimidos.[3]

—¿Alguna pregunta? —preguntó el internista.

Cientos. «¿Qué significa tomar y necesitar medicación? ¿La necesito realmente? ¿Me ayudará a volver a ser yo misma o me convertirá en una mujer sumisa y dócil? Y si me convierto en quien no soy, ¿podré por fin ser feliz? ¿Productiva? ¿El pasado se quedará en el pasado? ¿Tendré pensamientos hermosos, me sentiré completa? ¿O capaz de decir "a la mierda todo"? ¿Conseguiré una comprensión más real de la importancia relativa de las cosas? ¿Seré capaz de salir más de mi cuarto o hacer preguntas en voz alta?».

—No —contesté—. No tengo ninguna pregunta que hacer.

Con mis ahorros, pagué la consulta y la receta.

43

Y

3. «Se calcula que cuatro de cada cinco recetas de antidepresivos son emitidas por médicos que no son psiquiatras», escribe Maya Dusenbery en *Doing Harm* (*Haciendo daño*), cosa que confirma que, «aun siendo cierto que las mujeres pueden tener un mayor riesgo de sufrir trastornos por ansiedad y depresión (por motivos culturales o biológicos, o por ambos combinados), se ha argüido abundantemente que la diferencia en las tasas de prevalencia es por lo menos en parte consecuencia del diagnóstico exagerado en mujeres y del infradiagnóstico en hombres».

Doce años después, cuando tenía treinta y dos, en aquel centro de salud de Brooklyn, la psiquiatra me aconsejó una medicación basada en mi evaluación psiquiátrica.

—No es por presumir —empecé a decir—, pero he tomado medicación en otras ocasiones, en muchas.

—¿Puedes concretar?

—Casi me muero de inanición con el ISRS, casi cruzo una calle con tráfico después de olvidarme una dosis del IRSN y casi salté por una ventana cuando tomaba Prozac.

Lo que yo no sabía y nunca se me dijo, algo que mi cuerpo tuvo que descubrir por sí mismo, era que algunas personas (con frecuencia mujeres) que toman medicación, la que sea, pueden experimentar toda clase de efectos secundarios:

– sanación, atontamiento, nada;
– la sensación de tomar un exceso de medicamentos pero no estar ni por asomo lo suficientemente medicada;
– tener casi el mismo aspecto pero parecer angustiada;
– identificarse más con los niños que con las madres;
– una mayor probabilidad de tararear el tema de Arcade Fire *My Body Is a Cage*;
– pérdida: de las mañanas, de salir por la noche, de días, de años, de cabello cuya caída se produce en mechones, del ánimo para escribir *emails*, de la vida.

Debo decir que, cuando un médico menciona la medicación, en mi cabeza resuenan las palabras de Whoopi Goldberg en su famoso diálogo de *Ghost*: «Molly, corres peligro, chica». Razón por la que intenté evitar visitar al psiquiatra (aunque tampoco lo intenté con demasiado ahínco porque no quería parecer una persona difícil, y porque la obediencia puede eclipsar el góspel de la intuición, y porque nadie iba a escucharme, ni siquiera yo misma).

Dije «no» a los fármacos. Pero entonces la psiquiatra, una profesional, acreditada y especializada, jugando a Dios me dijo que quería hacerme una pregunta:

—¿Quieres ser feliz?

Υ

«Consulte rápidamente con su médico si sufre alguno de los improbables pero graves efectos secundarios que aparecen a continuación», decía el prospecto del estabilizador del estado de ánimo, y el papel se desplegó como una novela gótica sobre cambios de humor inusuales o severos, pensamientos suicidas, sangrado fuera de lo normal, amarilleamiento de la piel o los ojos, síndrome de Stevens-Johnson (una enfermedad poco habitual y potencialmente mortal que presenta una erupción que se extiende, con ampollas, y que hace que se separe la capa externa de la piel) y dolor de cabeza.

«Muchas de las personas que toman esta medicación no sufren efectos secundarios graves, aparte de náuseas, ansiedad, dificultad para dormir, pérdida de apetito, sudoración, bostezos, erupciones no graves, sueños anormales, sensación de mareo y cefalea», ponía en el frasco con el objetivo de tranquilizar al paciente.

Asimismo, me recordaba que mi médico me había recetado esa medicación porque «consideraba que el beneficio superaba el riesgo de sufrir efectos secundarios». El frasco además parecía intuir que «el médico me había seducido con la im-promet-ible promesa de la felicidad y había dicho que es la única opción si te importa ser feliz, y eso es así, ¿no?». 45

Mi estado de ánimo se estabilizó tras un mes. Pasados tres meses no podía ver y sufrí cefaleas. Después de un mes con mi dolor de cabeza, intenté explicárselo de inmediato a mi psiquiatra. Su mensaje en el buzón de voz decía (por lo que puedo recordar): «La oficina permanecerá cerrada durante su crisis personal y abriremos después de su funeral. En caso de emergencia, por favor, cuelgue».

Los oftalmólogos me habían sugerido que dejara de tomar el estabilizador del estado de ánimo, pero cuando por fin pude localizar a mi psiquiatra (que solo estaba en la oficina los miércoles), esta se mostró en desacuerdo. Y yo me mostré de acuerdo con ella, porque, si para que se acabara el dolor de cabeza iba a sentirme otra vez como Sylvia Plath, o me arriesgaba a sufrir un colapso mental como consecuencia de ir retirando ese fármaco, entonces prefería el dolor físico. Y lo seguiría eligiendo mientras fuera una opción.

Elegí el dolor físico durante seis meses.

Y

Toda persona que sufra una enfermedad crónica llega a un punto en su enfermedad en el que investiga en busca de ayuda porque sus médicos están hartos de atenderla, y viceversa. La madre de una adolescente a la que cuidé cuando era pequeña me envió un *email* hablándome de su psicofarmacóloga. ¿Su qué? Lo busqué en Google: un psicofarmacólogo es una combinación de psiquiatra-farmacéutico-médico que sabe de «farmacodinámica» (cómo afectan los fármacos al cuerpo), de «farmacocinética» (cómo afecta el cuerpo a los fármacos), y te cobra lo que te cuesta el alquiler de un mes por una conversación de cuarenta y cinco minutos (que no cubre el seguro).

En su consulta, la psicofarmacóloga tenía un letrero en miniatura con un mensaje: «VA A COSTAR ALGO DE TRABAJO».

—Tengo dolor de cabeza desde hace seis meses —empecé a decirle, consciente de que era algo imposible de creer.

Me creyó al instante, como si fuera una persona humana.

—Es el estabilizador del estado de ánimo.

Solicitó una prueba genética llamada GeneSight que confirmó sus sospechas.

—Tienes una mutación genética que no permite a las enzimas de tu hígado descomponer bien la medicación —me explicó la psicofarmacóloga—. Eres genéticamente vulnerable, una rareza; metabolizas lentamente muchos fármacos y te muestras incapaz de regular y mantener los niveles de serotonina en el cerebro y la periferia. —Los ISRS y el estabilizador del estado de ánimo normalmente aumentan los niveles de serotonina en el cuerpo humano, pero no en el mío—. Si no hay serotonina actuando sobre los receptores de los músculos de la cabeza y el cuello, o en caso de que el nivel sea muy bajo, aparece la cefalea y los músculos oculares no son capaces de contraerse, lo cual hace que veas borroso —añadió la psicofarmacóloga—. El dolor de cabeza puede volver a presentarse o no después del tratamiento.

Me mentalicé para ir reduciendo gradualmente el estabilizador del estado de ánimo que estaba tomando y empezar con una pequeña dosis de otro que trataba el daño nervioso.

—Te sentirás mejor muy pronto.

Fue un año más tarde, cuando ya no tenía cefaleas, cuando la gastroenteróloga me diagnosticó hiponatremia. Llamé a la psicofarmacóloga con pánico controlado. El nefrólogo había dicho que el segundo estabilizador del estado de ánimo puede causar la disminución del sodio en sangre y causar hiponatremia, normalmente durante los tres primeros meses. Y ya llevaba tomándolo doce.

Ahora estaba experimentando un efecto secundario poco habitual de un segundo estabilizador del estado de ánimo que tomaba para remediar el efecto secundario poco habitual del primero.

El nefrólogo y la psicofarmacóloga me indicaron que de nuevo debía ir reduciendo la dosis. Gracias a eso, mientras me analizaban la sangre diariamente, el nivel de NA (sodio) subió uno o dos puntos, y el sodio en sangre volvió a la normalidad, y el dolor de garganta y de estómago pasaron a ser un recuerdo, después de haber estado enferma durante un año y medio.

Para ayudar a retirar por completo el segundo estabilizador del estado de ánimo empecé a tomar un IRSN (inhibidor de la recaptación de serotonina-norepinefrina), un tipo de antidepresivo que también trata las lesiones nerviosas, lo cual en esta ocasión tuvo un final feliz, en el que no vamos a entrar ahora en detalle.

3

Zorra loca psicópata

$\mathcal{A}$ lo largo de la historia, la expresividad en las mujeres ha sido vista como «enfermedad», y aquellas que hablaban o reían o lloraban en público, aquellas que no podían guardarse para sí mismas sus sentimientos o aquello que tuvieran que decir eran objeto de burla como enfermas y/o locas. Las mujeres expresivas eran lunáticas independientemente de si estaban realmente locas, enfermas o padecían una enfermedad mental. Y se las drogaba a todas por igual.

No es por ponerme dramática, pero tras cada ruptura sentimental se me recetaron antidepresivos. Mi primera enfermedad era mental, de modo que estaba familiarizada con aquella clase de recetas porque, cada vez que me dejaba un chico hetero cisgénero blanco y se llevaba consigo todo lo que daba sentido a mi vida, un médico decía: «Hay una pastilla para eso».

Los antidepresivos son «la nueva (y obviamente preferible) lobotomía para las mujeres que sufren traumas», según Caroline Criado Perez en *La mujer invisible*.[1] Estados Unidos cuenta con una larga historia a la hora de recetar pastillas a mujeres traumatizadas, con ansiedad, deprimidas, «demasiado emocionales» y gritonas. La mayoría de las usuarias de opio a finales del siglo XIX eran mujeres debido a las inyecciones que recibían las pacientes femeninas de sus médicos para aliviar todo mal, desde el dolor menstrual (estupendo) a las náuseas

---

1. También constituyen toda una nueva y preferible circunstancia invalidante: las mujeres que denuncian abusos sexuales pueden tener que responder a la pregunta de si están tomando medicación alteradora de la conciencia, como por ejemplo antidepresivos.

matinales y a las afecciones nerviosas, de modo que los problemas derivados de los ovarios y el útero provocaron adicción al opio. En la actualidad, la medicación se ha institucionalizado en todo el mundo a un nivel sagrado, y las mujeres tienen una probabilidad dos veces y media superior de ser medicadas que los hombres.

Por eso, cuando la psicóloga de la universidad me preguntó en la primera sesión de terapia cuando tenía veinte años: «¿Qué te trae por aquí hoy?», no supe ni por dónde empezar, simplemente ni siquiera sabía la cantidad de motivos que me había llevado allí, ni que eran tantos, desde los personales a los sistémicos. «Un sistema de sociedad y de gobierno en el cual los hombres tienen el poder; y también internet», me habría gustado responder.

Pocos días antes el sitio *www.thefacebook.com* me había informado vía la *ethernet* de la biblioteca de la universidad de que el amor de mi vida tenía una relación con otra persona, y yo había cerrado la sesión para hacer realmente lo mismo que los actores olvidados: busqué la pared más próxima y me dejé resbalar sobre ella hasta el suelo, con el nudillo en la boca, la cabeza sujeta por la otra mano y un gesto de desesperación en la cara, mientras mis sollozos eran como proyectiles sobre la traición shakespeariana. «Aquí estaba mi amor imposible; y ahí delante una foto de su novia». Me había quedado atrapada en sus redes, es un decir, esperando indefinidamente, quebrándome por dentro, hasta que Facebook me dijo que nunca jamás volveríamos a estar juntos.

Algunos compañeros de clase me observaban, otros no me veían, mientras intercambiaban mensajes sobre Michelangelo y yo me abrazaba las rodillas contra el abdomen y me mecía adelante y atrás en el suelo, hasta que se anunció el cierre de la biblioteca. La vida era, debido a un juego de manos que me rompió el corazón, un asco. Conseguí volver a funcionar más o menos, aparentemente, es decir, que podía caminar si quería, pero no tenía ganas de hacerlo.

«Esto es la consecuencia simplemente de ser un ser humano —idealizaba yo—, una mujer, una mujer hambrienta».

Pero nadie me llamó «mujer hambrienta».

—Es una zorra loca psicópata —oí por casualidad decir a un compañero de clase.

Cuando regresé a la residencia de estudiantes vi unos pósteres que anunciaban algo llamado Servicios de Salud Mental, y yo necesitaba

50

ayuda, pero ¿por qué? ¿Por esto? ¿Por llorar mucho? ¿Por llorar por un chico? ¿Por actuar de acuerdo con mi edad y género, veinte años y humana? ¿Por querer y necesitar? ¿Por ser amada? ¿Porque me sentía como si estuviera loca por sentirme de ese modo?

—Estoy enamorada —le dije a la psicóloga de la universidad—. Y no es recíproco —añadí, y no pude dejar de hablar durante toda la sesión.

¡Oh, hablar! Y la otra persona, una empleada, tenía que escuchar, tenía que ayudar, tenía que resolverlo todo.

—¿Hay algo más de lo que quieras hablar? —me preguntó meses después, mientras miraba el reloj—. Hablas de chicos una barbaridad.

Era verdad que fracasaba sistemáticamente mi propio Test de Bechdel. Pero se me educó para hablar sobre chicos y pensar en ellos sobre todas las cosas, para que los chicos fueran mi respuesta a la pregunta ¿qué tal estás?

—¿Más de lo normal? —pregunté, acordándome del formulario sobre mi historial médico que había rellenado, y de que me había hecho rodear con un círculo mi estado civil: Srta. o Sra. «No está casada o sí lo está o lo estuvo». Mi estado en cuanto a mi relación sentimental era mi identidad.

—¿Qué crees que es normal? —inquirió.

51

La psicóloga de la universidad me diagnosticó una depresión.

De haber vivido en otra época, el diagnóstico de los griegos habría sido que tenía útero («el origen de todas las enfermedades» según ellos), y dirían que eso provocaba mi comportamiento errático, es decir, tener arrebatos emocionales. Los egipcios, que fueron los primeros en usar el término «histeria», lo emplearían conmigo para explicar mis alteraciones del comportamiento, es decir, mis arrebatos emocionales. En la Edad Media me habrían etiquetado como «dañada», puesto que no me ajustaría a la norma de la feminidad discreta y tradicional, es decir, dirían que tengo arrebatos emocionales. Los hombres del Renacimiento habrían dicho que soy una bruja y me harían decapitar. A principios del siglo XIX sería una histérica «nerviosa», y cualquier cosa podría señalarme como tal, por ejemplo, un arrebato emocional. Durante todo ese siglo sería declarada demente; la autora Rachel Vorona Cote escribe en *Too Much: How Victorian Constraints*

Still Bind Women Today (Demasiado: cómo las restricciones victoria-nas siguen teniendo sujetas a las mujeres) que la «locura se aprove-chaba para etiquetar y controlar la feminidad peligrosa y disruptiva» como la mía. A finales de ese siglo, el doctor Freud, neurólogo y psi-coterapeuta (quien escribió sobre la «histeria» y su paciente «Dora»,[2] cuyo principal síntoma era que estaba perdiendo la voz), me trataría del mismo modo que la psicóloga de la universidad: con terapia con-versacional, un tratamiento que consiste en usar mi propia voz. Ade-más me hipnotizaría para llegar a un arrebato emocional y me haría admitir algún raro tema sexual reprimido. A principios del siglo XX volvía a estar de moda la «histeria» como acusación, y, aunque me lla-marían histérica por mostrar emociones en público, también me cata-logarían de sufragista. En 2017, Tucker Carlson *et al.* dirían que soy una histérica por criticar al presidente pervertido sexual [PITIDO].

En la actualidad, mis ex determinarían que soy una zorra loca psi-cótica, una furcia, una ex «menospreciada por un amante del pasado, tal vez atrapada en un amor no correspondido» o «que quiere algo que no puede conseguir», como apunta la crítica Kennisha Archer sobre las mujeres así designadas que aparecen en los *thrillers*[3] y películas de terror y en todas las relaciones heterosexuales. En internet, *Urban Dictionary*, «el diccionario de la calle», define a una zorra loca psicó-tica como alguien que tiene, entre otras cosas, «inestabilidad emocio-nal en las relaciones románticas», algo que «con frecuencia, aunque no siempre, está relacionado con algún problema con la figura del pa-dre». *Urban Dictionary* argumenta que, si un hombre «tiene la sufi-ciente mala suerte como para salir con [una zorra loca psicótica], esta probablemente se comportará de modo irracional. Se mostrará increí-blemente dependiente y profundamente afligida y/o rabiosa debido al más mínimo incidente».

2. El nombre Dora proviene del griego «Doron», que significa «regalo». Freud llamó a su paciente Dora porque el hombre que la violó intentó primero establecer un vínculo emocional con ella mediante pequeños regalos.

3. «No me vas a ignorar, Dan», dice el personaje de Glenn Close al de Michael Douglas en *Atracción fatal* (escrita por un hombre, dirigida por un hombre, nomi-nada a seis premios de la Academia), un *thriller* sobre el abogado de una editorial que engaña a su mujer con una furcia rubia que se queda embarazada y quiere algo más que una aventura de una noche, por lo que pone a cocer el conejo de la hija del abogado en una olla.

Tengo problemas derivados de la relación con mi padre. Me comporto de forma irracional y puedo mostrarme profundamente afligida y/o rabiosa. Soy una zorra loca psicótica.

Y como soy una de tantas, sé que nos obsesionamos y somos demasiado entusiastas, dependientes emocionalmente y testarudas, agresivas y sexuales. También podemos ser hermosas, pero psicóticas, dulces pero psicóticas, traumatizadas pero psicóticas. Y, en la definición estricta de ese término, la zorra está loca, más que eso, no solo loca, sino psicótica, patológica.

Asignar «la etiqueta "loca" [ante] cualquier comportamiento socialmente inoportuno», escribe Cote en *Too Much*, como por ejemplo actuar de forma teatral o sufrir un arrebato emocional durante el cual una únicamente se humilla a sí misma, implica que los «límites entre la intensidad emocional y la enfermedad diagnosticable se difuminan constantemente» y «la masculinidad hegemónica los redefine» como «problemas que no merecen distinción, y únicamente son significativos como síntomas». Franca, dependiente, sentimental, irracional, neurótica, desequilibrada, loca, histérica, psicótica, melodramática, teatrera, hormonal, hipersensible, exageradamente emocional, desazonada, inestable, frágil, irritante, exasperante, manipuladora, vengativa, mendaz, patológica. Todos esos calificativos se mezclan en esa etiqueta aplicada de forma indiscriminada, hasta el punto de que a las mujeres que sienten y expresan sus sentimientos se las asocia con la locura y la enfermedad, llegando a ser un síntoma incluso el hecho de hablar con franqueza.

Durante mi época universitaria no pude evitar preguntarme: ¿tenía un desequilibrio químico y emociones morbosas? ¿O simplemente era una mujer emotiva que vivía en un mundo de hombres donde la «locuacidad de las mujeres se evalúa en comparación, no con la de los hombres, sino con el silencio» (tal como Dale Spender explica desde una perspectiva feminista en su libro *Man made language (El hombre hizo el lenguaje)*, y por tanto no hay mujeres «sin pelos en la lengua», solo mujeres que hablan y otras que callan)? ¿Podría tratarse de ambas cosas? ¿De depresión y discriminación?

¡Pues sí! Una mujer podía tenerlo todo.

Y no es necesario que una mujer esté enferma o deprimida para que se digan de ella ambas cosas y se la medique en consecuencia o sea esta la excusa para desembarazarse de ella. «Rompí con ella porque

53

está loca» es la justificación de millones de separaciones inconscientes, incluida la mía. Con solo una palabra, un novio, un médico o un político puede desechar/traumatizar/reírse de/restringir los derechos de una ex y además desmantelar el feminismo. Cualquiera puede usar el lenguaje propio de las enfermedades mentales fuera de contexto para acallar en seco la voz de una mujer: basta con llamarla «demente» y entonces cualquier expresión racional se hallará predeterminada para ser considerada irracional; si se la llama «chiflada», todo lo que diga carece de validez, y nadie tendrá que escucharla nunca más; si se la denomina «loca», es como si lo que ha dicho lo hubiera dicho debido a las emociones, no al pensamiento; decirle que está «hormonal» es como verbalizar «cállate, te estás poniendo en evidencia»; «emocional» sirve para que ninguna mujer llegue a ser presidente; y el epíteto «psicótica» hará que se vuelva vulnerable y voluble con tendencias suicidas y el deseo de morir sola.[4]

«¿Cómo es posible que las ex de tanta gente estén locas?», era la pregunta retórica que planteaba Sugar, la famosa columnista de consejos en internet, en respuesta a la carta anónima de un hombre que decía haber salido con una chica «loca y egocéntrica». No existen estadísticas nacionales o estudios sobre ex locas, pero parece que somos tantas porque no hace falta mucho para ser «demasiado». Se me ha llamado loca por querer comunicación o buscar intimidad; por intentar comprender los sentimientos y el comportamiento de un hombre, y por expresar mis emociones mediante el llanto o un grito, alguna vez en público; por enviar mensajes seguidos reiteradamente sin recibir una respuesta y, aun así, seguir enviando todavía más. En demasiadas ocasiones me expuse y dije lo que quería decir...

«Eso es psicótico», me han llegado a decir hombres buenos por experimentar mis experiencias y pensar mis pensamientos y estar lo suficientemente desesperada como para expresarlos, además de otras opiniones que parecen demenciales (especialmente sobre Taylor Swift y la misoginia transmitida por el aire y los roles de género tradiciona-

54

---

4. Los hombres no pueden ser zorras locas psicóticas. El *thriller* tragicómico *American Psycho* trata sobre un auténtico psicópata, Patrick Bateman, pero en la vida real los hombres le veneran porque como psicópata puede ser tan violento y desagradable con las mujeres como muchos desearían poder mostrarse.

les; algunas mujeres solo tienen una cosa en la cabeza, esto es, la «cultura de la violación»).

Cualquier conversación puede convertirse en un diagnóstico.

Todas las mujeres que conozco han sido blanco de críticas similares, y también han aguantado calladas mientras un tipo se ponía filosófico hablando sobre su culo y teorizaba con abandono en el papel de abogado del diablo, tras descartar todo lo que ella hubiera dicho solo porque no le gustaba, o no lo entendía ni lo quería entender. A una amiga mía la llamaron «lunática rabiosa» por poner objeciones a la idea de que la suave voz de la doctora Christine Blasey Ford indicara que estaba «mintiendo o era una demente». Otra estaba «bastante histérica» por pedir a su jefe que no le hiciera un contrato indefinido a un trabajador que la había acosado solicitando su atención sexual y romántica (la preocupación de mi amiga fue rechazada y considerada exagerada). Una tercera… Bueno, todas mis amigas me cuentan nuevas anécdotas cada día.

No es que la línea de comunicación entre mujeres y hombres se haya cortado indefinidamente. La «invisibilidad social de la experiencia de la mujer no es un "fallo de la comunicación humana"», aclara la académica feminista Joanna Russ en *Cómo acabar con la escritura de las mujeres*. La invisibilidad social de la experiencia de la mujer «es un sesgo socialmente acordado que persiste durante largo tiempo después de que la información sobre la experiencia de la mujer esté disponible (a veces incluso aunque se exija públicamente)».

Esto debe de parecer una locura. Porque los prejuicios, como el de «estar loca», funcionan. Reducir a las mujeres al aspecto psicológico da resultado. Que me llamaran zorra loca psicótica o cualquier variante me hacía callar, pero no por eso dejaba de estar loca. También me hacía sufrir, y por eso me sentía impotente. Entre las primeras conversaciones en las que decidí no participar se cuentan aquellas en las podía ser catalogada de loca o de psicópata o de zorra. Simplemente era más fácil suprimir el mal humor y la tristeza, además de mi personalidad; era más sencillo chillar menos, exigir menos, conformarme con menos y ser menos, y censurar mis deseos y desear menos. Intenté sufrir menos, de forma invisible o con una sonrisa, para no provocar ni molestar ni frustrar a nadie nunca.

4

¿Quién tiene la palabra y por qué

*E*xiste alguna forma productiva de hablar sin parecer una desquiciada? «¿Qué es lo que hace que una mujer sea mejor, en primer lugar? El silencio. ¿Y en segundo lugar? El silencio. ¿Y en tercero? El silencio. ¿En cuarto lugar? El silencio», escribió el retórico Thomas Wilson en su obra *The Art of Rhetorique* de 1560. Y si no se tratase del silencio, entonces sería decir las palabras correctas, de la forma apropiada, con el tono adecuado, en el momento justo.

Cuando estuve enferma, socializaba exclusivamente con médicos, farmacéuticos, mis jefes y repartidores, y de todos ellos necesitaba algo. En cada visita al médico quería obtener un diagnóstico, un pronóstico y una estrategia, una cura y un alivio, además del amor incondicional de cada doctor. Pero no lo expresaba. Solo decía «gracias». Porque, si acaso hablaba, lo hacía con «la voz de buena paciente femenina»: una voz agradable y agradecida, tolerante, que no era demasiado asertiva, ni demasiado directa, ni demasiado fría, la voz que no hacía demasiadas preguntas, ni pedía consultas de seguimiento con demasiada frecuencia, y que, sobre todo, usaba un tono de voz como si se deshiciera en disculpas. Simplemente me disculpaba con todos los médicos. Por no haberme depilado las piernas.[1] Pedí perdón por manchar de sangre los pa-

---

1. Me disculpaba aunque afeitarse las piernas fuera un invento de Gillette para vender maquinillas a las mujeres mientras los hombres estaban en la guerra, y pedía perdón porque hasta el vello de la mujer se considera algo patológico; Rebecca M. Herzig escribe en *Plucked: A History of Hair Removal (Arrancada: una historia de la depilación)*: «Los criminólogos, alienistas [término antiguo sinónimo de psiquiatra] y dermatólogos de finales del siglo XIX» aseguraban que había «una relación entre el crecimiento tupido del vello y las enfermedades mentales. Esta relación

sillos cuando sufrí una hemorragia tras un análisis de sangre (intenté limpiarlo todo antes de pedir ayuda); por llorar, molestar y desconcertar. Tal vez incluso establecí recordatorios apologéticos en mi móvil. No pensaba que me estaba disculpando; pedía perdón de forma inconsciente, sin pretenderlo, simplemente lo hacía. Dios mío, cómo odiaba el sonido de mi voz. Hasta mi voz interior sonaba estridente.

Todo el mundo odia el sonido de la voz de una mujer. El «problema nominal es el exceso», escribe la autora Jordan Kisner en *Can a Woman's Voice Ever Be Right? (¿Puede la voz de una mujer sonar bien?)*. «La voz es demasiado "algo": demasiado alta, demasiado nasal, demasiado entrecortada, suena demasiado como un graznido, o demasiado chillona, demasiado de vieja, demasiado susurrante. Revela demasiado alguna identidad, se excede de sus límites. El exceso, por otra parte, señala aquello de lo que adolece: suavidad, poder, humor, intelecto, sensualidad, seriedad, frialdad, calidez». Y eso solo es aplicable a las mujeres blancas. También puede ser una voz «demasiado negra» y «demasiado de persona trabajadora» como para ser creíble y audible.

Empecé a odiar el sonido de mi voz a la edad de cinco años, cuando sentía una devoción total por *La sirenita*, el clásico de Disney de 1989 sobre una princesa-pez adolescente que lo tiene todo pero quiere más, por lo que renuncia a su voz, la mejor del mundo, a cambio de largas piernas para perseguir a un chico con un perro. Durante diez mil horas memoricé todas las canciones, y cada una de ellas era mi góspel. Especialmente el fantástico tema *Pobres almas en desgracia*, donde la bruja pulpo Úrsula explica cantando que los hombres humanos no se dejan impresionar por la capacidad conversacional y la evitan siempre que pueden.

Deseaba cantar a pleno rendimiento como Ariel para después dejar de hablar por un novio, como Ariel. No cotorrearía, ni chismorrearía, ¡no diría una palabra! Además, cuando tenía cinco años contaba con mi aspecto, mi cara bonita, y nunca subestimaría la importancia del lenguaje corporal.

Υ

---

no era algo novedoso; la vellosidad era considerada desde hacía tiempo como un síntoma de demencia». Las mujeres sanas no tienen vello, y se cuestionaba mi salud mental cuando mis piernas parecían las de un hombre.

Todo aquel que creciera viendo los programas televisivos de finales de los setenta, de los ochenta y los noventa captó por lo menos tres cosas: los hombres tienen voz, las mujeres tienen cuerpo, Mentos era «el más fresco».

Nacida en 1984, el año en que se estrenó la película *Cazafantasmas*, la primera, siempre que ponía la televisión, un vídeo, la radio, lo que fuera, hablaba una voz masculina; estaba por todas partes, como portavoz de la humanidad, la banda sonora de la existencia.

«Un análisis de la televisión en horario de máxima audiencia en 1987 concluyó que el 66 % de los 882 personajes que hablaban eran masculinos (más o menos igual que en los cincuenta)», escribe Susan Faludi en su obra *Reacción: la guerra no declarada contra la mujer moderna*. Martha M. Lauzen, profesora de cine y televisión en la Universidad Estatal de San Diego, que lleva haciendo un seguimiento de las mujeres empleadas en dicha industria desde 1998, demuestra en sus recientes análisis que ese porcentaje no ha variado demasiado realmente.[2] Los hombres son los que más hablan incluso en las comedias románticas, catalogadas como «películas de chicas, hechas para mujeres y protagonizadas por monigotes conocidas también como mujeres». Y en 2016 la secuela de *Cazafantasmas* fue definida como una «controvertida comedia» (se instigó un boicot coordinado), porque sus protagonistas eran mujeres (y por tanto se malograba la infancia de los hombres adultos).

Mi madre y mi padrastro tenían televisión por cable en todas las habitaciones de la casa, y la mesa de la cocina estaba rodeada por tres sillas y una televisión. Los tres veíamos la tele juntos durante la cena, en un llamativo silencio, y luego cada uno por separado. Antes de la hora de acostarse, en las televisiones del piso de arriba ponían las tertulias nocturnas, acaparadas por los hombres desde la invención de la televisión en los años cuarenta, y lo último que oíamos antes de conciliar el sueño eran chistes de hombres.

Durante la cena estábamos enganchados a *Entertainment Tonight* o a las noticias, protagonizadas por hombres blancos que se ladraban unos a otros, y algún que otro bombón de cabellos rubios (las morenas

59

2. El «porcentaje de películas taquilleras con protagonistas femeninas disminuyó abruptamente del 40 % en 2019 al 29 % en 2020».

no narraban los acontecimientos de actualidad ante el gran público). En aquel entonces, igual que ahora, casi siempre eran hombres quienes daban las noticias, y estas solían versar sobre hombres y en su mayoría eran respaldadas por hombres en calidad de expertos y de fuentes, consagrados como líderes del pensamiento para contarnos la verdad. El presentador estelar de noticias Chris Cuomo[3] podía tal vez informar sobre los días de gloria del productor ejecutivo Harvey Weinstein,[4] que el analista jurídico Jeffrey Toobin[5] corroboraría posteriormente.

(En caso de que las agencias de noticias hablaran de mujeres, no decían nada bonito. Cuando tenía treinta años, mis padres, de tradición demócrata, dijeron al unísono: «No nos gusta Hillary Clinton», repitiendo las noticias por cable que engullían durante cada comida. Durante el seguimiento informativo de las elecciones de 2016 y 2020, las candidatas presidenciales femeninas recibieron menos cobertura mediática y de sesgo más negativo que los hombres, y gran parte de las críticas se redujo a la voz, y a cómo los hombres pueden y deben alzar la suya pero las mujeres tienen que tranquilizarse).

«QUIÉN TIENE LA PALABRA Y POR QUÉ... ESA ES LA CUESTIÓN», escribió Chris Kraus en su novela epistolar de culto[6] *Amo a Dick* en 1997.

En la vida privada, en la real, los hombres también hablan sin cesar. Tal vez debido al bucle de realimentación, o al baile de moda que arrasa por toda la nación, o al proceso por el cual mirar pasa de ser

---

3. Cuomo aprovechó sus fuentes mediáticas para ayudar a su hermano, Andrew Cuomo, que había sido gobernador de Nueva York, a evitar y a hacer frente a acusaciones de acoso sexual. La CNN despidió a Chris días después de que él también fuera acusado de conductas sexuales inadecuadas, y en marzo de 2022 presentó una demanda de arbitraje por valor de 125 millones de dólares a la CNN (110 millones destinados a «la pérdida de futuros salarios», ¡vaya!).

4. No necesita de nota al pie.

5. Analista jurídico de la CNN, abogado y autor que se masturbó durante una reunión por Zoom con el personal de la revista *New Yorker* y de la emisora de radio WNYC, creyendo que la cámara estaba apagada y el audio silenciado. Fue expulsado temporalmente de la CNN durante ocho meses y luego readmitido.

6. Se conoce como «novela» a esta «no memoria», manifiesto feminista, azote cultural, experimento artístico y corrida-de-autoficción-autoteórica. La novela fue

una actividad estática a una metabólica. El círculo vicioso nos lleva a un lugar en el que ni siquiera Dios puede encontrarnos; escribe el borrador de nuestra comprensión de cómo debería ser la gente, y luego, las creencias que hemos tomado prestadas, en una alquimia cuerpo-mente, se convierten en comportamientos. En resumen, los niños hablan más que las niñas en las tres cuartas partes de las películas de princesas de Disney, y los chicos hablan más que las chicas en clase, y los hombres hablan más que las mujeres en las reuniones de trabajo.

«En situaciones grupales es más probable que los hombres pidan la palabra que las mujeres en un 75 %», dice la doctora Meredith Grey en la temporada 12, episodio 9, de *Anatomía de Grey* (quienes se parezcan a mí han aprendido todo lo que saben del estamento médico, y de ligar, de las diecinueve temporadas de *Anatomía de Grey*). En «El sonido del silencio», la doctora Grey (quien ha sido agredida hasta el punto de ser físicamente incapaz de hablar en ese episodio) se planta ante un grupo de médicos residentes y les hace una pregunta. Los de género masculino ocupan casi toda la sala y alzan las manos para responder. Ninguna mujer alza la mano. Todas parecen tener demasiado miedo de hablar. Esta escena podría ser cualquier clase o reunión, o ir de copas con hombres cisgénero heterosexuales, quienes, de acuerdo con lo evidenciado *ad infinitum*, resultan en realidad ser «demasiado» porque hablan más que nadie, y en voz más alta, y durante más tiempo; son los que más páginas de Wikipedia vomitan, así como comentarios e historias gratuitos; dicen lo que una mujer está a punto de decir, o repiten lo que acaba de decir (pero con más seguridad o rudeza); intentan llevarse el mérito e interrumpen más (pero dicen que es «cooperación»), y luego tal vez piden perdón, de forma sincera o no, y se justifican largo y tendido.

Entretanto, las mujeres usan su voz para ayudar a los hombres a utilizar la suya. Los estudios sobre la voz femenina concluyeron que

61

---

adaptada en colaboración con Joey Soloway y la dramaturga Sarah Gubbins para la pequeña pantalla en 2017, y aplaudida por todas las escritoras femeninas y aquellos escritores que no se rigen por estereotipos de género; fue cancelada después de una temporada por Amazon Studios. El responsable de Amazon Studios, Roy Price, famoso por suprimir la conducción de vehículos por mujeres, dimitió en 2017 tras ser acusado por acoso sexual.

las personas que se identifican como femeninas suelen ofrecer conversación en un tono cálido que alienta a los demás a hablar.[7] «Una mujer amiga mía *trans* me explicó recientemente que la técnica de entrenar la voz para que suene más femenina tiene mucho que ver con "hablar menos, hacer más preguntas o deferir más a otras personas"», escribe la autora Melissa Febos en su colección *Girlhood*. Porque la disciplina de la deseabilidad es también la disciplina de la sumisión.

Cuando era niña pensaba que las mujeres simplemente no hablaban tanto. O no debían. ¿O no podían? Pero cuando pasé la fase de *La Sirenita*, de mi fantasía de silencio y de navegar a la deriva de mi familia como una novia de la realeza, me vinieron nuevas ideas sobre la voz de una chica: tenía que sonar como la de un chico.

En quinto ser un marimacho era alucinante, y ser «guay» era estar en la «onda» de lo que los chicos decían y lo que les gustaba. El código secreto para ser uno de los chicos (y yo buscaba su aprobación porque el universo decía que la necesitaba) era suprimir o eliminar cualquier característica propia de las niñas. Para pasar al siguiente nivel, veía *South Park* y memorizaba *Pulp Fiction*, llevaba marcas como Umbros y Adidas, leía a R. L. Stine y Mark Twain, escuchaba a Dre y Snoop, intentaba mejorar de nivel en mates (es decir, las asignaturas típicas de chicos), decoraba mi cuarto con pósteres de deporte que no se me permitía jugar, participaba en acampadas y hacía pis de pie, me gustaban los chicos a los que les gustaba Green Day antes de que se vendieran, hablaba como un travesti y blasfemaba como una imbécil, y enmascaraba mis verdaderos gustos, punto de vista y actitud para que fueran acordes con los de los chicos.

Seguí experimentando. En la escuela secundaria volví a ser más femenina y dramática, pero también estaba deprimida porque mi voz era tan chirriante como pasar las uñas por un pizarrón, y rebosaba tantos sentimientos que no había sitio para nada más; sonaba como un

7. La sociolingüista y profesora de lingüística Janet Holmes cita investigaciones que demuestran que «la contribución de los hombres suele consistir más en información y opiniones, mientras que las mujeres añaden más apoyo y aceptación, más bien la clase de charla que anima a los demás a hacer su contribución».

tampón si estos pudieran hablar. Cometí un tremendo error durante el bachillerato al unirme al grupo de debate y oratoria, y de nuevo dediqué todos mis esfuerzos a hablar como los chicos, porque, cuando ellos hablaban, todo el mundo escuchaba. La manera de hablar de los chicos tenía como resultado que fueran comprendidos, y su voz existía simplemente por (¿SER?) ellos mismos (hoy en día incluso, es más probable que la tecnología de reconocimiento automático de voz, como por ejemplo en el caso de asistentes virtuales y de la transcripción al dictado, responda a la cadencia de un hombre de raza blanca. Un vicepresidente de una empresa de esta clase de tecnología, en relación con el reconocimiento de voz en automóviles que no reconocen la voz femenina, sugirió que las mujeres debían adaptar sus voces «mediante la práctica prolongada» para «hablar más alto» y «dirigir su voz al micrófono»).

Después de las clases me hablaba a mí misma ante el espejo, en mi propia práctica prolongada de una voz más aguda pero más fuerte y más grave, una voz que era juiciosa y engreída, y ganaba videojuegos y se masturbaba en un calcetín.

No nací en el cuerpo equivocado. Nací en el cuerpo correcto en el mundo equivocado.

En ese mundo en el que Margaret Thatcher tomaba lecciones para que su voz fuera más grave y su tono más profundo para que sonara con más firmeza y más fuerza, como si tuviera un resfriado y un pene, con el fin de que la tomaran en serio. Elizabeth Holmes falseaba una voz de barítono para atraer inversores y estafarlos. Un coanfitrión de la Radio Pública Nacional me contó que varias compañeras de trabajo tomaban clases para que su voz sonara más grave, y que los productores afinan el timbre femenino y aumentan los bajos cuando están en directo, todo ello debido a las quejas de los oyentes. Puesto que la voz masculina es la de todas las generaciones, muchas nos sorprendemos a nosotras mismas intentando hablar como ellos (la mujer actual habla con voz más grave que su madre y abuela), volviendo a sintonizar nuestras voces para ponernos a la altura de autoproclamados dioses.

Con mi voz menos femenina me convertí en la cocapitana del equipo de oratoria y hablé en la graduación, sobre los *Simpsons* y sobre *Zen y el arte del mantenimiento de la motocicleta* de Robert M. Pirsig, y fui la única chica nominada con el elogio «la persona que tie-

63

ne más probabilidades de tener éxito» de final de secundaria (me ganó un chico).[8] Por fin tenía voz; solo que no era la mía.

Cuando le preguntaron a Joseph Campbell sobre «el viaje de la heroína», el creador del «viaje del héroe» supuestamente dijo: «Las mujeres no necesitan hacer ese viaje. Lo único que tienen que hacer es darse cuenta de que ellas son el lugar donde otras personas intentan llegar».[9]

Mi profesor de oratoria me instó a llevar el pelo rizado durante la competición dominada por los chicos. «Es más sexi», me dijo en uno de los pasillos vacíos del instituto. Todavía no me había dado cuenta de que yo era el sitio adonde los demás intentan llegar.

Me di cuenta en la escuela universitaria.

Allí experimenté un cambio, como un segundo ciclo, pero, en lugar de pasar de niña a mujer, pasé de ser un sujeto a un objeto, de ser una persona a un lugar. Una voz más grave no colaba; era una octava infollable, y los hombres no podían oírme (nuevamente) o parecía que no se tomaban la molestia de hacerlo.

8. También fui nominada a «mejor melena» y «persona más coqueta», y tampoco gané (me ganaron una rubia y una chica a la que acusaban de zorra, respectivamente).

9. Se dice que Campbell dirigió este comentario a Maureen Murdock, una de sus estudiantes, después de que ella le mostrara su propia alternativa a su paradigma narrativo y a la hegemonía del patriarcado: «El viaje de la heroína» abordaba el «viaje psicoespiritual de las mujeres contemporáneas». En 1990, Maureen Murdock publicó *Ser mujer: un viaje heroico: un apasionante camino hacia la totalidad*, y en su página web se resume el concepto: «El viaje de la heroína comienza con una separación inicial de los valores femeninos, en una búsqueda de la aceptación y el éxito en una cultura patriarcal, experimentando la muerte espiritual y replegándose hacia el interior para reclamar el poder y el espíritu de lo femenino sagrado. Las últimas fases implican el reconocimiento de la unión y la potencia de la naturaleza dual del individuo en beneficio de toda la humanidad. El viaje de la heroína se basa en la experiencia de las hijas que han idealizado, se han identificado y aliado estrechamente con sus padres o la cultura masculina dominante. Todo ello a expensas de [...] denigrar valores de la cultura femenina [...]. Si lo femenino se considera como algo negativo, sin autoridad o manipulador, las niñas pueden llegar a rechazar las cualidades que se asocian a lo femenino, incluidas las positivas, tales como la crianza, la intuición, la expresividad emocional, la creatividad y la espiritualidad».

Y por eso creé otra voz. En las fiestas hablaba en una combinación de tonos agudos, voz rota, una melodía exagerada y frases rotas que acababan en subida. Una «voz de chica sexi». A los hombres les gustaba. Era una voz cachonda y sin confrontación. Era una voz desvalida y daba a entender que debían protegerme y mimarme y hacer que me saliera el eructito.[10] Algunas investigaciones demuestran que esa voz más aguda procedente de un cuerpo femenino se percibe como más agradable y sexi. Así que, por cuestiones de peso y vocalmente hablando, la infancia aparentemente es la época más sexi de una mujer.

Es tal la adoración por la antivoz que los asistentes de voz como Siri y Alexa tienen por defecto voces feminizadas basadas en estereotipos retrógrados de sumisión. «Me sonrojaría si pudiera», dice Siri como respuesta a peticiones sexuales, mientras Alexa responde coqueta ante un abuso verbal. «Los hombres están creando IA como novias para abusar verbalmente de ellas», es el titular que leí recientemente sobre el «maltrato a los *bots* conversacionales».

Las voces de la inteligencia artificial no cuentan todavía con el modo porno que viene de fábrica en las mujeres reales, en mí misma, algo que fue consustancial con mi iluminación durante la universidad.

Durante el segundo año quería unirme al equipo de debate y oratoria de la universidad, pero no existía, de modo que decidí hacer una audición para la única obra con un *casting* abierto, *Monólogos de la vagina*. Esperaba conseguir el papel de «narrador» pero me seleccionaron para ser «la mujer que amaba hacer felices a las vaginas», también conocida como «la gimiente». Actué sin tener experiencia previa en el escenario y fingía orgasmos sin tener tampoco experiencia en ese campo. Pero, como mujer, los sonidos me salían de forma natural (el lector ya sabe a qué sonidos me refiero), nací con ellos en la punta de mi lengua.

Durante tres noches el fin de semana de San Valentín, esos sonidos salieron con alma, y fingí orgasmos en la capilla multiconfesional del campus, sin llegar a manosear nada.

Cerca del púlpito, proferí el «gemido del clítoris», un suave «mmmm», y luego el «gemido vaginal», un *crescendo* desde muy adentro de la garganta. Bajo la luz de los focos y los candelabros, en el

65

---

10. Consejo de experta: una mujer debería necesitar que la protejan para que los hombres puedan hacerlo.

traje de chaqueta negro que llevaba en los torneos de oratoria de bachillerato, ahora con un corsé negro debajo y una corbata rojo cereza, me reí con el tono de «seguramente está bromeando» al recrear el «gemido elegante», luego lancé una mirada de sorpresa discreta al emitir el «gemido para los protestantes blancos», y después grité «OY VEY» (algo así como «¡ay de mí!») en el «gemido judío». Para el «gemido católico irlandés» caí de rodillas, me santigüé, y miré a los cielos para suplicar: «Perdóname, Dios, Dios, perdóname, oh, Dios, por favor, perdóname». En la carcasa plateada del órgano, extendí los brazos y canté a la tirolesa el «gemido de la cima», hice gorgoritos y balbuceé para el «gemido de bebé», me puse a cuatro patas y jadeé en el «gemido perruno». Por encima mí, las ventanas de cristal tintado centelleaban mientras hacía los demás gemidos: el «gemido bisexual militante desinhibido» (una serie de gruñidos), «el de la ametralladora» (una imitación de los aspersores del césped, *ahn-ahn-ahn-ahn-ahnnn*), «el gemido del monje zen torturado» (lascivos *oms*, los dedos entrelazados en mudras, la postura del perro hacia abajo), el «gemido de la diva» (operístico). El especializado «gemido de la Universidad de Washington en St. Louis», para el cual me quité las gafas negras de montura de plástico, inserté solo la punta en la boca mientras chocaba contra una pared imaginaria y fingía follar con un fantasma, mientras gritaba: «¡Tengo una prueba! ¡Tengo una prueba! ¡Rápido, tengo que estudiar!». Como desenlace, «el gemido de la sorpresa del triple orgasmo», para el que volví a ponerme las gafas, deslizándolas con la mayor lentitud posible sobre mi nariz, como una bibliotecaria o una estrella porno en el papel de una bibliotecaria enviando mediante telepatía el mensaje «Hagámoslo».

Pero ese último no viene a cuento.

Me «corrí» veintisiete veces cada noche y recibí aplausos tipo-estadio de más de ochocientas personas, incluida mi madre y mi padrastro, los cuales, una vez cayó el telón, recorrieron el pasillo con una docena de rosas rojas.

Me volví toda una experta en cambiar la voz, como si cambiara de ropa. En Halloween ese mismo año me disfracé de *cheerleader* (animadora, una combinación de niña pequeña y puta), con un lazo enorme en el pelo, y me puse a animar a todos los que me rodeaban. De nuevo me encontraba actuando: chillando como una niñita pero vestida con casi nada, como una zorra, aunque no era ninguna de am-

66

bas. Debí de suscitar muchas erecciones en los hombres simplemente con que pensaran en mí. Pero tenía la sensación de que era casi como una maldición, esa forma que tenían las piernas de mi voz de abrirse o cerrarse, esa manera de sonar desvalida y abierta a sugerencias y a que se me llevara a todas partes y se me ignorara excepto en la cama y en la cuna.

«Perdón por la interrupción», dijo un estudiante masculino, mi estudiante masculino, a una estudiante femenina en la clase de la que yo era profesora, como mujer adulta trece años después de la universidad.

Tras interrumpirla, corrigió a la estudiante en sus opiniones, y las dos intercambiamos idénticas miradas, como si nos acabaran de dar un puñetazo.

«Cuando una mujer habla en público —sigue diciendo la voz en *off* de la doctora Meredith Grey en el episodio ya mencionado de *Anatomía de Grey*—, es probable según las estadísticas que sus interlocutores masculinos la interrumpan o alcen la voz por encima de ella».   67

Llamé la atención al estudiante amablemente, y al día siguiente me escribió un *email* por haberle reprendido. «Solo quería robarme un segundo de mi tiempo» para explicarme por qué había interrumpido a «la otra estudiante». «Había una razón para ello», escribió. Le «había parecido que nos estábamos desviando del tema considerablemente» y «tenía la sensación de que realmente nos estábamos quedando rezagados con el temario». Un antiguo estudiante le había explicado «qué divertido era hacer las presentaciones y quería estar seguro de que nos daría tiempo». En el siguiente párrafo concluía: «Esa es la razón [por la que interrumpí]. Estaba intentando ayudarla. Pero obviamente no se entendió de ese modo, por lo que pido disculpas».

No respondí, no señalé que había llegado a clase con treinta minutos de retraso, no pregunté por qué no había tomado notas, sino que en lugar de eso me había dedicado su sonrisa durante tres horas, no corregí su sensación diciéndole que no íbamos retrasados porque se permitía hablar en clase, no le recordé que puedo llevar mi clase yo sola y no le abronqué por su presentación, una sátira sobre la esclavitud (era un chico blanco). Decir o hacer cualquiera de esas cosas solo empeoraría la situación, y en eso mis colegas estaban de acuerdo conmigo.

Ahora mismo muchas mujeres están siendo interrumpidas (o desautorizadas, o se habla en su nombre, o se las malinterpreta) en aulas de todo el mundo, si es que tienen la suerte de poder asistir a clases.

«No es porque [los hombres] sean maleducados. Es ciencia —dice la doctora Grey sobre esas interrupciones—. Se ha demostrado científicamente que a un cerebro masculino le cuesta más advertir una voz femenina».

No se debe únicamente al sexismo sistémico, el hecho de que cueste escuchar a las mujeres; es ciencia.

Solo que no lo es. El diálogo del guion del personaje de ficción de la doctora Grey es pseudocientífico y probablemente se basa en el estudio citado con frecuencia «Male and Female Voices Activate Distinct Regions in the Male Brain» («Las voces masculinas y femeninas activan distintas regiones en el cerebro masculino»), dirigido exclusivamente por hombres que solo tomaron como sujetos a hombres, y descrito arbitrariamente como hombres versus mujeres (podía haber sido descrito de otra manera, por ejemplo, voz grave por oposición a voz aguda).

Tanto si cuesta más oír a las mujeres (lo cual no es cierto), como si algunas personas no quieren escucharlas (eso sí podría ser verdad), parece ser responsabilidad de las mujeres hacerse oír.

En mis visitas médicas, antes de hablar con «la voz agradable de paciente femenina» con los doctores (que tal vez sea a los que más les cuesta oír una voz femenina), en mi mente estaba siguiendo un diagrama de flujo titulado «¿Debería hacer una pregunta?».

En caso de que la respuesta fuera «SÍ», una flecha indicaba la siguiente opción: «¿Cómo debería hacer esa pregunta?». Esta conducía a la anotación «ESPERAR» y después «Pero, primero, ¿qué necesito?, y ¿realmente necesito lo que necesito?». Si realmente lo necesitaba, a continuación me venían a la mente otras consideraciones, como el momento adecuado y la disposición del oyente, además de escoger las palabras y el tono perfectos.

Nuevamente volvía a considerar la posibilidad de evitar el sexismo hablando como un hombre (igual que los colibríes hembra evitan el acoso generando un plumaje que imita los colores de los machos), siendo más estoica y reservada, con un tono más uniforme y calmado, todo ello mientras el dolor me recordaba que seguía ahí. Pero cuando me mostraba estoica, reservada y calmada, parecía que «todo estaba bien»; y sin embargo, si sollozaba, entonces era una «histérica»; por contra, si no derramaba una lágrima, nadie creía que mi dolor fuera real como yo lo sentía.

Como diría mi madre: «Una mujer no puede ganar un premio por hacerlo mal».

Mis elecciones, que determinaban las decisiones de los médicos, estaban sujetas a una auditoría por ambas partes.

Ojalá pudiera modular mi voz hasta conseguir el imposible sonido adecuado que resulta agradable y placentero, educado pero no arrogante, que creció en un barrio acomodado, se mudó a la ciudad y volvió al barrio residencial de las afueras.[11] El tono que no suena demasiado a protesta ni a gimoteo o réplica.[12] Esa voz que sintoniza con el otro y hace más fácil la vida de los demás. Si se pudiera comparar con un tamaño, sería talla pequeña. Una voz que admira a quienes hacen chistes pero no se permite hacer ninguna broma.[13] La voz apropiada, aunque haya estado triste antes, nunca suena deprimida, es emotiva pero no va a hablar de ello, pide ayuda sin hacerlo de forma explícita, es optimista y finge estar sana cuando está enferma,[14] y

69

11. En *Detransition, Baby (Detransiciona, cariño)*, una novela de Torrey Peters, la protagonista había tenido una «relación lesbiana con una mujer *trans* llamada Amy, que resultó ser tan presentable para un ambiente de zona acomodada residencial que cuando hablaba uno se podía imaginar la autoría de Martha Stewart en sus palabras».

12. «Las mujeres negras especialmente debemos sonar un poco "insolentes", pero no demasiado agresivas, no sea que no nos vean como femeninas», escribe la columnista del *Washington Post* Karen Attiah en su editorial de opinión «America odia dejar hablar a las mujeres negras». «Concretamente debemos ser vistas como personas duras, pero no se nos permite estar enojadas, aunque nuestra ira esté justificada en un país que con demasiada frecuencia nos silencia».

13. Esta es «la brecha de género del humor», como se describe en la revista *Scientific American*: «Los hombres quieren que admiren sus bromas y las mujeres quieren alguien que las haga reír».

14. Las mujeres son como conejos, puesto que estos en su mayoría «cuentan, entre sus habilidades, con la capacidad de fingir que están sanos aunque estén bastante enfermos», escribe Susan Orlean en «The Rabbit Outbreak» («El brote epidémico de los conejos»). «Es lo opuesto a fingir ser una zarigüeya, aunque con el mismo objetivo, esto es, desviar la atención de los depredadores, que considerarían a un conejo enfermo presa fácil. Como resultado de esta actuación, a menudo los conejos mueren de forma repentina (o por lo menos así lo parece), cuando de hecho llevan tiempo enfermos» aunque finjan lo contrario.

su carta astral tiene el sol en Sagitario, la luna en Géminis y ascendente Cáncer. Lo ideal es no sonar demasiado infantil pero tampoco como una mujer ya adulta; debería parecerse más a la de un hombre, con notas de seriedad, pero sin sonar viril ni masculina.

Aunque en realidad nada es más bello en una mujer que su silencio.

70

5

Chicas versus chicos en la conversación

*E*l problema de la voz deja de serlo en internet, donde podemos comunicarnos sin ella sin cesar. Internet, a diferencia de la vida, es un vacío que requiere contenidos de cualquier persona, de mujeres, de mí. America Online, Gmail, las redes sociales, los móviles, todos ellos representan nuevas formas de contacto, y se inventan y abren nuevas puertas continuamente, y de no ser así, hoy me encontraría mejor.

Para mí, internet fue una clásica gran estafa: primero se facilitan las herramientas para que una mujer pueda expresarse, y luego se la castiga por ello. Porque Úrsula en *La Sirenita* tenía razón: los hombres halagan, se embelesan y se desmayan por una dama retraída. Esa canción trataba sobre la vida, sobre las relaciones, sobre relaciones heterosexuales.

Cuando pasé a la etapa de mujer adulta y escritora *free lance*, mi primera presentación (para la ahora difunta columna feminista Salon.com) versaba sobre el libro de autoayuda *The Rules: Time-Tested Secrets for Capturing the Heart of Mr. Right (Las reglas: los secretos de eficacia comprobada en el tiempo para capturar el corazón del Sr. Perfecto)*, escrito por dos mujeres casadas que se convirtió en superventas de gran éxito y en un estilo de vida con terapeutas de estilo de vida.

Entrevisté a una de esas terapeutas y pregunté sobre la legitimidad romántica de las mujeres graciosas y me confirmó que una mujer no puede ser graciosa y salir con hombres simultáneamente. Casualmente, de las treinta y cinco normas para salir con hombres heterosexuales, casi un tercio hace referencia a la recomendación de hablar menos:

«No seas quien inicia la conversación con un hombre (y no le pidas que baile contigo)».

«No mires fijamente a un hombre y no hables demasiado».

«No le llames y casi nunca devuelvas sus llamadas».

«Sé la última que habla en una conversación telefónica».

«No le digas lo que tiene que hacer».

«Deja que sea él quien lleve la batuta».

«No te abras demasiado rápido».

«Sé honesta pero misteriosa».

«Acentúa lo positivo».

«No debatas las reglas con tu terapeuta».

«Sé de fácil convivencia».

En una cita la mujer que se guarda sus pensamientos y sentimientos (deseos, necesidades y negatividad) para sí misma se ve recompensada.

Obviamente, el libro que contenía dichas reglas era muy estúpido. ¿O acaso estaban forjadas en la verdad eterna y grabadas de forma indeleble en la creencia popular? Con toda seguridad era una obra controvertida (quizás era útil; quizás antifeminista), aunque solo sea porque debido a ese libro una horda indeterminada de mujeres se casó. Porque ¿qué puede ponerla más dura que una mujer desamparada que no querrá o no podrá desafiar a un hombre, que no exigirá lo que desea, y que renuncia a su estatus social y sexual, además de a su capacidad?

Las reglas, los rituales de apareamiento y Disney establecieron el discurso correcto frente al incorrecto en el juego de las mujeres enamoradas frente a los hombres. Lo «bueno» en una mujer quiere decir «menos», y eso le hace ganar el amor de un hombre. En cambio «más» significa «malo» y la garantía de que la mujer heterosexual morirá sola.

No quiero morir sola. Quería morir con/por/a causa de un hombre. Quería lo que quería de acuerdo con la ley heteronormativa:

– una chica nace enamorada de un chico antes de conocerlo;

– una chica debería tener siempre una relación en su vida porque solo a través de un chico puede una chica conocerse a sí misma y sentirse viva;

– las mujeres no tienen el derecho de no amar a los hombres;
– no vale la pena vivir la vida sin un hombre.

Aprendí estas lecciones en casa. El negocio de mi familia era una tienda de regalos de alta gama que ofrecía listas de boda, y durante cuarenta años mi madre, mi tía[1] y mi tío vendieron porcelana, plata, cubertería, cristal y arte en vidrio a aspirantes a la reproducción en el barrio comercial de Denver hasta que cerraron la tienda en 2010. Mi madre me compró la vajilla de boda con descuento para tenerla a punto cuando llegara el momento: sesenta y cinco piezas de cubertería, doce servicios de mesa, doce copas de cristal, tenedores para servir sobredimensionados, un decantador de vino, bandejas, un jarrón Waterford; en fin, «un conjunto fabuloso», me dijo.

Ni siquiera tenía novio. En realidad me estaba recuperando de mis «relaciones» durante la universidad.

El primer chico con el que me habría gustado casarme/morir con/por/a causa de fue mi mejor amigo durante el primer año en la universidad; grabó su nombre y ciudad natal en mi zapatilla Chuck Taylor de color negro del pie izquierdo, y decidí que le quería mucho. Era amor (pensaba yo) porque:

– me llamaba todo el tiempo (una vez conté sus llamadas en un día: once);
– cuando revisaba mis fotos digitales, todas eran de él mirándome;
– durante los exámenes finales le ayudé a estudiar en lugar de estudiar para mis pruebas, ya que así definía mi madre el amor: preocuparse de alguien más que de uno mismo;
– las revistas para mujeres de páginas satinadas conminaban a verse y valorarse a una misma en función de cómo me veían y valoraban los hombres, y por eso, cuando mi novio me dijo que le encantaría que tocase un instrumento musical, empecé a tomar clases de piano.

Hablábamos de todo excepto de nosotros. No nos soltábamos la mano durante todo el trayecto en taxi hasta el aeropuerto cuando llegaban las vacaciones de verano, pero no decíamos una palabra sobre ello, o lo que significaba, o qué sentíamos al respecto, o el uno por el

[1]. Mi madre y mi tía parecen hermanas, aunque mi tío es el hermano biológico de mi madre, lo cual suscita una pregunta que prefiero no hacer.

otro. Era una de esas cosas que se hacían pero de las que no se hablaba. Aunque le quería (eso creía yo), no podía siquiera decirle que me gustaba, puesto que no debía tomar la iniciativa en la conversación ni hablar demasiado, no debía llamarlo ni sincerarme, debía esperar y dejar que llevara la batuta, tenía que ser misteriosa, positiva, fácil, tranquila y guay, y no imponerle lo peor: un diálogo.

Por otra parte, yo no le gustaba tanto a él. Para él yo era su amiga; él era mi flechazo; él era además el novio de la chica con la que mantenía una relación a distancia.

Aunque no entraba dentro del ámbito de la plausibilidad, conocí a otro chico. Debió de ser el amor verdadero no correspondido lo que convirtió a mi amigo en tan solo el borrador de una relación.

El semestre de primavera de mi segundo año, un día soleado a principios de abril, me senté en el patio interior para ver a los chicos jugar al *frisbee* sin camiseta, pero a uno de ellos, un estudiante de último año, me pareció verlo a cámara lenta.[2] Era un héroe moreno, con gafas de pasta negras, intensos ojos marrones y un *piercing* plateado en el labio. También llevaba pendientes en ambas orejas. Ese chico estaba en otro nivel. También era un innegable talento jugando al *frisbee*, avanzado pero humilde, y su energía al jugar cargaba la atmósfera que me rodeaba, lo cual era un reflejo de su carácter, estaba segura. Estaba segura de montones de cosas de él, aunque no me di cuenta de que habían dejado de jugar y él se había sentado a mi lado.

Fue una tarde mágica. Me dediqué a arrancar briznas de hierba mientras él se apoyaba en las palmas de las manos para reclinarse hacia atrás, con la cara ladeada hacia el sol de última hora de la tarde, mientras me hablaba de criar niños en un mundo donde el precio de los polímeros se estaba triplicando; durante quince minutos, especuló de forma adorable sobre inminentes apocalipsis provocados por el clima (es decir, mencionó la posibilidad de tener hijos).

2. La contemplación de algunas personas en cámara lenta las coloca en un pedestal, tan elevado que su posición crea una distancia entre ellas y el que los mira, el cual queda inmunizado ante la posibilidad de sentir afecto de forma recíproca, y al fin y al cabo es el observador quien las ha puesto en un pedestal y las ha definido por la distancia entre ellos.

De cerca era mil veces más sexi que jugando al *frisbee* sin camiseta. Retorcí la hierba entre mis dedos, entrecerrando los ojos debido a los rayos del sol mientras alucinaba con visiones sexuales cuando dijo algo acerca de *schmucks*, que significa «imbéciles» y viene del yidis (ambos éramos judíos, afortunadamente judíos, con padres divorciados que nos regalaban un ordenador cuando lo pedíamos); era algo que decía su abuela, que el plural de *schmuck* no es *schmucks* como cree la mayoría de la gente (no recuerdo cómo es el plural), pero a partir de aquel momento compartíamos algo que solo nosotros sabíamos en privado.

La sensación era intensa. Me puse en pie para irme. Pero él agarró mi botella de agua Dasani de mi bolso y la lanzó lejos. ¡Le gustaba! Estaba siendo travieso sin contemplaciones. Era algo típico del parque de juegos,[3] ni siquiera levemente enigmático.

Recogí la botella de Dasani y le golpeé en el hombro con ella para luego salir corriendo.

Me alcanzó y me atrapó, y desenroscó su propia botella para echarme agua por encima, para mojarme por completo.

Nuestra guerra de agua bipersonal acabó en los alrededores de la cafetería, conmigo empapada y nerviosa apoyada en un duro muro de ladrillos y él encima de mí. Al respirar, temblábamos. Mientras las gotitas de agua le resbalaban por el puente de la nariz, dio un paso atrás y dijo, todavía recuperando el aliento:

—Oye, ya no salimos juntos.

—Nunca hemos salido —aclaré.

—Ah —replicó—. Entonces deberíamos hacerlo.

Salimos durante un mes.

Algunos semestres antes, nuestra universidad fue invitada a participar en una cosa llamada «redes sociales», y en la primavera de 2005 recibí un *email* de *www.thefacebook.com* que decía así: «[Un futuro ex que en tu memoria se llamará Fucktaco] te ha preguntado si quieres tener una relación con él. Confirma que eres su novia».

Confirmé y luego imprimí la confirmación.

---

3. Eso es el preludio de la mayoría de las historias de violencia doméstica y emocional, agresiones sexuales y acoso.

Antes de que se graduase y volviera a Colorado (ambos éramos de Colorado, lo cual era básicamente lo que nos unía), me preguntó si podía decirle a su abuela que tenía una novia judía.

—Acepto —respondí—. Quiero decir que sí.

Ese mismo mes un amigo me envió por *email* otra invitación, en este caso para un nuevo servicio de *email* de Google. «Si todavía no has oído hablar de Gmail —aclamaba entusiasta el discurso de ventas—, se trata de un nuevo servicio de correo web basado en búsquedas». Estaba dirigido a evaluadores beta y solo mediante invitación, y yo invité a Fucktaco y le proporcioné su dirección de @gmail.com para poder estar en contacto mientras yo estuviera de mochilera por Europa durante la primera mitad del verano acompañada de todos los demás universitarios blancos y liberales con un crédito en Historia del Arte.

La mayoría del tiempo de mi viaje a Europa lo pasé en cibercafés. Enviar correos con Gmail fue el paso más valiente que he dado en mi vida. Escribía todo el día hasta que llegaba la noche, compartiendo textos en lugar de saliva y restregando las palabras hasta que tenían un orgasmo. Mi bandeja de entrada lo era todo. La vida real estaba en la pantalla, y soñaba con poder quedarme ahí dentro.

Cuando no estaba escribiéndole, o comprobando si tenía mensajes al inicio y al final de cada minuto, estaba planeando qué escribiría, o revisando lo que ya había escrito, no solo perdiendo mi virginidad, sino mi voluntad.

Durante una década, Fucktaco fue conmigo a todas partes: a Europa, el penúltimo año de la carrera, San Francisco después de la universidad, el posgrado en Nueva York; antes, durante y después de otras relaciones, y a veces antes y después. Estábamos «juntos» de forma intermitente para siempre. O por lo menos eso parecía, porque después de que saliera Facebook en 2004, y Gmail en 2005, apareció Gchat en 2006, el primer iPhone en 2007, y el resto ya es historia. Cada nueva herramienta ofrecía nuevas e inesperadas formas de expresar, pensar, sentir, exteriorizar sentimientos, desaparecer, manipular, planear una boda, devastar y aniquilar el tiempo, el espacio y la capacidad de pasar página y no tener contacto con alguien en concreto.

Ahí estaba y ahí seguiría, en una esquina vacía, con la cara iluminada por la pantalla, intentando respirar a través de ella, para exprimir sangre del plástico. Ahí estaba y ahí seguiría, respondiendo de forma instantánea.

Υ

Había pasado un año desde que nos conocimos, cuando en mi ventana de Gmail apareció un cuadro de conversación, y al lado de su nombre un punto de color verde.

«Nuestra boda debería contar con un *mejitzá*», escribió en su mensaje en Gchat. Se refería a una división física que los judíos ortodoxos utilizan para separar a los hombres de las mujeres. Éramos judíos, pero no ortodoxos; sin embargo, no dije que no.

«Me gustaría tener un piano», respondí, puestos a hacer planes, y después de haber elegido clases de piano durante dos semestres.

«¿Normal o de cola?», preguntó.

«De cola. No sé. Vertical».

Quería una biblioteca para colocar los libros por orden alfabético según el autor, y se lo dije.

Siete minutos después escribía: «Jaja, ¿podríamos tener una con una escalera con ruedas?». Siguió escribiendo. «Y luego, los fines de semana, podría salir en albornoz a recoger el periódico, y podríamos ojear los titulares y quejarnos desinteresadamente del mundo».

«¡Ay, sí, por favor, por favor! —suplicaba yo—. Y necesitaremos sillas cómodas y sofás de dos plazas, para leer a los niños».

Nuestros niños.

«Eso queda fuera de discusión», replicó.

«Y tendrán mala vista, un gran defecto, como sus padres».

«No, no. Buena vista», rebatía.

«Pero los dientes serán perfectos», dije para cambiar de tema.

«Por supuesto». Dientes y ojos y niños.

«¿Los judíos tienen padrinos?», pregunté.

«No, no creo. ¿Crees que podrás seguir con tu carrera como escritora si nos mudamos a la India o a Nepal?»

Sí que podría. Podría ser del siguiente modo: «Nos mudamos a la India o a Nepal y nos casamos». Mis pensamientos iban muy lejos, y muy rápido: «Él en albornoz, yo con mi carrera, monjes con capucha entonando cánticos en nuestra vida conjunta en el extranjero, yo y él, nuestro piano vertical o de cola, nuestros niños bien leídos con mala (o buena) vista y dientes perfectos, sin padrinos». Solo me faltaba el calor corporal.

Nada había despertado nunca en mayor medida mis expectativas que la representación y recreación física de nuestras conversaciones, que yo consideraba como un guion sin interrupción que escribíamos juntos, y que ambos estábamos ensayando para nuestras visitas en persona y el resto de nuestras vidas juntos. ¿Cuándo nos iríamos a vivir al sudeste asiático?

Dos años después de conocernos, me escribió por Gchat que se iba a tirar al lago para «evitar nuestra boda». Al lado de nuestro chat aparecían enlaces de Google como estos:

«Pensamientos negativos».
«Niños con ansiedad».
«Ansiedad infantil».
«Problemas de comportamiento infantil».
«Escribir una novela».
«Ejemplo de carta de presentación».
«Relatos realmente cortos».

La primera (de las millones de veces que rompimos) precedió a Gchat y sucedió en cuanto volví de Europa. Pasaría el resto del verano en Colorado, y para nuestro reencuentro conduje a casa de su madre para conocerla, y vi *Padre de familia* en el sofá con su hermano mientras él se tumbaba en el suelo a mis pies.

Tras unos cuantos episodios, dijo que estaba cansado, bostezó («no») y luego me acompañó a la puerta («no, no»), y después salió conmigo («no, no, no») hasta donde estaba aparcado el coche.

Me acompañó hasta la puerta y no me dio un beso de despedida.

Fucktaco@gmail.com no haría eso. Fucktaco@gmail.com me besaría y acariciaría, y me montaría.

Airada me dispuse a volver a casa y contarle a Fucktaco@gmail.com por *email* lo furiosa que estaba.

Como no obtuve respuesta de forma instantánea, le llamé. Hablamos brevemente sobre lo que había escrito en el *email*, y cuanto más hablaba yo, menos hablaba él.

Volví a llamarle más tarde, esta vez simplemente para decir hola, para hablar tranquilamente, y tuve que conformarme con escuchar, muy tranquilamente, el mensaje de su buzón de voz, y después del pitido, dije con la máxima tranquilidad que éramos *bashert*, almas gemelas en el judaísmo.

No me devolvió la llamada.

Entonces le envié un SMS (¿por qué no?) y le escribí un *email* con todo lo que se me ocurrió sobre *Buffy, cazavampiros*, y de pronto me sorprendí a mí misma echando chispas ante la mortecina luz de la pantalla.

«No envíes más mensajes», dijo friends@gmail.com.

Pero, como podía hacerlo, lo haría. Mientras pudiera, lo haría. Aunque no sin antes redactar un borrador tras otro (uno con puntos, otro con signos de exclamación) y solicitar la opinión y las correcciones de todas las personas a las que había conocido en mi vida.

Una conversación no consiste en vomitar sentimientos, pero el hecho de contar con más medios de comunicación empeoró las cosas. Podía compartir y pasarme de compartir, podía confesar lo que nunca confesaría, podía hablar demasiado sobre la intensidad de mis sentimientos, y sentir, equivocadamente, que podía contarle todo a todo el mundo, y así contravenir siglos de historia durante los cuales se les había impedido hacer tal cosa a las mujeres.

«No envíes el *email*», me rogaba friends@gmail.com.

Pero habría perdido el conocimiento si... no... decía... simplemente... aquello.

«Haré lo que me haga sentir bien —pensé—. Aunque eso me haga sentir mal».

No era solo que mi corazón tuviera mierda en el cerebro. O que sufriera de ansiedad por la separación. El problema era que las pantallas tenían agarrada a mi alma por el cuello. Google, Verizon, Facebook y Apple habían desarrollado 3 144 823 nuevos medios de comunicación y los habían puesto a mi disposición. ¿Acaso debía no decir ni hacer nada? ¿Como él?

«No envíes el *email*», era el mensaje que recibía de friends@gmail.com cada vez que estaba a punto de hacerlo.

Sin embargo, debería haber empezado a sentirme mal antes por escribir mensajes y no por no escribirlos. Diría cualquier cosa antes que no decir nada.

No sé si era consecuencia de la libertad, o del síndrome de abstinencia de la dopamina, o de demasiadas canciones de Rilo Kiley que solo podían gustarles a sus fans, pero mi mente iba de: «Es aquella

79

que se muerde la lengua la que consigue a su hombre» a «cuando una mujer se enamora de un hombre, debería decirle cosas, literalmente todas las cosas, especialmente las tristes, cosas que la expondrán, porque ella tiene la esperanza de que él se sienta más cerca de ella y que la conozca mejor que nadie más en el mundo, lo cual hará que estén reservados el uno para el otro».

Pero siempre era demasiado y nunca suficiente.

Sencillamente estaba pidiendo a gritos que me hicieran *ghosting* (o sea, que me ignoraran). Y mi reacción consistió en pasar horas en posición fetal, acurrucada con mi móvil y mirando fijamente de forma alternativa de una oscuridad a otra. ¿Tenía *emails* o mensajes sin leer? ¿Llamadas perdidas? No, nada. Si se hubiera muerto alguien cada vez que lo comprobaba, no quedaría nadie sobre la faz de la Tierra.

El castigo iba más allá de la acción y se convirtió en una especie de tormento promovido por la tecnología. Por ejemplo, Fucktaco podía ponerse en contacto conmigo en cualquier momento (¡expectativas!), pero no lo hacía (agonía). O el móvil hacía «ding» y transmitía una leve descarga eléctrica que viajaba a través de la sangre en las venas de mis manos directamente hasta el corazón (el móvil había dejado de ser un objeto que no emitía ruidos ni luz, negro como la noche; ¡el móvil era un ente magnánimo!). Acunaba y daba las gracias al móvil por su validación, su compasión. Luego abría mis mensajes para ver que había recibido una alerta de Bed, Bath & Beyond que informaba de que la oferta de un 20 % de descuento en un artículo en tienda estaba a punto de caducar. Intenté recordarme a mí misma «es solo un móvil» y «es solo un ordenador», por oposición a la vida y la muerte, y fracasé.

Ser ignorada (que me hiciera *ghosting*) me conminó a revisar lo que había hecho para merecer aquello y contrainterrogarme a mí misma. «Si no hubiera enviado ese mensaje, entonces todo habría ido bien». Todo se reducía siempre a eso: había hablado demasiado; ojalá hubiera dicho menos.

Aunque Fucktaco no me hablara, yo seguía en contacto con él, continuaba enredada con todo lo que hacía, pensaba y decía, cortesía de las redes sociales, donde me lo contaba todo sin comunicarse conmigo. Porque en los esfuerzos por optimizar las conversaciones, Silicon Valley ha arrasado con ellas, y en su lugar surge un infierno virtual con nueve cámaras de resonancia de comunicación sin futuro que une a los seres humanos que necesitan no tener que hablar nunca con los demás.

Hice lo que cualquiera que disponga de wifi y pulso haría: ciberacosar para encontrarme en una conversación unilateral eterna con quien había sido mi futuro compañero doméstico, que ahora era un avatar al cual yo seguía, un espectro vivo y sobre cuya vida solo podía saber por mis búsquedas.

Un día durante el penúltimo año de la carrera, meses después de haber roto vía *ghosting*, encontré lo que buscaba, esto es, el fin del mundo. Fucktaco estaba «en una relación».

«En una relación» cuenta como mínimo con veintiséis interpretaciones e insinuaciones mutantes. Cuanto más tiempo pasaba *online*, en mayor medida percibía las señales que tergiversaban prácticamente cada frase hasta que necesitaban traducción (además, cuando uno está descorazonado delante de la pantalla, los hechos son aquello que uno interpreta que son).

Actualización del estado de relación a «en una relación» = Tu ex está saliendo con alguien solo para hacerte daño.

Dar un *like* a un *post* antiguo = Tu ex te está acosando (no porque quiera volver contigo, sino porque no tiene nada mejor que hacer).

Dar un *like* a muchos *posts* antiguos = Una forma de flirtear que es al mismo tiempo una forma de tortura, que es además una combinación de agresión pasiva y activa.

Tu ex te sigue o comprueba si le sigues o no hace nada para dejar de seguirte = Recordatorio (eterno) de una relación que se acabó o que nunca empezó. En el navío fantasma a bordo del cual nunca estuvo la pareja, uno se pregunta (agonizando) «Cómo habría podido ser si [...]».

Tu ex mira tus historias = Observación virtual remota que esposa a la persona que observa a la observada y significa «me gustas» o «te odio» pero no «te quiero».

Tu ex mira tus historias pero no da *likes* ni comenta *posts* = A tu ex le importas tan poco que ni se molesta en dejar de seguirte.

81

Comentar con un emoticono = A pesar de las locuras que se hayan hecho o dicho, y sin importar cuánto tiempo se lleve separado, es posible (seguro) que os volváis a ver.

Comentar con frases enteras = No hay que descartar una futura propuesta de matrimonio.

Actualización del estado de relación a «soltero» = Tu ex quiere volver contigo. Puede que esté eyaculando en tu cara.

Una alerta = Dice «te quiero». O más bien, en una alerta se puede oír «te quiero»; o tal vez una alerta es muy parecida al amor, al rescate; dispara una sensación paranormal más profunda que ver, oír o pensar, y puede bastar con eso (sea lo que sea lo que dice la alerta es irrelevante; uno se va haciendo aficionado a las alertas y no a la información que transmiten).

Responder instantáneamente = Un gran gesto romántico, que significa: «Me gustas mucho, tanto como yo a ti. Leo tus palabras con el fervor con el que las has escrito, e invierto el tiempo y la energía equivalentes al pulsar "responder" con la misma frecuencia que tú pulsas "enviar". Tienes mi atención plena; escucho cuando "hablas", dependo de cada letra que escribes; lo que expresas significa algo para alguien que te escucha y te siente, y te valora. No hace falta decir que estoy construyendo un templo para ti, igual que tú construyes uno para mí».

Respuestas tipo «ah» y «mm», y/o inactividad durante varios minutos a la vez = Una situación incómoda que es tan incómoda que incluso en internet lo es, un espacio delimitado como zona donde la incomodidad se ha eliminado, lo cual significa que tu ex nunca ha dejado de quererte, para nada.

Cambio en el ritmo de respuesta = Tal vez debido a un fallo en el servicio, la señal o los satélites, o a que el móvil se ha muerto, a algún objeto radioactivo o que provoca interferencias, o a haberse quedado tirado en algún sitio, o a estar siendo desollado vivo o (en el peor de los casos) estar encima de ti.

Aparición de puntos suspensivos que significan que alguien está escribiendo y de pronto ya no están = Ha llegado la hora de llamar a los terapeutas con consulta cercana y preguntar si aceptan tu seguro para hablar sobre qué podría haber empezado a ser una frase para luego ser eliminada.

Inevitablemente, Fucktaco cambió su estado de relación a «soltero» y volvió a ponerse en contacto conmigo, directa o indirectamente, porque podía hacerlo. Podía haberse limitado a «orbitar» a mi alrededor en caso de no querer hablar conmigo realmente, pero tampoco no quería no contactarme, de modo que se dedicó a ser uno de mis testigos a través de las redes sociales al decir públicamente que le gustaban mis contenidos. Yo «respondía» vía mensajes subliminales al estar atenta y reaccionar a sus *posts*. También podía ofrecerme sus «migajas». Me escribía y luego dejaba de hacerlo (suscitando mi llanto y el boxeo con un adversario imaginario), después me enviaba mensajes sin motivo (como si ahora pudiera decirse de él que experimentaba emociones, una de esas vueltas que da la vida), e incluso podía llegar a enviarme mensajes radicales como «lo siento» para luego desaparecer (rehuyendo el diálogo y mi existencia), y luego, cuando menos lo esperaba, volvía a escribir (algo como por ejemplo «Mmm…, chica, tú pones la palabra sexi en dislexia»), y seguía escribiendo (porque yo no iba a acercarme demasiado, pero tampoco iba a irme demasiado lejos), hasta acabar escribiendo de forma más robótica, tanto que tenía que ocupar todas las horas de silencio con mis propios mensajes, y, por último, se esfumaba COMPLETAMENTE, y yo SIEMPRE SIN EXCEPCIÓN me dejaba atrapar por sus mensajes o la ausencia de ellos (¿cuál me tocaría?); pero si me dejaba en paz (esta vez en serio), y si yo le dejaba en paz (ESTA VEZ EN SERIO), y si conseguía que mis pensamientos hacia él pasaran a ser claros y sin más pretensiones, y mi conciencia ante todo esto volvía a ser algo que era capaz de gestionar, entonces él lo percibía y sabía que lo había superado, y justo en ese momento se iluminaba la pantalla de mi móvil. Y eso me desgarraba hasta tal punto y tan rápido que me sentía arrastrada hacia la idea de un futuro en el que había una casa a la que llamar hogar, y solo un ángel guardián podría detener mi impulso de responder.

Asimismo era inevitable que volviera a hacerme *ghosting*. Con el tiempo aprendí a combatir el silencio con silencio, esperar sentada a que volviera a contactar conmigo para poder ignorarlo (y hacer que me quisiera).

Ni siquiera nuestros silencios tenían algo en común. El suyo era la forma más preferible (la más conveniente, la menos sangrienta) de transmitir información, por ejemplo, jódete. Mi silencio otorgaba o devolvía el control (el dominio, la mano que iba a ganar la partida) y era la única manera de salvar mi dignidad después de haber dicho demasiado. Simplemente tenía que esperar a que él escribiera; esperar a fin de no parecer desolada ni furiosa, esperar sin más alternativa que esperar hasta que él estuviera preparado para hablar (pero sin sobrepasar el límite de palabras o el ciclo volvería a comenzar) y seguir con nuestros planes de boda donde los habíamos dejado (una mujer que rompe el silencio es poco atractiva y débil, y nunca debería hacerlo; pero lo hará; y no hay nadie más a quien culpar u odiar que a ella misma).

Simplemente... necesitaba que quisiera hablar conmigo. Me había puesto de rodillas por un «ding» (me expresaba exclusivamente a tal fin, lo cual condujo al final feliz tradicional, él y yo. Pero la expresión en sí misma no era un fin, y mi voz «quiéreme» no hablaba por mí). Gracias a la nube podía analizar cada una de mis palabras y las de todos los demás, algo que podía aprovechar para evitar decir lo que no tocaba para obtener una respuesta y dejar mi huella. Advertí que Fucktaco empleaba algunas palabras concretas con mucha frecuencia, así que decidí utilizar esas mismas palabras, puesto que las palabras masculinas son las únicas palabras. En una ocasión me escribió: «En cuanto te hablé de esa foto [en Facebook], supe que deducirías que [la mujer que está en la foto conmigo] era mi novia o amante. *Nota bene*: no es el caso. ¡Y qué demonios pasa con el bloqueo unilateral! Voy a bloquearte yo a ti también». A partir de ese momento yo decía cosas por el estilo: «¡No es una decisión unilateral!» y «Tú has convertido esto en una decisión unilateral» y «Supongo que se trata de una decisión unilateral». Escribía usando su vocabulario para dar a entender que teníamos mucho en común incluso durante la guerra emocional.

(Los recelos condicionados de una mujer sobre su propia voz se agravan con el imperativo de internet de expresarse sin cesar todas las horas del día, y de ello puede surgir la más extraña mierda).

Utilizaba sus propias palabras y además en la misma cantidad. Para cada uno de sus mensajes tenía tres o cuatro respuestas en mente, pero me contenía para igualarle, de modo que si me daba un centímetro, yo tomaría un kilómetro para luego comprimirlo en un centímetro. Como escribió la poetisa Elizabeth Bishop: «Con la mitad basta».

Mi deseo se remontaba a miles de años atrás, al fragmento de *El banquete* de Platón en el que el dramaturgo Aristófanes hablaba de la génesis de la naturaleza humana, el amor y las parejas, cuando se decía que la tierra era plana y los seres humanos eran esféricos, con cuatro brazos, cuatro piernas, cuatro orejas, dos pares de genitales y dos caras que miraban en direcciones opuestas en una cabeza globular. Con el tiempo, aquellos humanos se volvieron fuertes y arrogantes, y atacaron a los dioses. Para debilitarlos y castigarlos, Zeus cortó a cada uno en dos, y luego Osiris y los dioses del Nilo conjuraron un huracán para dispersar las mitades por todo el mundo. Una vez diseminados, cada humano incompleto se dispuso a buscar su otra mitad. Cuando un par conseguía reunirse (se reconocían gracias a su dolor de gemelos), se entrelazaban, se envolvían el uno al otro y se ponían encima (fornicaban), para reconectar, para volver a juntar las dos mitades.

Yo quería formar parte de ese par, dos combinados a partir de uno solo.

Esa adaptación se conoce actualmente como imitación, o complacer a la gente: repetir las palabras o las opiniones neutraliza el conflicto, es el origen del amor y hace que uno les guste a los demás. Y a las mujeres les gusta gustar (y tienen que gustar para poder vivir). Por esa razón me afiancé en la garganta de Fucktaco para cementarme en sus pensamientos, con el fin de poder tocar su corazón con mis dedos y sus palabras, y que nunca más me hiciera *ghosting*.

Pero en ese proceso fue él quien se cementó en mi mente. Si veía una película era a través de su perspectiva, o en caso de leer un artículo me cuestionaba cuatro posibilidades: ¿le gustaría a él o no? y ¿cómo le hablaría de dicho artículo y cuándo?

Un psicoterapeuta y experto en traumas complejos llamado Pete Walker acuñó el término «respuesta de adulación» como una variante de respuesta al estrés. «Los aduladores buscan seguridad fusionándose con los deseos, las necesidades y las exigencias de los demás. Actúan como si inconscientemente creyeran que el precio de admisión en cualquier relación es la pérdida de todas sus preferencias, necesidades, derechos y límites». Sí. Sí sí sí sí. La aduladora sale de sí misma y de su voz. Mejor dicho, su voz está al servicio del que escucha y no del que habla, y entonces todo pasa a depender de quién está escuchando.

«Simplemente sé tú misma», me recordaba a mí misma cada vez que me intercambiaba por Fucktaco.

«¿Y quién soy yo?», me preguntaba, sobre todo si Fucktaco, y los Fucktacos que vendrían después, no estaba ahí para decírmelo.

«Estamos hechos de palabras en la misma medida que de carne y sangre», escribe la crítica Alexandra Schwartz. Y para Virginia Woolf, las mujeres y los hombres «necesitan frases diferentes para contener las formas que adoptan sus experiencias». Al escribir mis frases de aquel modo, estaba modificando la forma de mi experiencia. Con mi comportamiento adulador, con tanta frecuencia no expresaba lo que realmente quería decir que ya no sabía qué era lo que realmente quería decir. ¿De veras me importaba lo que había dicho que me importaba? ¿Mis libros favoritos eran de verdad mis favoritos? ¿Me gustaba siquiera Fucktaco? En lugar de una de las mitades de un par de Aristófanes, era como Eco, la ninfa griega, cuyo castigo por «no tener puerta en su boca» fue quitarle la voz y sustituirla con la reverberación de las palabras de los demás.

No estoy segura de qué hice, pero funcionó, y conseguí lo que quería, una cita. Tras varias rondas de *ghosting*, y de recibir sus migajas, entre otras cosas, me llegó un *email* que llevaría a otros *emails*, los cuales harían posible que planeáramos una visita y una cita en un restaurante con aperitivos y un intercambio de oxígeno. Todas las citas eran como una repetición de la misma. En italianos, japoneses, mexicanos... Una vez que habíamos tomado asiento, como personas, en persona, nos quedábamos sin palabras.

Fucktaco: ¿Quieres un poco más de agua?
Yo: Sí, más agua, gracias.

La «conversación» proseguía, pero cuando él hablaba, oía muy poco de lo que decía porque estaba planeando lo que diría y qué papel adoptaría yo. Cuando era yo quien hablaba, mis palabras eran mecanismos de defensa, y nada de lo que había dicho transmitía lo que sentía. Su cara me recordaba un emoticono triste, mientras yo intentaba seguir expresándome como lo hacíamos en internet, sentir las mismas cosas pero verbalizarlas, y por contra, el resultado era «EfhΣyaoe!iuøh≈gy9π*du®au¥blarf†».

En persona solo era carne ya no encarnada, uno entre cientos de problemas.

En nuestros respectivos ordenadores, nuestros respectivos avatares estaban mano sobre mano, esperando que volviéramos ante la pantalla para recordarles una relación que nunca habíamos tenido.

«Una gran parte del tiempo creí que estábamos enamorados o que podíamos estarlo», le dije a Fucktaco por Gchat, tras cinco años de «lo que fuera». Se lo dije durante una entrevista que publiqué en internet titulada «La entrevista de despedida». Estar en contacto durante años sin comunicación real me condujo a ello, a conseguir respuestas mediante un proyecto artístico; tenía que entrevistarle para conseguir que hablara conmigo, y tenía que hablar como escritora, ya que como mujer no podía (una escritora puede ser enérgica, directa, sin complejos). Y él se entregaría a una audiencia, no a mí, como si necesitara el respaldo de la publicación y mi voz como un texto que sería editado para que me oyera y respondiera a mis preguntas.

«El hecho [de estar en contacto] me hizo creer que me querías, o que podrías quererme, si las circunstancias lo hubieran permitido», dije en la entrevista. Estar en contacto era una forma de amor otorgada como atención, ¿no es cierto? El amor significaba nunca decir adiós. ¿No?

Yo sí lo creía. La primera vez que intenté decirle a Fucktaco que le quería, tras años de estar en contacto, había perdido mi móvil en un bar mientras perreaba con un extraño, y por eso no pude escribir «i <3 u», «te quiero», y permitir que las manos se encargaran de lo que la boca era incapaz.

Para decir «te quiero» tuve que ir su casa en una de mis visitas.

Fucktaco abrió la puerta, y con mi voz dije: «Estoy enamorada de ti» en voz alta y cursiva, con la preposición «de» que lo empeora todo.

Estaba enamorada de él. Yo creía que estaba enamorada de él. Yo pensaba que debería estaba enamorada de él. Porque nací en el amor

87

y solo gracias a él me sentía viva y me conocía a mí misma, no tenía el derecho de no quererlo, y la vida no valía la pena si no lo quería, él me importaba más que yo misma, y solo podía elegir una aventura y ya la había elegido.

«No —respondió—, no lo estás», y cerró la puerta.

Como si conociera mis sentimientos mejor que yo misma.

Más tarde en Gchat me dijo que había creído que era una broma, o que le había dicho «te quiero» para meterme con él. No me había tomado en serio, dijo.[4]

En la próxima ocasión, con el siguiente novio, no pude decir «te quiero»; únicamente me salió «te lo-opuesto-a-odiarte».

Tal vez no amaba a Fucktaco, igual que él no me amaba a mí, porque nunca llegó a conocerme, a mi yo, el que se dividía en dos cuando me expresaba por internet y me dirigía a él.

Muchas mujeres escritoras describen esa separación entre la persona y el personaje, entre el yo privado y la imagen pública. Adrienne Rich experimentó esa escisión en la universidad, «entre la chica que escribía poemas, que se definía a sí misma al escribir poemas, y la que se definía por las relaciones con los hombres». Anne Sexton se desdoblaba en esposa y madre: «Solo quería… casarme, tener niños. Creí que las pesadillas, las visiones, se desvanecerían si el amor era suficiente como para neutralizarlas. Intentaba con el máximo ahínco llevar una vida convencional, porque así era como me habían criado, y eso era lo que mi marido quería de mí… La superficie se quebró cuando tenía unos veintiocho años. Tuve un brote psicótico e intenté suicidarme», porque no estaba siendo ella misma.

La escritora bell hooks consiguió rememorar de forma crítica esa

---

4. De haber proseguido la conversación, imagino cómo habría sido el Gchat de la siguiente manera:

Yo: ¿Cómo te sientes ahora que sabes que en absoluto estaba bromeando?

Fucktaco: Sabía en cierto sentido que me amabas porque me lo habías expresado, abundantemente, de otras maneras.

Fucktaco: ¿Esperabas que yo te respondiera lo mismo cuando dijiste que me querías?

Yo: En absoluto. Esperaba tal vez que dijeras algo distinto, algo muy enigmático, algo que significara que tú también me querías.

fragmentación en su libro de memorias *Respondona: pensamiento feminista, pensamiento negro*: «Al reflexionar, me doy cuenta de hasta qué punto esa escisión está profundamente conectada con las prácticas actuales de dominación (especialmente si pienso en las relaciones íntimas y en las formas en que el racismo, sexismo y la explotación de clases operan en nuestra vida cotidiana, en esos espacios privados, puesto que es ahí donde con mayor frecuencia se nos hiere, se nos hace daño, se nos deshumaniza; es ahí donde resultamos abducidas, aterrorizadas y quebradas»).

Las prácticas de dominación se desarrollaron durante mis relaciones con hombres, hombres para los que yo existía y sentía que no podía existir sin ellos, y por eso yo misma no podía existir. Y algunos de ellos, como Fucktaco, eran menos hombres que los agujeros en el espacio a los que recurría cada vez que me sentía sola, que me daban un baño de atención, fantasías que funcionaban una vez me había vaciado lo suficiente.

Fucktaco y yo nunca acabaríamos la relación y nunca dejaríamos de enviarnos mensajes. Eso es lo que yo pensaba. Que nunca iba a terminar. Porque los dispositivos de comunicación seguirían perpetuando aquellas escisiones y prácticas de dominación en curso. Y nuestra relación continuaría con su final abierto y comprendería vías muertas sin salida. La economía de la atención se basaría para siempre en reacciones emocionales que amplifican las circunstancias y convertiría por siempre montículos de arena en montañas, y en todo caso parecería que alivia la histeria que provoca.

Tomarse el tiempo y esforzarse en una comunicación franca y directa no resulta nada sensual en cualquier caso. Cada día las redes sociales reemplazan la conversación con retransmisiones, y cada día confesamos al mismo ritmo que reprimimos. Permanecerán eternamente los límites de caracteres, las páginas de perfil ilimitadas y la consolidación de plataformas y nuevos métodos para provocar a una ex, de forma que cualquiera y todo el mundo pueda llamarla loca y descargar sus propios sentimientos en ella.

Las herramientas para la comunicación secuestrarán el pensamiento y el comportamiento y harán que decir «te quiero» sea más difícil que decir «te odio». La comunicación en sí misma pasará a ser una medida seria que ya nadie sabrá cómo hacer. Los móviles me cohibirán personalmente de decir lo que más deseo decir y de cómo lo quiero hacer; porque es el elemento vital del capitalismo del tecnopatriarcado. Y más importante aún…

Perdón, ¿de qué estaba hablando? Ha sonado una notificación en mi móvil.

6

Por qué no dije no

«*M*mmm», gemí en el momento en que su lengua rozó mi zona íntima. «OmmmuhhAH-mmm-mmm», seguí gimiendo, emitiendo los sonidos y actuando como se supone que las mujeres tienen que sonar y actuar cuando se las toca. «NO PARES», exclamé en una combinación de miles de voces que llegaban a mí a través de actrices llevando sujetador en la cama. «Dios mío, así», dije, porque era algo que se tenía que decir. «AHÍ, justo AHÍ» (pero ¿dónde, exactamente?), «ESE ES EL PUNTO», chillé sabedora, aunque no sabía nada. Luego pedí «más fuerte, MÁS FUERTE». Y «MÁS RÁPIDO». Pedí que se pusiera más a la izquierda, y luego a la derecha. Gemí en ocho octavas distintas. Grité llamando a Jesús como una poseída. Aumenté el volumen y mi voz retumbaba como las mujeres en Cinemax que tienen orgasmos fácilmente y sin cesar (tenía algo atragantado en la garganta, y eran las palabras de otra persona, tales como «increíble» y «joder»). «Ahhhhhh», gemí para expresar: «Ha sido el mejor en mi vida». Al final llegó el momento de emitir un fuerte jadeo, luego un suspiro, y después no decir nada más, anonadada-por-el-sexo-oral.

¿Cómo es posible que no me aplaudiera?

Había nacido una estrella, o más bien la clase de mujer perfecta, una chica que había aprendido pronto cómo ser una mujer. Pero nadie me lo había explicado; nadie tuvo que hacerlo. Fue automático, mi primer impulso.

Con el fin de prepararme para mi futuro, y ponerme en forma para convertirme en una furcia para los hombres, veía la televisión y me subscribí a *Cosmopolitan*, «la revista internacional para mujeres», y encontré consejos y trucos que prometían que todas podemos ser hermosas, bastaba con memorizar cuarenta y dos posturas sexuales y dejar que los hombres acabaran las frases por nosotras. En mi cuarto coreaba letras de canciones como estas: «todas las chicas a perrear así», mientras leía detenidamente artículos que, de haber tenido un título honesto, habría sido:

> «Ni independencia ni hostias, "uno" es el número más feo».
>
> «¿Testaruda? Vete a la mierda».
>
> «¡El silencio es el accesorio imprescindible de esta primavera!».
>
> «Tu horóscopo: decepción insondable ante la comunicación madura».
>
> «"Siento atracción por todo lo que no me conviene". La verdadera historia de una mujer real».
>
> «EXCLUSIVA: Expresarte es algo masculino».
>
> «TEST: ¿Hasta qué punto resulta molesta tu voz?».
>
> «CONSEJO: Elige a aquellos que te oprimen y adora su polla».
>
> «EXTRA: 69 consejos para ocupar aún menos espacio hasta que te vuelvas literalmente invisible».
>
> «LA CIENCIA DICE: Estás loca».
>
> «¡Igualdad! El único chiste que pueden contar las mujeres».

Durante momentos robados en canales de suscripción que hacían que la televisión emanase calor, estudié a las mujeres que surgían de la oscuridad estremeciéndose temblorosas, retorciéndose ondulantes, y arqueándose y convulsionándose mientras las azotaban, abofeteaban, embestían y agrandaban sus orificios; ellas en respuesta gritaban la palabra trascendental «sí» en todos sus posibles sinónimos: «¡Sí! ¿Sí? Sí, oh, sí, ok, por supuesto, ajá, afirmativo, a favor, claro que sí, positivo, absolutamente, puedes apostar lo que quieras, por qué no, sin duda, MÁS, oh, Dios, amén» (solo las arpías desalmadas rechazaban el sexo; todas las demás mujeres eran fanáticas de las pollas y de todo lo que les hicieran hacer). Con la cara casi pegada a la pantalla mientras obtenía la imagen más clara del sexo que una adolescente podría soportar, según la cual en un futuro debería pedir «más fuerte» y «más rápido», gesticulaba al tiempo que aquellas mujeres, con el latido deslizándose de mi corazón hacia mis zonas íntimas en el momento en que un hombre o un vampiro tomaba a una mujer por la fuerza y ella se empotraba contra él.

«Hablemos de las relaciones sexuales y de la masturbación femenina» es algo que mis padres nunca me dijeron. «Relaciones sexuales» y «masturbación» eran palabras difíciles de verbalizar, ni qué decir de practicar (¿en mí misma?).

«¿Por qué los hombres van al baño dentro de una mujer si hay servicios por todas partes?», le pregunté a mi madre en la escuela primaria sobre el amor que se hacía (sexo). No me corrigió ni me explicó nada, nunca, y yo decidí conservar mi virginidad porque no quería ser un orinal.

Nuestra segunda charla sobre sexo tuvo lugar meses antes de ir a la universidad, durante la cena.

—Voy a tener relaciones sexuales cuando vaya a la universidad —les dije a mi madre y a mi padrastro, tras haber apagado la televisión.

—No, eso no va a pasar —replicó mi madre.

—Sí que va a pasar.

—Sí va a tener relaciones sexuales —intervino mi padrastro.

—Entonces no irá. —Mi madre se levantó de la mesa y fue hacia la despensa.

Alguien podría decir que heredé de ella mis incontrolables emociones extremas. Además, mi vida venía condicionada por sus propias pérdidas: su madre murió cuando ella tenía diecisiete años; pasó por dos divorcios y tres abortos; en su útero pasé de ser trilliza a gemelos, y al final solo quedé yo («mi niña, mi única hija», suele decir). Si alguna vez hacía algo que ella no haría, me preguntaba: «¿Es que no me quieres?». O tal vez: «No sé qué he hecho aparte de quererte tanto y darte todo lo que deseabas». Se tomaba mi existencia como algo personal y, en su mentalidad sureña y judía, el sexo solo podía tener lugar tras el matrimonio, nunca antes, y las palabras «sexo» y «amor», aunque se escriban de forma muy distinta, para ella eran sinónimos (mi padre y yo tuvimos cero charlas de sexo y casi la misma cantidad de conversaciones reales).

93

Y

No me libré de esa deformidad conocida como virginidad hasta (PROHIBIDO REÍRSE) los veintidós años. Era una virgen de la que se burlaban otras vírgenes, una chica que había apodado a su vagina «Sleepy Hollow», la Hondonada Somnolienta.

Cuando jugué por primera vez a «Yo nunca he…» en la universidad, me ofrecí voluntaria para empezar, puesto que yo tenía más cosas que nunca había hecho que los demás.

—Nunca he probado la mostaza —dije.

—Nunca le he hecho una mamada a alguien conduciendo —dijo la estudiante de primer año a la que le tocaba a continuación, haciéndonos saber a mí y a todos los presentes que en mi crianza algo había ido mal.

Pero ninguna de las chicas que había conocido se había acercado a sí misma, o sentía algo que no fuera vergüenza de su cuerpo y de lo que este podía o no podía hacer. No nos criaron los lobos; nosotras, en cuanto que formamos parte de la sociedad, básicamente fingimos que el clítoris / la vulva / la vagina no existe, y al igual que el conjunto de la sociedad, yo fingía y seguiría fingiendo hasta que otra persona descubriera mi clítoris e hiciera lo que quisiera con él, algo que yo fingiría que me gustaba.[1]

A pesar de que había ignorado mi cuerpo durante dos décadas de mi vida, tal como se suponía que debía hacer, puedo explicar cómo fue mi debut sexual. Yo, una empollona con cinturón de castidad, él, un semidiós mucho más fascinante y digno de admiración, tendríamos un encuentro-de-película-romántica, nos sentiríamos levitar y nos enamoraríamos con un amor verdadero y perfecto tras un prolon-

---

1. «El clítoris ha sido cuestionado, debatido, ignorado, demonizado y mitologizado en el discurso médico desde la Antigüedad» y ha sido denostado «como una patología», además de «tergiversado, suprimido e incluso completamente omitido de la literatura anatómica y ginecológica hasta hace muy poco», afirma la doctora Elinor Cleghorn en *Enfermas*. «El relato del clítoris es una parábola de la cultura», según dice la profesora Helen O'Connell, la primera uróloga australiana. En 2019 Twitter prohibió los anuncios que contenían la palabra «vagina» dentro de la promoción del libro *The Vagina Bible: The Vulva and the Vagina: Separating the Myth from the Medicine* (*La Biblia de la vagina: la vulva y la vagina, cómo distinguir entre mito y medicina*), de la doctora Jen Gunter, lo cual relegaba la palabra «vagina» a la categoría de inefable en lugar de considerarla como un término anatómico (ratificando su cualidad de indecible), mientras que Delta Air Lines ofrecía versiones censuradas

gado cortejo lo harán / no lo harán. Luego, como novio-novia, esperaríamos a la lluvia para darnos el primer beso, que indicaría que esa noche era «la noche». Totalmente empapados, buscaríamos refugio en el interior de (ubicación por determinar; ¿una torre?) y nos quitaríamos la ropa mojada en un estriptis que sería el prólogo de unos preliminares inolvidables al amor de la chimenea, caracterizados por suspiros febriles, estremecimientos corporales, etcétera, que dirían lo que nunca se podría expresar con palabras, como que nos conocíamos a un nivel de alma gemela, que ya nos habíamos unido en vidas pasadas y volveríamos a reunirnos en otras futuras, que estábamos emocionalmente sincronizados y predestinados. Con todo listo desde el punto de vista espiritual, el semidiós me poseería, y yo me entregaría, voluptuosamente, lo daría todo, me perdería en una interrogación carnal que se convertiría en una lucha física, un enredo, un catálogo de prácticas sexuales (algunas de pie) que encendería una furia ciega. El loto, la medusa, el jinete invertido, haríamos todas las posturas. La vaquera inversa-invertida, la sandalia, la bendición y la maldición, y todas las que no he mencionado. Nos haríamos cosas el uno al otro que no podríamos nombrar, y él susurraría Pablo Neruda a mi vagina. Si por casualidad encontrara un uniforme de criada francesa, me lo pondría. Demostraría que los años que dediqué a la gimnasia durante mi infancia habían valido la pena cuando mis piernas se abrieran en ángulos imposibles mientras él penetraba mi carne, pasión desencadenada al cien por cien, hasta que suplicara piedad (abrasada hasta los huesos, desfigurada) y me derrumbara a su lado en la cama rota. Temblando mientras nos recuperábamos de nuestros orgasmos simultáneos, se-

---

de la película *Superempollonas* en las que se omitía la palabra «vagina». Aunque Delta repuso la versión completa después de recibir quejas, mucha gente sigue comprometida con la ignorancia sobre las mujeres y sus cuerpos. En una encuesta, ante la afirmación «la mayoría de las mujeres tienen el periodo a principios de mes», un 40 % de votantes republicanos respondieron que era cierto o que no estaban seguros. Incluso el *Oxford English Dictionary* («el principal diccionario histórico del idioma inglés» del cual derivan muchos otros diccionarios) define el clítoris como «una pequeña parte eréctil y sensible de los genitales femeninos en la zona final anterior de la vulva». Falso. Tan falso. El clítoris es un órgano, en parte externo y en parte interno, el único cuya función es el placer. Y no es «pequeño»: en su parte interna puede tener entre siete y doce centímetros de largo, y cuenta con el doble de terminaciones nerviosas que el pene.

guiríamos tumbados juntos durante horas, nuestros miembros diseñados para nuestra media naranja entrelazados en las sábanas moja-
das, nuestra hambre insaciable saciada.

En pocas palabras, me imaginaba que estaba destinada a un polvo brutal.

Porque, si se hacía bien, el sexo tenía que ser el encuentro furioso, brutal, agitado, atlético, transformacional y profesional de dos personas que perdían la cabeza mientras convertían sus cuerpos en una
celebración. Si se hacía bien, un hombre me «tomaría», y yo me entregaría (y complacería con agilidad sus incontrolables necesidades
biológicas primarias con acrobacias lascivas y afirmaciones estridentes, por muy falso o incómodo, o impracticable desde el punto de vista anatómico).

«Lo que la mujer entiende por amor está bastante claro: no es
solo devoción, es la ofrenda absoluta del cuerpo y el alma, sin reservas, sin tener ninguna otra consideración hacia nada más», escribió
el filósofo Friedrich Nietzsche en *La gaya ciencia*, algo que los medios de comunicación nos hicieron integrar a todos, a lo que se suma
la siguiente observación del filósofo Søren Kierkegaard: «Cuando el
amor de una joven no se caracteriza por la abnegación, entonces es
que no es una mujer, sino un hombre».

La ofrenda total, sin reservas, inconsciente, caritativa de cuerpo y
alma es lo que necesitan las relaciones reales, los fuegos artificiales de
verdad, y las chicas auténticas se sacrifican por amor, o de lo contrario son hombres.

Mi primer novio de verdad no virtual y yo tuvimos un encuentro
de película. En 2006, mi primer año de universidad, en el patio de una
fiesta en una casa, estaba yo sola bebiendo un cóctel de mezcla inde-
finida y comiéndome con los ojos al tío más sexi de todos los tiempos
mientras hacía equilibrios subido a una tubería de hormigón gigan-
te procedente de la obra en construcción que había justo enfrente. Tenía público, y cuando saltó al suelo, por pura serendipia, aterrizó justo a mi lado.

Aquella casual cercanía era una oportunidad de las que se presentan una vez en la vida. Su acto épico, mis gafas de carey.

—Seguro que haces *skate* o *surf* —dije, para impresionarle.

—Ambos —respondió. Con un toque divino.

Casi me hice un esguince de deseo, incapaz de moverme del sitio aunque él ya se había ido.

Volvimos a tener un encuentro idílico la primavera siguiente, en un campo de juego cercano a la residencia. Esta vez era yo la que estaba en el aire, subida a un columpio. El *skater*/surfista que podría ser modelo/actor en un anuncio de pasta de dientes / vodka surgió de la nada, se acercó a mi columpio, entre todos los columpios de la tierra, y dijo «Hola».

Su boca probablemente habría acumulado cientos de comentarios positivos en Yelp.

No fui capaz de hablar, o se me olvidó cómo hacerlo, o acaso era una estrategia para conseguir cautivarlo con mi silencio, lo cual funcionó porque él sonrió.

Me quedé sin aliento; su aspecto cortaba la respiración, literalmente.

De todas las palabras que conocía, elegí la mejor: «Hola». En el lenguaje del amor (el inglés), «hola», en boca de una mujer significa: «Me dejaría crucificar por ti, por una mirada, por una migaja, para que me salves o destruyas o me definas».

Pronto averigüé su horario para saber dónde y cuándo encontrarlo, ataviada sacrificialmente (lo ideal sería que me persiguieran a mí, pero no parecía haber nadie interesado, de modo que decidí perseguirle yo a él, lo cual es feminismo).

En el sótano de otra casa en otra fiesta volví a verlo. Me puse a bailar eufórica muy cerca, invitando a sus ojos a posarse en mi delicado cuerpo rapsódico de capullo de rosa (me imaginé que así me describiría la voz en *off* de un posible narrador). Pero su mirada no se desvió hacia mí, así que me dispuse a beber mucho más y luego me dirigí deambulando hacia él y pronuncié la línea de diálogo que había ensayado:

—¿Te acuerdas de mí? Nos vimos en los columpios.

Sí se acordaba.

La primera vez que nos besamos, seguimos haciéndolo hasta el amanecer, hasta que de nuestras ropas empezó a salir vapor.

Al comienzo del último curso volvimos a enrollarnos, una y otra

97

vez, pero con sentimiento, y una buena mañana me dijo que había dejado su hábito de salir con muchas chicas y había rechazado a todas las demás por mí. Básicamente me sentía eufórica porque el amor había surgido gracias a mis oraciones más fantasiosas.

Nuestra relación se desarrollaba como un montaje de cine. Me dejaba sacarle las espinillas de la espalda y los martes le traía cinco tacos (era el día de los tacos) y él preparaba queso a la parrilla para mí después de medianoche; nos disfrazábamos a conjunto en Halloween (la mañana después de la fiesta de graduación); y nos encontrábamos en las pausas de cinco minutos entre clases bajo el mismo roble en el patio, donde nos sentábamos frente a frente, yo en su regazo, nuestros brazos y piernas entrelazados en una posición que auguraba eternidad.

Todavía sueño con aquello.

Un buen día, y debido a su intenso y recíproco amor, un grupo de investigadores combinó «la teoría del *script*» (el comportamiento humano coincide con patrones tipo-guion) y la teoría de «la heterosexualidad obligatoria» (la heterosexualidad es la atracción sexual preceptiva por defecto) de Adrienne Rich para desarrollar «el guion heterosexual» en la televisión en horario de máxima audiencia (cómo los hombres, las mujeres, y las citas todavía no muertas, se comprometen y follan, lo cual conforma las expectativas futuras de los telespectadores a la hora de salir con alguien, comprometerse y follar). El perfil masculino más destacado para tener una cita podría ser: más de un metro ochenta, enérgico, ampuloso, siempre correcto, sediento de poder, con fobia al compromiso, sexualmente prolífico, emocionalmente ausente. Uno de los preferidos para una dama podría no incluir texto pero sí fotos de vestidos de boda, cinturones de castidad, bebés que indican ciertas aspiraciones, tetas y culos.

«Lo que cuenta es lo que la heroína provoca, o, mejor dicho, lo que representa. Ella es lo que hace que el héroe actúe como actúa, o más bien el amor o el miedo que inspira en él, o tal vez la preocupación que este siente por ella. Por sí misma la mujer no tiene la menor importancia», dijo el director Budd Boetticher sobre cómo armoniza en las películas convencionales una presencia visual femenina con su inclusión en la narrativa, tal como cita Laura Mulvey en *Placer vi-*

sual y cine narrativo, el ensayo en el que estrenó el término «la mirada masculina».

En cualquier guion, un hombre experimenta deseo mientras que una mujer lo enciende y deber resultar deseable (y culparse a sí misma si no es deseada, y retirarse en ese caso). El deseo y una brutalidad primordial guía al hombre, alguna clase de virilidad innata y también condicionada que es más bestial que consciente, y que le conmina a lo siguiente: «Toma del cuerpo de una mujer la gratificación que es tu derecho y ella será honrada y no lloriqueará». No se quejará porque una heroína es un buen perdedor que encaja con cualquier cosa. Y porque sabe que su cuerpo está para dar, y su sexualidad no es para ella, y si no es buena en la cama, implosionará.

La pantalla susurra a espectadores como Cyrano 2.0, y las mujeres reales como yo se inyectan el concepto hasta que el suministro se agote (nunca se agota): nosotras no tenemos la menor importancia y lo que cuenta es aquello que provocamos, o inspiramos, o desencadenamos, y que motiva la actuación de otra persona. El resto de la población con potencial para citas también asimila y repite al unísono el guion heterosexual, sin preguntar por qué, instaurando un efecto de uróboros de ciclo eterno, hasta que nuestra voz y deseos dejan de ser totalmente nuestros, no son estrictamente biológicos, y no proceden únicamente de nuestro interior.

99

«Eso no es lo quieren las mujeres —me dijo un hombre después de ver *Magic Mike XXL* en el cine en nuestra tercera cita en 2015—. Las mujeres quieren que les tiren del pelo», afirmó.

Mi argumento acabó con su erección.

Pongamos por caso que un hombre le tira del pelo a una mujer porque vio a un actor hacerlo y la actriz jadeaba de placer. «Le va a encantar, les gusta a todas las mujeres», piensa el hombre mientras lo hace, y la mujer grita, de placer o de dolor, o porque también lo ha visto antes, o porque le metieron a la fuerza por la garganta un legado antes de que pudiera saber qué es lo que le gusta, o porque quiere ser «normal» («debería» ser «normal»; «debería» querer ser normal, aunque no quiera, igual que él «debería» estirarle los cabellos porque es «normal», y todos los *shocks* se convierten en algo «normal» antes o temprano, y luego en algo «natural»). Pero un grito es un grito, y debido a la repetición, la acción se intensifica, y tal vez el hombre cree que es *kosher* estrangular a la mujer tras haber visto que una depilada estrella en ciernes de RedTube parecía agradecida por ello, de modo que estira los cabellos de la mujer o la estrangula, y ella grita, comprometida con la actuación (quizás olvidando, o sin ni siquiera saber, que se trata de una actuación). En lugar de que la exciten, es ella quien excita al hombre, su género se convierte a un tiempo en amplificador y en mordaza, y entonces se produce la interacción llamada-respuesta del sexo tradicional: la mujer exclama «Fóllame, Polo» cada vez que el hombre dice «Marco», usando palabras metidas a la fuerza a través de los labios de ella, palabras que algunos hombres han escrito para que otros hombres penetren el cuerpo de una mujer a través de su propia boca. Además, obedecer puede ser reconfortante, y también una estrategia de supervivencia; el hecho de verse a una misma como parte de la élite televisada, nuestros dioses generacionales. Y por eso ella convoca a los cientos de cuerpos que ha visto en la pantalla follando sobre mesas de centro en movimiento, puesto que solo al recrearlos puede esperar ser vista y oída, para demostrar al hombre que existe. «Se lo daré —piensa—, lo que sea, y lo haré tan bien que él pensará que soy genial. Que soy alguien». Ella grita: «MÁS», por no susurrar: «Estuve aquí. Estoy aquí. Déjame quedarme aquí, para siempre». Su recompensa es el reconocimiento de su sexualidad, y puede incluso que con el tiempo se tire ella misma del pelo, para complacerle.

—En conclusión —le dije a aquel tipo en la que sería nuestra última cita—, nadie sabe lo que quieren las mujeres, ni siquiera ellas mismas.

El proceso de socialización es casi como cuestionar la salud mental hasta que la pierdes. O, por darle un toque más literario, como el bovarismo del siglo XIX, que fusionaba lo real y lo imaginario, y que los académicos propusieron como un patrón de enfermedad mental («psicosis»: una forma grave pero habitual de delirio que altera el pensamiento y la emoción hasta tal punto que la fantasía es la realidad que cuenta). El término bovarismo viene del libro *Madame Bovary*. Por supuesto, Bovary era una dama. Y claro está, el bovarismo acaba en tragedia. Y obviamente *Madame Bovary* fue escrito por un hombre.

Las damas socializan de forma distinta, y la diferencia es similar a la que presentan las maquinillas de afeitar femeninas: no son tan afiladas y cuestan más.

Puesto que me criaron como toca a una chica y miraba la pantalla como si fuera un espejo y un mapa, planeando la experiencia a través de la ficción y decorando mi vida interior con ella, fiel al bucle de retroalimentación, devoraba y digería el papel de mujer cuya vida gira en torno a su sexualidad y cuyo amor toma la forma de callada devoción, para finalmente regurgitarlo.

Me sentía tremendamente excitada ante la perspectiva de dejar mellado el pilar inmaculado de mi cama con mi novio de la universidad, al unir nuestras mentes, cuerpos y almas hasta que ya no le quedaran más orgasmos.

Una tarde de invierno del último año, cuando llevábamos tres meses de relación, le ofrecí un monólogo titulado «Esta noche es la noche» que incluía un esquema de mi plan para renombrar a Sleepy Hollow:

101

– Cena en un restaurante.
– Película de acción.
– Eso.

Cena en un restaurante: él compró un paquete de doce condones y yo me atavié con mis ropas de la celebración Séder; él me abrió la puerta de su mugrienta camioneta blanca y condujo hasta un restaurante mediterráneo con la carta escrita en cursiva y una decoración que evocaba el fondo del mar como se representaría en unos dibujos animados; pasamos a un reservado situado a más altura con un mantel de lino y aguardamos la metamorfosis de la rutina en eternidad.

Película de acción: elegimos la última de James Bond y con las manos entrelazadas vimos al trajeado agente secreto emprender la misión que le haría ganarse su licencia para matar mediante la derrota de un traficante de armas en una partida de póker con una fuerte apuesta, *Casino Royale* (dirigida por un hombre, escrita por tres hombres, editada por un hombre, producida por hombres, basada en una novela cuyo autor era un hombre y protagonizada por un hombre llamado Daniel Craig y unas cuantas modelos).

Eso: de regreso a mi apartamento, abrimos un cartón de vino, encendimos demasiadas velas aromáticas y le ofrecí mi seductora y largamente practicada mirada ven-acá-y-desvírgame. Y eso fue todo (después de hacerlo, hice una foto del arrugado condón en la basura y guardé el envoltorio rasgado de color turquesa en una caja de zapatos como conmemoración de aquella ocasión).

No me sentí ofendida ni me sorprendió que las primeras veces pareciera como si estuviera sufriendo un accidente; las que vinieron después tampoco fueron tan distintas. Me penetraba embistiendo con un golpe y luego iniciaba el movimiento que le venía de fábrica: rápido y fuerte, en todas las variantes que aquellas estilizadas mujeres de ficción gritan que lo quieren así.

«Relájate, relájate», me decía aquel maníaco-anónimo-implacable-embestidor-jadeante-sudoroso-fuerte, que ocupaba el lugar en el que debía haber estado un verdadero novio.

«Relájate, relájate», me regañaba a mí misma mentalmente mientras me aporreaba y pulverizaba, sin darse cuenta de mí, en algún punto muerto en mi interior.

102 «Que acabe rápido, por favor», rogué mientras esperaba a que él experimentara el mayor placer conocido por la humanidad (mi dolor, su estado de gracia).

Si gritaba, tal vez él diría: «¿Quieres que siga?», y en mi mente grité en silencio: «¡No! ¡Para!», pero aquel pensamiento salió de mi boca en un susurro cansado, como si me lo hubieran sacado a la fuerza, y con las siguientes palabras: «Sigue».

Y él así lo hizo.

Porque las palabras que él deseaba oír parecían ser las únicas que yo sabía pronunciar. Y porque no diría cosas que él no quisiera oír si eso me iba a convertir en alguien más difícil de desear, de amar. También porque las mujeres deben actuar como complacientes gatitas sexuales a las que se les hace la boca agua por una polla, y usamos nuestra propia voz para pedirla, para decir «¡sí!» en mil lenguas distintas, para suplicar a Dios por ella. Y porque lo que era importante para un hombre era lo único importante, y no quería estropear la impresión de mí que tendría mi novio.

Si se le hubiera ocurrido preguntar: «¿Qué quieres que te haga? ¿Qué te gusta?», habría dicho: «BASE DEL CUELLO, PARTE INTERIOR DE LOS MUSLOS, PEZONES, LABIOS, OREJAS, CULO, CLÍTORIS». Estaba en el nivel avanzado de sexualidad femenina y podía recitar del tirón mis siete zonas erógenas a una vertiginosa velocidad en cualquier examen. Podía soltar-el-rollo pero no follar-como-decía-que-sabía-follar. Bueno, la verdad es que tampoco era capaz de soltar-el-rollo.

Además, yo habría pensado: «Vaya petición de información estúpida a la que no podría responder ni a punta de pistola». Lo que quería es que él quisiera dejar de hacerme daño sin tener que pedírselo, y que entendiese que mis gritos eran una señal y una forma de comunicación y una petición de compasión. Quería que fuera un héroe y me salvara de él mismo. Y quería que oyese lo que yo no me permitía a mí misma decir. Quería ser telepática.

Pero me conformé con que siguiera y que me demostrara su amor por mí haciéndome daño. Porque la primera vez que dijo que me quería, mirándome a los ojos bajo la pálida luz de la luna, sonaron trompetas en algún sitio, hubo una explosión de confeti, un coro de ángeles cantó «Aleluya», y mi corazón eyaculó, por lo que, si decía que me amaba mientras me hacía daño, entonces consentiría aquel dolor.

«El culto del amor en Occidente es un aspecto del culto al sufrimiento», afirma Susan Sontag en la colección de ensayos *Contra la interpretación*, señalando la amalgama cristiana de dos mil años de antigüedad que existe hoy en día, como pasa en las comedias románticas que hacen publicidad del amor como un templo, una ley superior, una adicción, una psicosis, una necesidad biológica construida socialmente como de otro mundo, además de un tormento eterno. O como en otras comedias románticas que nos enseñan que, si las mujeres sufren lo suficiente, entonces todo se arreglará.

Alardeaba con mis amigas, las pocas veces que las veía: «Estamos violentamente enamorados» (un dicho común, romántico, un sentimiento intenso). La palabra «pasión» viene de palabras griegas y latinas que significan «sufrimiento» y, en efecto, «amor» y «sufrimiento» comparten terminología, fraseología, síntomas y metáforas: el amor hiere profundamente, y «quien bien te quiere te hará llorar». Lloramos, nos estremecemos, nos quemamos. Nos sentimos heridos, doloridos, magullados, incompletos, dañados, destruidos. Necesitamos alivio, una dosis, una cura, un baldazo de realidad.

Sontag posteriormente aclararía: «No es el amor lo que está sobrevalorado, sino el sufrimiento».

103

Necesitaba ayuda y pedí cita con dos ginecólogos.

—Mi vagina está rota —sugerí como una posible hipótesis.

A pesar de que bajo juramento habría dicho: «El amor tiene un efecto analgésico, y mi empatía es tal que si mi novio está contento con nuestras relaciones sexuales, entonces yo también, aunque en realidad cuando las tenemos tengo la sensación de que no sobreviviré».

El primer ginecólogo, el padre de un amigo, me aconsejó que tuviera aún más sexo, una recomendación del siglo XIX en la que se basaba la cura de la histeria, según la cual las relaciones (al igual que dar a luz y los orgasmos) pueden remediar cualquier problema femenino, además de arreglar a cualquier mujer con un problema.

«Han venido otras mujeres y me han dicho lo mismo —me dijo la segunda ginecóloga—. Que sienten que algo no está bien, pero de un modo confuso e incierto, como si se quedaran sin aliento regularmente o como si las estuvieran apuñalando».

Se refería a un pene dentro de una vagina.

«Es algo psicológico», afirmó sobre mi vagina. Como si mi dolor no fuera real ni tan grave, y mis síntomas no fueran síntomas, sino delirios, y yo no tuviera la credibilidad para informar de lo que pasaba en mi propio cuerpo.

Estaba poniéndome dramática, nerviosa, neurótica. Estaba exagerando, confusa, sensible. Estaba llamando la atención, dramatizando mi dolor, actuando como una loca, como un bebé. Estaba siendo ridícula, alarmista, haciéndome la víctima, haciendo una montaña, inventándomelo todo.

Sugirió que tenía que relajarme, que hiciera meditación y tomase medicación.

Pedí una solución inmediata.

Trajo un artilugio. Lo llamó dilatador vaginal y me lo dio.

—Póntelo —dijo.

—Lo probaré en casa —respondí.

—Deja que te ayude —insistió—. Te enseñaré cómo usarlo —dijo refiriéndose al dildo tieso de silicona opaca de uso médico que blandía en la mano con mi vagina en su campo de visión.

Lo lubricó y empujó hacia el interior, y por un momento me quedé ciega.

—Sáquelo por favor —pedí—. Lo usaré después. Más tarde.

—Relájate, relájate —ordenó—. Crees que te va a doler. Déjame que lo introduzca un poco más…

Retrocedí todo lo que pude. Acababa de penetrar y perforar mi cuerpo, y me hablaba como si pudiera confiar en ella.

—Está bien —concluyó con ademán preocupado—. Llévate uno, tenemos diferentes tallas.

—Me llevaría el más grande —respondí.

—Yo he probado con la talla más pequeña.

—Pues entonces el pequeño, por favor.

Me prescribió que usara el dilatador vaginal por la noche, que lo introdujera sin moverlo durante diez o quince minutos mientras escuchaba algún CD de suave música folk instrumental. Fuera lo que fuese que no iba bien podría solucionarse, seguramente, empezando el último semestre en la universidad con el pene fantasma que me había recetado.

El concepto «consentimiento», según mi opinión en aquellos días, consistía simplemente en expresar sí/no y actuar en consecuencia. Y yo era culpable de haber consentido.

Era culpable además de mi «elección», una palabra que contenía algunas más: fe, expectativas, el caos del corazón, la inculcación, inseguridad, rendición y libre albedrío. Era culpable de elegir y consentir aquellas noches que le decía a mi novio que no quería tener sexo, pero entonces él me negaba la palabra, y puesto que prefería no sentirme ignorada o tener que discutir (no valía la pena sufrir las repercusiones, la vergüenza o el castigo), al final decía: «Es igual, sí quiero hacerlo».

Lo correcto era tener sexo. Y como las mujeres están de todos modos destinadas a complacer, vestía la bandera blanca como si fuera una minifalda, acorralada en la esquina de la buena disposición. Sin oponer ninguna clase de resistencia, elegí querer lo que no quería.

Como en 16 *velas*, cuando Caroline le dice al friki que le gustó el sexo del que no era consciente. Era su elección, su disonancia cognitiva, a sabiendas que sus pensamientos no coincidían con sus palabras, por lo que se obligó a sí misma a mostrarse de acuerdo a través de sus acciones, una vez ya despierta. Por no mencionar que «mentir» puede calificarse como «ser amable» y las mujeres deberían, sobre todo, ser amables. Por eso mentí; elegí ser amable. Dije: «Yo también quiero».[2]

Existe una escala oficial de orgasmos fingidos para las mujeres (FOS por sus siglas en inglés) que cuantifica la mentira sobre el sexo y el placer. Las mujeres fingen por «miedo e inseguridad», «miedo de ser disfuncional» (las mujeres quieren tener un coño estupendo, o que se piense eso de ellas), «engaño altruista» (priorizar los sentimientos de su pareja antes que los suyos propios) y «suspensión sexual» («para terminar con el sexo» o «para acabar con el sexo no deseado», como si la salida del sexo fuera abandonarnos a nosotras mismas, en cuerpo y mente, a la falsedad). Entre millones de estudios sobre el sexo, algunos de los que versan sobre el placer femenino abordan el engaño altruista, poniendo al descubierto que las mujeres simulan satisfacción (o la ausencia de dolor) para satisfacer a los hombres, que el impulso de complacer es más poderoso que el de ser complacida. O por lo menos indoloro.

—¿Estás dormida? —me preguntaba a veces mi novio—. ¿Cariño?

Yo ya sabía lo que vendría a continuación.

—¿Cariño?

—Ahora no puedo —respondía yo, y me disculpaba con una sonrisa—. ¿Dentro de un par de días? —negociaba.

—Pero dijiste que tenías ganas —replicaba.

Si yo rogaba, él reclamaba.

—Las tendré —le prometía—. Otro día. Lo siento. Todavía me duele de la última vez. Lo siento de veras. Ya sabes que siempre lo siento.

2. Las mujeres muestran el doble de probabilidades de mentir, en ocasiones hasta «dos veces en una hora», según una encuesta británica realizada por una compañía de seguros. La encuesta citaba justificaciones tales como «para hacer que el otro se sienta mejor», «para no tener problemas» y porque «la vida es complicada». De haber participado en la encuesta, en mi respuesta habría escrito: «Porque todo lo que digo tiene que ser perfecto, no necesariamente verdad, para que el otro vea que puedo ser perfecta». Y habría añadido una coletilla: «Para conectar emocional, genital y metafísicamente, porque ¿acaso no es eso lo que todos queremos? ¿Gustar? ¿Y evitar malentendidos que conducen a una terrible soledad, y evitar lo inevitable (que te rompan el corazón) a toda costa, diciendo lo que haga falta?».

Me había quedado sin palabras, ni siquiera me salía la respuesta incorrecta. De modo que intentaba dormir.

—¿No podemos intentarlo ahora? ¿Nena?

Y él lo intentaba.

—No te enfades —decía, mientras el semen caliente me goteaba por la cara interna de los muslos, cubriéndolos y manchándolos.

De todos los posicionamientos que intentan poner en práctica las mujeres, «sentirse segura» no siempre es válido. Sin embargo, seguí durmiendo a su lado cada noche hasta la graduación, porque yo así lo elegí.

En «Trigger Warning: Breakfast» («Aviso de contenido que puede herir la sensibilidad: el desayuno»), una artista gráfica anónima escribe que prepara el desayuno a su violador justo como a él le gusta a la mañana siguiente. «Si hierves los huevos al punto, las tostadas tienen el tono dorado perfecto y el beicon queda supercrujiente, entonces no es violación y tu vida no queda arruinada», es la lógica, ingenuidad y el diálogo interior en la cultura de la violación. La psicóloga social Shelley E. Taylor dice que durante una agresión las mujeres muestran la respuesta «cuidar y entablar amistad» en lugar de «luchar o huir»; llevan haciéndolo durante siglos. Sherezade puede que fuera de las primeras, una mujer que, consciente de que el rey se casa con una nueva virgen cada día y a la mañana siguiente la decapita, pone en práctica una trampa de autoprotección: contar cuentos. Narra *Las mil y una noches*, y funciona: él está contento; ella sobrevive; los dos viven juntos y felices para siempre.

En lugar de luchar, las mujeres parlotean y tienen cuidado. En lugar de huir, las mujeres anticipan y gestionan los sentimientos de un hombre, evalúan sus necesidades y reajustan la respuesta. Somos culpables por consentir.

Nunca, ninguno de los dos dijo: «Se acabó». Dejamos que la distancia surgida tras la graduación hiciera su trabajo, o tal vez debería mencionar que me escribió por *email* desde el extranjero confesan-

107

do que me había engañado con cuatro mujeres distintas mientras estábamos juntos, y entonces pensé preocupada que quizá tenía sífilis.

Mientras me hacía las pruebas de la sífilis, una tercera ginecóloga me preguntó cuándo había dado a luz.

A lo que yo respondí: «¿¿¿¿¿¿??????». Nunca había estado embarazada.

Me explicó que mi cérvix estaba roto, como el de una mujer que acabara de parir.

Ambas deducimos que mi novio me había hecho un desgarro, que debía de haberse agravado cada vez que tenía sexo con mi cuerpo.

Había dicho: «Tu cérvix está roto», pero en realidad quería decir: «Tu novio te ha roto el cérvix».[3]

«Sentirás un poco de presión», dijo mientras proseguía con el examen. Pero no sentí nada, tampoco después de muchos años.

Al igual que todos los demás, mi novio nació, creció y fue abducido en un entorno en el que los hombres no escuchan a las mujeres y desconectan ante el menor indicio de que se les diga algo que no desean oír. Mi novio vino a mí directamente desde el vestuario, pero no me refiero a que se encontrara en su interior, sino al revés, el vestuario estaba dentro de él.

«Después de todo, ¿qué hay de malo en una charla en el vestuario?», preguntó en una ocasión el expresidente [PITIDO].

¿Y en el peor de los casos? Los *incels* o «célibes involuntarios», según su abreviatura en inglés, son una tribu de machos blancos, heterosexuales, supremacistas, sexualmente frustrados, que a veces salen en partidas de caza para castigar a las mujeres que les han dicho «no». Como si lo peor que puede hacer una mujer fuera decir «no» (algo inesperado y de mala educación) o llorar (terrorismo emocional y manipulador), mientras que el peor acto que puede cometer un hombre

---

3. Mi sospecha fundamentada, de acuerdo con mis estudios universitarios, es que, en parte, casi nunca llegué al estado sexual de excitación, comodidad y ausencia de pánico (por no decir jamás), que habría enviado la señal a mi cerebro para que le dijera a mi vagina que se alargara y a mi cérvix que se elevase, que es lo que el cerebro, la vagina y el cérvix hacen cuando están excitados para adaptarse [a lo que sea que causa placer].

es un asesinato en masa, porque la violencia es su único medio de expresión. Por empezar por alguno de los ejemplos: el instituto de secundaria Columbine, donde tuvo lugar la masacre más mortal en un centro educativo en la historia de Estados Unidos en ese momento, y que se encontraba a apenas quince kilómetros de mi escuela. El 20 de abril de 1999, en octavo curso, las puertas del aula de ciencias quedaron bloqueadas encerrándonos dentro; era un «cierre de emergencia», un término que nunca antes habíamos escuchado hasta que dos tipos en un instituto cercano asesinaron a doce de sus compañeros y a un profesor por sentirse rechazados. En Incels Wiki (desde 2018) se afirma que el autor de los disparos, Eric Harris, se consideraba a sí mismo un *incel*, y en la última entrada de su diario había escrito: «Ahora mismo estoy intentando follar y terminar estas bombas de relojería... ¿Por qué cojones no consigo echar un polvo? Creo que soy amable y considerado y toda esa mierda, pero nooooo. Me parece que lo intento con demasiadas ganas».

Los asesinos en masa que les siguieron, amables y considerados y a dos velas, se sintieron inspirados por Harris y Dylan Klebold. En un acto de «guerra contra las mujeres» por «negarme el sexo», Elliot Rodger, de veintidós años, asesinó a seis personas e hirió a otras catorce en 2014 en Isla Vista, California, y escribió en un manifiesto de 141 páginas que apareció en internet como una de sus secuelas: «¡Esas chicas merecen quemarse en agua hirviendo por el crimen de no prestarme la atención y la adoración que merezco con todo derecho!». La atención y la adoración que nuestra cultura (que arroja a chicas de ensueño al agua hirviendo y representa a las mujeres como servidoras de la lujuria masculina) promete a los hombres. Si tuviera que enumerar a todos los terroristas domésticos que imitaron a Harris, a Klebold y a Rodger (me refiero a chicos y a hombres a los que las circunstancias a las que les han sometido las mujeres han convertido en asesinos), no acabaría nunca, aunque solo sea porque siguen actuando en el presente.

Los *incels* no son casos aparte. A muchos hombres[4] no les gusta ni esperan escuchar «no», y por eso muchas mujeres no dicen «no». Una mujer que sale con hombres es objeto de esa guerra contra las mujeres, y el crimen de odio en virtud del cual las mujeres son asesi-

4. NO TODOS LOS HOMBRES.

nadas por el simple hecho de serlo se llama feminicidio (cada día en Estados Unidos una media de tres mujeres son asesinadas, y casi una tercera parte de ellas muere a manos de sus parejas; más concretamente, se calcula que más de mil esposas, novias, ex y mujeres objeto de interés romántico son asesinadas al año por decir a los hombres «no»). El 98 % de las matanzas desde 1966 fueron obra de hombres, normalmente de raza blanca, y a menudo después de que una mujer los hubiera rechazado en el plano romántico.[5] Algo que convierte la palabra «no» en una de las más complicadas de usar. Especialmente cuando la negativa y el fracaso a la hora de decir lo que se piensa es una forma de pedir a gritos esa clase de reacciones. Además, parece ser que «no» puede ser traducido libremente como «convénceme», «esfuérzate más», «no quiero decir lo que estoy diciendo», «sí quiero pero no soy capaz de vocalizarlo» y «sabes lo que quiero mejor que yo».

La autora y socióloga Tressie McMillan Cottom, en su colección *Thick (Buenorra)*, añade que las chicas de raza negra nunca disponen de la palabra «no»: «Si una está "lista" para lo que un hombre quiere de ella, entonces, por el mero hecho de existir, ya ha dado su consentimiento para que la trate como él quiera. La pubertad se convierte en dar permiso».

El «no» muere en el fondo de las gargantas de las mujeres aposta. La enfermedad de complacer es un defecto congénito y se nos educa para ser serviciales, alentadoras y no combativas. El rechazo es «exigente», «hostil» y «abominable», y no deberíamos herir los sentimientos de nadie al expresar los nuestros. Nuestra empatía también nos alerta de los efectos adversos que decir «no» puede tener en otra persona, y cuanto más importante alguien es para nosotras, más cuesta pronunciar esa palabra. Por sí mismo el amor puede exorcizar la palabra «no» del vocabulario de cualquier mujer.

5. Todas las estadísticas citadas aquí se quedan cortas. Hay muchos más incidentes que no quedan registrados porque las mujeres y las chicas asesinadas no pueden hablar y porque las que sobreviven no quieren ser «víctimas», además de que la vergüenza y el miedo pueden silenciar a cualquiera respecto a cualquier cuestión.

Incluso si decimos que «no», algunas personas no lo oyen, sino que en lugar de una negativa escuchan algo que suena como una locura psicótica propia de una furcia.

Cuando esa palabra no está disponible, o no se permite su uso, o su sonido ofende los oídos de los hombres, algo tiene que llenar el vacío. Con algunos hombres, en lugar de «no» me he reído «ja, ja, ja, ja» o he dicho «gracias, lo siento, pero no me apetece otra copa, lo siento mucho», y al volver del servicio me he encontrado con la copa y he tenido que tomármela porque es algo imperdonable no aceptar una copa pagada. El primer hombre que fue demasiado lejos me quitó los pantalones por sorpresa, y entonces dije: «Espera, llevo un tampón» (no llevaba nada). Samantha Gailey, a la edad de trece años, desnuda en el *jacuzzi* de Roman Polanski, dijo que tenía asma (tampoco era cierto) y que quería volver a casa a por su inhalador.[6] Prefería fingir tener la regla, decir que tengo novio sin ser verdad o que sufría diarrea antes que decir «no». Cuando un tipo que conocí a través de Hinge me preguntó: «¿De qué tienes miedo?», yo respondí: «Karaoke», y tras arrastrarme literalmente a un bar de karaoke, conseguí decir: «Ahí está mi parada de metro», antes de que me lanzase (apasionadamente) contra una verja, con tal fuerza que esta se abrió y caí de espaldas sobre el cemento; después él se tiró encima de mí, al estilo de una comedia romántica basada en una novela de Ayn Rand.

«¿Qué es la cultura de la violación?», me preguntó el *cazafantasmas* original Bill Murray cuando trabajé como asistente de los guionistas en una entrega de premios en la que se le rendía tributo. Había vivido toda su vida sin necesidad de saberlo. Bill (me pidió que le llamara por su nombre de pila) y dos amigos míos estaban tomando whisky en el restaurante de un hotel Four Seasons y yo estaba hablando de la cultura de la violación para impresionarle. Estaba sentado frente a mí, pero cambió de asiento para sentarse a mi lado y escuchar mi explicación: «En tus películas, las mujeres son siempre únicamen-

111

6. Jeffrey Toobin informó en la revista *New Yorker* de que Samantha testificó que había dado aún más explicaciones a Polanski: «Tenía que irme porque el aire era demasiado caliente o demasiado frío, algo así». Toobin prosiguió: «Polanski escribió [en sus memorias] que "ella dijo que era una tonta y se había olvidado la medicación en casa". Él la animó entonces a unirse en la piscina de [Jack] Nicholson, y ella aceptó. Tras unos instantes, salió de la piscina y fue hacia dentro para ir al servicio».

te objeto de interés romántico». Me tomó de la mano y no rebatió mis palabras, y de haber sido una cita habría sido la mejor de mi vida. Tras un sinfín de copas me pidió ojear mi Tinder y envió mensajes a completos desconocidos que decían que era demasiado buena para ellos. Bebimos hasta que avisaron del cierre y las luces fluorescentes delataron la edad de todos los presentes. Al llegar a los ascensores, Bill Murray me alzó del suelo. Mis dos amigos me agarraron por los tobillos y los tres tiraban y discutían sobre dónde debían llevarme: a su habitación con él o a la mía sin él. A la mañana siguiente desperté al lado de los dos amigos que no me permitieron decir «sí» a una celebridad.[7]

Tal como Anne Carson escribe en *El ensayo de cristal*: «Las chicas son las más crueles consigo mismas».

¿Por qué no dije simplemente «no»? Esa es la cuestión que todo el mundo se pregunta.

Y esa es realmente una buena pregunta.

7. La mujer que ocupaba mi puesto antes que yo había trabajado en ese programa el año en que se honraba a Bill Cosby (honor que le fue retirado tras haber sido condenado por un delito de agresión sexual en 2018). Me dijo: «Cosby estaba caminando con otros trabajadores del programa y yo estaba sola y fui hacia él. Al verme dijo un "Hola" entusiasta y añadió que me había echado de menos. Luego me abrazó y presionó su mejilla contra la mía mientras susurraba a mi oído: "Te he echado de menos". Yo contesté: "Yo también", aunque no le conocía y nunca nos habían presentado». Dijo que había echado de menos a Bill Cosby porque no sabía qué otra cosa podía responder.

7

Ni traje nuevo del emperador ni nada

*M*i plan era acabar la universidad con un grado en Literatura Inglesa y un título menor dual en Escritura Creativa y Estudios de Género, olvidarme de los novios y los bebés no nacidos de esa etapa y trasladarme a San Francisco y trabajar gratis para genios blancos masculinos que carecían de limitaciones en editoriales independientes y ver dónde la polla estaba siendo novelada.

Aunque había estudiado a las mujeres en el colegio, para mí y todas las demás personas la mejor voz era masculina y de raza blanca, y la genialidad tenía género. En el proceso hacia la edad adulta a mis cojines les puse nombre de literatos muertos / viejos / más viejos con grandes máquinas de escribir y practicaba la conversación con ellos. Y de haber existido alguna iglesia fundada por alguno de aquellos autores masculinos, también habría asistido al culto.

A través de la exnovia del hermano de la mujer de mi hermanastro, el verano en que me gradué conseguí unas prácticas en una academia situada enfrente de una editorial independiente. Y a través del sitio web de anuncios Craigslist, conseguí una habitación en un apartamento reformado con dos dormitorios en Cole Valley, cerca de Twin Peaks y a unas cuantas manzanas de Upper Haight, superando muchas cuestas.

Hacía prácticas dos días a la semana. Mis principales responsabilidades eran sacar la basura y mejorar la alfabetización juvenil. No era difícil ser la mejor becaria. En las oficinas administrativas ayudaba a organizar seminarios de escritura rellenando hojas de cálculo, cuya recompensa era obtener experiencia y visibilidad (para los literatos, para formar parte de algo, para los Grandes Nombres que sabrían del mío durante un segundo).

Para poder continuar con el vicio de mis prácticas postulé en otros empleos (embotellé perfume, hice comprobaciones de guías de viaje de lugares en los que nunca había estado, hice de modelo de gafas SEE a cambio de monturas gratis, maquillé a niños para un anuncio de Learning Channel que nadie vio porque la gente no tenía televisión) y llegó un momento en el que tuve siete trabajos simultáneamente.

Nunca antes había vivido en una ciudad, y la ciudad tenía un olor peculiar, y yo olía como la ciudad. Me sentía un poco perdida, siempre de forma distinta según el momento del día, hasta que una dichosa tarde el coordinador de talleres mencionó mi antología favorita, compilada (aunque yo no lo sabía entonces) por la editorial independiente al otro lado de la calle. Había adquirido los dos primeros volúmenes en la librería de la universidad y había leído ambos de cabo a rabo, impresionada, porque cada página contenía la promesa del arte y celebraba las posibilidades del lenguaje: realzar los sentimientos y hacer que el cerebro tuviera una erección.

—¿Podría asistir a una reunión de la editorial? —pregunté al coordinador de talleres.

Respondió que sí y me hice un poco de pipí encima.

Pasaron las semanas.

Finalmente, el director de la antología organizó una reunión con mi grupo de becarios, unas diez personas entre estudiantes universitarios y otros graduados recientes. Nos sentamos a una gran mesa en una sala de la academia y el director pidió que cada uno se presentara a sí mismo, dijera cuál era su universidad, por qué le importaba la alfabetización juvenil y cómo pagaba el alquiler.

Cuando me llegó el turno describí mi dormitorio subarrendado: «Está separado por una puerta de cristal del de mi compañera de piso, la cual me habla a través de la pared como si no hubiera ninguna».

El director se rio, y una vez concluidas las presentaciones un millón de ángeles consiguieron sus alas hacia el futuro prometedor; después preguntó quiénes de entre los becarios deseaban asistir a la reunión de la editorial sobre la antología. Todos alzamos las manos.

No todos acudimos. Al adentrarme en el edificio de aquella editorial independiente tuve la incómoda sensación de llegar a una fiesta demasiado pronto, sin haber sido invitada. El personal (con su actitud guay y extraordinaria curiosidad por saber cómo la sintaxis podía demostrar a un lector qué se siente al estar vivo) debía preguntarse qué estaba haciendo allí una becaria de la academia de enfrente. Me sentía demasiado mirada precisamente porque nadie advertía mi presencia.

Dejé atrás los escritorios y bajé las escaleras hasta el sótano, que parecía el de una casa particular, con dos sofás de terciopelo, una batería, estanterías repletas de revistas y publicaciones literarias (deslicé los dedos por el lomo), y una alfombra oriental que conocía los pies de los escritores más famosos en mi corazón.

El comité de selección estaba compuesto por el director y un grupo de estudiantes de secundaria locales. Durante la primera mitad de la reunión leímos (ficción, no ficción, cómics, etcétera, en las publicaciones literarias más prestigiosas y populares, revistas, sitios web y libros) y en la segunda parte debatimos sobre lo que habíamos leído y qué debería ser tenido en cuenta para formar parte de la antología. La reunión duró tan solo un par de horas, pero vaya par de horas.

—¿Cómo se podrían mejorar las reuniones? —preguntó el director a los becarios que habíamos asistido.

Hablé la primera.

—Sería bueno tener más lámparas.

—Vale. ¿Qué más?

115

No habíamos debatido ni considerado nada escrito por mujeres. Hasta entonces los periódicos, revistas y sitios web literarios más prestigiosos y populares publicaban básicamente textos escritos y editados por hombres blancos. Hice ese comentario, también en voz alta: «En 2008 no se debería olvidar a ninguna vagina».

Se rio. Así de fácil fue alcanzar la victoria.

La conversación auguraba un trabajo de verdad en el mundo real como una persona verdaderamente adulta, y, como apenas tenía veinte años y todo era posible, escribí una propuesta de tres páginas para solicitar un puesto como jefa de redacción a tiempo completo para trabajar en aquella antología estadounidense superventas (de hecho, la mujer para la que embotellaba perfume me sugirió que lo hiciera, a mí no se me habría ocurrido). A veces lo único que tiene que hacer una mujer es pedir lo que desea. Y entonces un hombre empezará a hacer cálculos delante de ella para demostrarle que lo que está pidiendo le parece una broma. En mi caso, el director me respondió que podía ofrecerme el puesto por una tercera parte del salario de mi propuesta y que me pasaría otros proyectos para conseguir un sueldo que me permitiera pagar mis facturas.

Siempre que el director de la editorial me preguntaba si sabía hacer algo, yo respondía que sí. A pesar de que en casi todas las ocasiones no tuviera la menor idea de cómo hacerlo, por ejemplo:

—¿Sabes corregir pruebas?

Para nada.

—Sí —decía en voz alta.

—¿Sabes diseñar libros?

En absoluto.

—Sí —respondía.

—¿Sabes qué significa «visto bueno»?

¿Qué? No.

—Por supuesto.

Lo que sí sabía era que el director no podía soportar la palabra «no», ni tampoco las críticas, tal como había dicho en una infame entrevista. Había afirmado que aquella palabra era para débiles y cobardes, lo cual consolidó la aversión que me producía la palabra «no» en el puesto de trabajo, así como mi desagrado por ser crítica y criticar (a los hombres especialmente, a él de manera específica).

116

Duré un año en la editorial independiente (como redactora jefe, asistente de edición, redactora adjunta, coordinadora de investigación, diseñadora y correctora), que puede resumirse en un solo día. El día que cambiamos de sitio los escritorios.

La empresa de al lado cerró y entre otras cosas dejó varios escritorios. Competí con mis colegas (la mayoría de los cuales eran hombres) por llevarme algo, sin éxito. Hasta entonces había ocupado la mesa de los becarios o el pupitre empotrado bajo las estanterías que hacían las veces de paredes.

—¿Por qué no trabajas en la mesa de la entrada? —me preguntó la presidenta—. Así podrás recibir el correo, dirigir el tráfico de visitas y pasar las llamadas telefónicas.

—Pero yo soy redactora —apunté, para dejar claro que no era lo mismo que ser recepcionista.

Al final me quedé con el escritorio del sótano, cerca de la mesa de *ping-pong*.

Aquella noche, como la inmensa mayoría, todo el personal salió a la vez y todas las puertas quedaron cerradas. O, por decirlo de otro modo, se olvidaron de mí y me encerraron en el sótano. Al ver que la puerta del sótano tampoco cedía, envié un mensaje al único empleado que me había dado su número. Respondió que estaba sentado en un bar y que llamaría al editor, que vivía cerca de la oficina.

«NO TENGO MIEDO», pensé.

Los primeros veinte minutos rebusqué entre ediciones originales tiradas a la basura en cajas de cartón. Los siguientes diez minutos me tumbé en uno de los sofás que un escritor de éxito había donado y empecé a sopesar las posibles reacciones a mi disposición cuando abrieran la puerta. Los últimos diez minutos arremetí contra la puerta.

Lo siguiente fue el tintineo de un manojo de llaves y el editor en lo alto de la escalera.

«Qué bien», creo que dije, tan indiferente, tan calmada, o sea, sin enfadarme.

La cara del editor expresaba mayor enojo por tener que abrir la puerta del sótano a las nueve de la noche que el que se leía en mi cara por haberme dejado encerrada. Por supuesto, habría querido hacer una escena, ya que se nos acusa de siempre querer alguna cosa. Pero la «rebelión femenina se consideraba, si es que llegaba a ser visible, como una patología personal», tal como Ann Douglas sintetiza en la introducción de *Personajes secundarios*, la memoria de Joyce Johnson sobre las poetisas que salieron con los poetas de la generación *beat*.[1]

Hubo otros días en los que me habría gustado montar una escena, pero ¿por qué montar un numerito sobre los partidos de baloncesto en mitad del horario laboral, en el que solo jugaban los redactores masculinos, o sobre la desigualdad en la ratio de publicaciones y que los escritores ocuparan casi todas las páginas?

Para la antología leí todo lo que se había publicado ese año, para seleccionar lo mejor, y en el sótano organicé una vasta biblioteca de autores, en su mayoría masculinos (el medio impreso no era el futu-

117

---

1. Escribí esta línea en un artículo sobre el silenciamiento para una revista en internet, que pasó por un verificador de datos masculino, y en un metamovimiento la señaló como un hecho no cierto. Me corrigió: Johnson es una «novelista» y el libro versa sobre algo más. Pero yo había leído y estudiado el libro en la escuela de posgrado en la que había tenido de profesora a Johnson, autora de memorias, poeta y novelista.

ro, estaba claro, pero algunas voces estaban más muertas que otras).
Había obras de ficción de autores masculinos que parecían tocados
por una aureola antes de escribir y que atraían multitudes que los observaban mientras pensaban. También clásicos reeditados por autores
masculinos sobre hombres y para todos los públicos, cuya lectura solía ser obligatoria tanto en la escuela como en la universidad. Otros
volúmenes demasiado largos de autores también masculinos que escribían sobre mujeres que se enfrentaban a la muerte o el matrimonio
y las describía en consecuencia: «Es hermosa pero no es capaz de darse cuenta. No es como otras chicas de su edad. Es diabólica/psicótica/
divina. [Descripción extremadamente detallada aunque médicamente
imposible de los pechos]. [Metáforas extremadamente elaboradas de
lo increíblemente delgada/pura/inmoral]. [Escena de sexo extremadamente explícita, lírica, imposible]». Obras de no ficción de autores
masculinos blancos que escribían en primera persona del plural, para
el público en general, aunque en realidad escribían para ellos mismos:
también escribían sobre la humanidad sin cuestionarse la suya propia,
y se otorgaban a sí mismos la soberanía de organizar e influir en los
sentimientos y la opinión pública.

«Esos hombres —pensé— no deben de irse a la cama escuchando
una voz interior que repite: "No puedo"».

¿Qué debía de sentirse al no oír esa voz?

El ambiente en la editorial llegó a parecerse mucho al de la película *El diablo viste de Prada*. El director esperaba que sus empleados
imitaran su estilo, y no debíamos utilizar signos de exclamación, cursiva o todo mayúsculas. Escribir no podía ser «mono»; «mono» era el
«beso de la muerte». Solo podía haber un espacio después de punto,
y de ese simple espacio dependía tener un buen día en la oficina o no.
Los errores tipográficos o faltas de ortografía eran pecado capital, o
por lo menos esa era la sensación.

Como parte de mi trabajo, que era mi forma de ganarme la vida
además de mi vida, escribía con su voz, su sintaxis, su punto de vista,
sus reglas que yo adopté como propias porque no hacerlo me provocaba un leve dolor de cabeza, y porque me chillaba por cada frase (todavía sigo oyéndolo, ahora mismo), y me gritaba al oído (literalmente, figuradamente) correcciones patriarcales, controlando mi forma de

escribir para controlar mi ego. Lo acepté, y su gramática me concedía superioridad sobre los tontos que acababan las frases con preposiciones (y si no escribía como él, entonces lo escrito era amoral, y merecía una brida medieval que me silenciara).[2]

Hacía lo que se me pedía y escribía en un lenguaje que esterilizaba el mío y le era hostil, y seguí haciéndolo hasta que se convirtió en algo natural en mí, y lo contrario me parecía incorrecto, hasta que pasó a ser una especie de fe que me reprimía.[3]

«No estamos reinventando la rueda», me decía el director levantando la voz cada vez que le hacía perder el tiempo al cometer un error.

Cinco años después, el director de la editorial, que también es autor, apareció en un pequeño titular por haberse apropiado supuestamente del relato de una mujer. Escribió una novela sobre las redes sociales que recibió el orgasmo de la crítica, y una escritora denunció que esa novela se apropiaba de sus memorias (publicadas un año antes) sobre su trabajo en Facebook. Esta lo publicó en Medium, señalando un paralelismo específico con la trama y a nivel de párrafo, y confrontó la diferencia en la recepción por parte de la crítica. Escribió: «La sociedad presupone algunas cosas sobre las mujeres que nos convierten en culpables por defecto: supuestamente nuestro trabajo es de menor categoría, menos valioso, y está limitado al ámbi-

2. Una máscara medieval y bozal de hierro para las mujeres que se quejaban, chismorreaban, contestaban o hablaban demasiado, con una brida que se aseguraba a la cabeza y una pieza de metal con púas que se introducía en la boca, de modo que cada vez que la lengua se movía se producía un corte. Podía usarse en el hogar (se colgaba de un gancho al lado de la chimenea) o llevarlo puesto por la ciudad.

3. Que las mujeres escriban a petición de sus jefes supremos es tan común que se ha convertido en un cliché. En el artículo de *New York Times Magazine* de 2015 «The Women of Hollywood Speak Out» («Las mujeres de Hollywood denuncian»), Maureen Dowd entrevistaba a más de cien mujeres y hombres de todos los ámbitos de Hollywood sobre la disparidad de género. «Las escritoras femeninas —escribió Dowd— me dijeron que están acostumbradas a escuchar cosas como "¿puedes insertar una escena de violación aquí?" o "¿pueden ir a un club de *striptease* ahí?", de ejecutivos masculinos que contratan a mujeres para que los ayuden a contar las historias sobre mujeres que ellos quieren contar. Los personajes masculinos irán a un club de *striptease*, y también podemos insertar una escena de violación si queremos trabajar y no meternos en líos, o ser acusadas de tener una patología personal».

to personal, mientras que al de un hombre blanco se le presupone "universal", "esencial" y relevante para todos». En una entrevista en el sitio *Jezebel*, la autora comenta que el supuesto plagio (que el director/autor negó) tiene su parte positiva: arroja una luz sobre «cómo la industria funciona para sofocar la escritura de las mujeres y exaltar la de hombres». En el *post* en Medium dijo que no se trataba tanto de aquel novelista y de lo que hiciera (o no), sino del sesgo de género y la conjetura de que su libro «no era importante, porque ¿cómo podría ser importante algo que hubiera escrito una mujer sobre tecnología?».[4]

Un mes antes de que la antología fuera a ser publicada, en el montón de «sí» y «tal vez» solo había unas cuantas obras de mujeres. Convoqué una reunión especial una mañana del fin de semana para revisar más de cincuenta publicaciones femeninas.

La cuestión era que los hombres escribían «lo mejor» sobre temas importantes, no solo limitados a la tecnología, alcoholismo, números, política, ciencia, deportes, guerra, mujeres violadas, el estilo de vida actual y todas las cosas «serias», y por tanto fuera del ámbito de especialización de las mujeres, por encima de la categoría salarial del techo de cristal.

Los hombres escribían «ficción» y las mujeres «libros para chicas» (o «no ficción apenas encubierta» porque las mujeres no tienen imaginación). Lo escrito por los hombres eran «obras» y en el caso de las mujeres eran «obras de mujeres». Los hombres eran autores de «no ficción» y las mujeres de «no ficción de mujeres, o sea, libros de cocina» (Wikipedia lo hizo oficial en 2013 cuando los redactores, en un 90 % masculinos, reubicaron a las escritoras, pasando estas de la lista de «novelistas estadounidenses» a la subcategoría «novelistas estadounidenses mujeres», puesto que sus palabras pertenecían a los subgéneros fantasías románticas, reflexiones, garabatos).

En la literatura femenina, las chicas y las mujeres solo escribían sobre chicos y hombres (y matrimonio y maternidad) (y sexo y género y trauma) (y partos y jardinería) (y cambios de humor y desangrarse doce veces al año cuando el potencial de la vida humana se

4. La autora de las memorias acabó eliminando el *post* en Medium.

desprende de las paredes de nuestros órganos) (y de ganar peso, perder peso, el arte de quejarse, salir con chicos como deporte de competición, cómo ser una auténtica ama de casa, el divorcio, la servidumbre, la magia, el equilibrio entre trabajo/vida privada) y la opresión, y ESO ES TODO.

Y cuando las escritoras no estaban haciendo caligrafía entre una tarea de la casa y otra, estaban conservando su energía para defender las reivindicaciones de las víctimas de violencia y acoso sexual.

Las mujeres se descalificaban a sí mismas aún más de estar entre los mejores al escribir ensayos personales (o «narrativa catártica» o «extensas diatribas sobre la humillación»), que excluían la aclamación, la habilidad o la fortaleza. «Lo mejor» era no «confesional» o «crudo» o «se miraba al ombligo», lo cual definía la escritura femenina y señalaba que las mujeres escribían sin una posterior revisión o publicaban diarios o garabateaban algo para llamar la atención, para intercambiar sus secretos por una reafirmación que no merecían.[5]

(Aquella reunión por la mañana ese fin de semana de hecho tuvo lugar antes del auge de los ensayos personales, desencadenado por Emily Gould y su artículo de portada en *New York Times Magazine*, que incluí por orden alfabético en nuestra biblioteca para la antología tras haberme quedado pasmada mirando fijamente la foto de portada de una joven con una camiseta de finos tirantes tumbada en una cama, donde quizás había estado escribiendo o tenido relaciones sexuales).

En la editorial independiente (y en todas partes) los escritores y redactores masculinos a veces publicaban con seudónimos femeninos o que sonasen negros para encubrir el hecho de que se publicara tan poco de ambos colectivos. No estaban siendo excluyentes, simplemente las mujeres y los negros no escribían tan bien, y además algunos hombres quieren que la verdad sea lo que ellos inventan, para poder

121

5. En *Cómo acabar con la escritura de las mujeres*, Joanna Russ aclara lo que la frase «Ella lo escribió» significa en realidad y en lo que se transforma: «Ella lo escribió pero mira lo que escribió significa "Ella lo escribió, pero es ininteligible / está mal redactado / es flojo/irregular/aburrido, etcétera", una afirmación que no se parece en nada "Ella lo escribió, pero no puedo entenderlo (en cuyo caso el error podría recaer en el lector)». Tras ello «yace la premisa "Lo que no entiendo no existe"» y Russ hace una comparación con la «"histeria" de Sylvia Plath que "surgió de ella misma"» y no derivada de otra persona o circunstancia.

seguir diciendo lo que quieren, en la creencia de que ellos saben perfectamente cómo piensan todos los demás.

Escribir era lo peor si tenía que ver con una vagina. Para una de las reuniones sobre la antología, facilité fotocopias de un relato de Mary Gaitskill con el fin de considerarlo para la colección. Aparecía la palabra «vagina» y mi misión consistía explícitamente en no olvidar ninguna.

Pero la *vibra* había cambiado. No debería (en ningún caso) hablar de la escritura así y con aquella palabra, me dijo el director delante del comité. Frunció el ceño, y en su frente se leía: «El asiento que añadí para ti en la mesa no te da permiso de hablar sobre vaginas».

Intenté recurrir a mi sentido del humor: «¿Te acuerdas de lo de no olvidar ninguna vagina?». Pero me encontraba en el dilema del doble rasero, en virtud del cual a las mujeres en el puesto de trabajo se las castiga por hacer bromas.[6]

La reprimenda del director derivó en un monólogo sobre la igualdad en el mundo editorial, sobre la paridad de género y su existencia (esto sucedió antes de que el diccionario Merriam-Webster añadiera el término *mansplaining*[7] [traducido al castellano como «machoexpli-

122

6. Un grupo de investigadores llevó a cabo el estudio «Gender and the Evaluation of Humor at Work» («El género y la valoración del sentido del humor en el trabajo») y descubrieron que «cuando los hombres añaden un poco de humor a una presentación de negocios, los asistentes perciben un nivel de estatus superior (es decir, respecto o prestigio) en la empresa, y les otorgan mejores valoraciones de rendimiento y liderazgo… No obstante, cuando una mujer añade el mismo humor a la misma presentación, la gente considera que tiene un menor nivel de estatus, valora su rendimiento en menor grado y considera que son menos capaces como líderes». Otra de las conclusiones fue que el humor puede percibirse como «funcional» (como un método para conectar, relajar el ambiente, y una exhibición de la propia inteligencia) o como «disruptivo», y que el sentido del humor masculino entra en la categoría de funcional mientras que el femenino es disruptivo. Desde el punto de vista cultural, en relación con *Cazafantasmas: mujeres*, un artículo de la sección de negocios del *New York Times Sunday* debatía (nuevamente) si en Hollywood o en la vida cotidiana las mujeres pueden ser verdaderamente graciosas.

7. Mi vaga definición propia es: «cuando un hombre ignorante explica algo a una mujer que es una experta, normalmente la explicación comienza con un "bueno, en realidad…" y acaba con una mujer heterosexual cuestionándose su sexualidad». Por ejemplo: un hombre en Twitter explicaba por qué la «vulva» es diferente de la

cación»] en 2018, después de que se publicara el ensayo *Los hombres me explican cosas* de la autora Rebecca Solnit en 2012). ¿Se estaba hablando a sí mismo? Puse la cara de cansancio que aparece espontáneamente en las mujeres cuando un genio masculino certificado da un sermón ignorándolas.

Parecía estar diciendo: «Todo está como tiene que estar» (una idea que permite a aquellos en el poder perpetuarse en él). «Hemos llegado muy lejos», decía como dándose la razón a sí mismo (una frase hecha que exime a quien la dice de tener que ir más lejos).[8]

—En serio —repliqué.

La única respuesta práctica era no responder. Tenía pruebas, y para entonces aquel era mi millonésimo rodeo sobre la misma conversación. Un hombre con el pelo recogido en un moño (y que parecía de esos que llevan sus cabellos rubios en rastas) en una ocasión me dijo que la desigualdad sistémica consiste únicamente en «los sentimientos de la gente, es decir, que ciertas personas se sienten discriminadas, lo cual es su problema, el de esas personas concretas, y que todos podemos elegir nuestra propia realidad», todo ello en una pasmosa fu-

---

«vagina» a una ginecóloga, y después explicó de forma condescendiente el término *mansplaining* tras haber recibido como respuesta el epíteto de *mansplainer* (machoexplicador).

8. Mucha gente progresista cree que todo está como tiene que estar y que hemos llegado muy lejos; «el apoyo ampliamente reivindicado por el público a la igualdad de género queda desautorizado por las creencias opuestas de que ya se ha avanzado lo suficiente en la igualdad de género», según *The Missing Perspectives of Women in News (La perspectiva femenina ausente en las noticias)*, un informe de 2020 «sobre la insuficiente representación de las mujeres en los medios informativos; sobre su continua marginalización en la cobertura de noticias y sobre la escasa atención que recibe la temática de la igualdad de género». Hay una «amplia ceguera sobre el género» y «cuanto más acepta el público el *statu quo* de las mujeres, menos motivadas están las personas en el poder y los periodistas por priorizar asuntos sobre igualdad de género».

En cuanto a la investigación médica: «Un enfoque más novedoso para abordar el problema de la escasa representación… es limitarse a afirmar que no hay ningún problema y que las mujeres están bien representadas», bromea Caroline Criado Perez en *La mujer invisible*, y ofrece el ejemplo de un artículo publicado «en la *British Journal of Pharmacology* titulado "Gender differences in clinical registration trials: is there a real problem?" (Diferencias de género en los ensayos de registro clínico: ¿hay un problema real?)». «El artículo solo escrito por autores masculinos concluía diciendo que el problema no era "real"».

sión de *mansplaining, whitesplaining* (lo mismo pero aplicado a la raza blanca), psicoanálisis, charlatanería de chamán y bravata misógina. Pero la discriminación no es subjetiva, y en 2019 el *Washington Post* informó sobre un estudio que confirmaba que los hombres rara vez saben de lo que hablan, o simplemente fingen saberlo, como profetas sin nada que decir que a pesar de todo siguen hablando y definiendo todos los significados.

En mi cuarto, después del trabajo, mi mente seguía despierta dándole vueltas a lo que habría deseado contestar al director. Por la mañana había anotado un himno de Gloria Steinem que acabaría con el sexismo, y había memorizado el diálogo tal como debería haber sido, un diálogo que no decepcionaría a las sufragistas (algo semejante a «"Por mi experiencia, todos…" es un eslogan del sexismo y racismo institucional que endulza y niega tanto las realidades personales como las empíricas, hasta que el sexismo y el racismo parezcan menos sexismo y racismo»), pero para cuando llegué a la oficina me había vuelto la comprensión de dónde venía mi jefe.

No hay mayor defensor de un hombre que la mujer a la que rechaza. En defensa de mi jefe, puesto que los hombres salen del útero siendo escuchados, están programados para bombardear la empatía (aquellos que lo reciben todo no tienen nada que dar). ¿Cómo podría un director admitir que él, su cuerpo y su voz no son el centro del universo cuando casi todo confirma que lo son y deberían serlo? Si alguna experiencia o perspectiva no encaja con la suya propia, o va más allá de la suya, o le incrimina, a él o su realidad, o le asquea, entonces, para ratificar su propia verdad e inocencia, él deberá rechazar la verdad y la inocencia de los demás. Deberá proscribir el lenguaje y los relatos que no comprende. Incluso los hombres buenos que desean cambiar el mundo siguen imaginando que ellos están a cargo de esa labor, determinando por tanto quién goza de un verdadero punto de vista válido mientras desacreditan a los demás.

Es entonces cuando los desacreditados escriben la «Siguiente Mejor Nada Americana» porque ¿cómo se puede escribir un libro que ya ha sido destinado a la hoguera antes de haber elaborado el borrador?

Empecé a ver a mi primera psiquiatra, una doble de Barbra Streisand que me prescribió Prozac y Xanax para poder trabajar para hombres en la industria editorial independiente. En una ocasión compartí un coche para llegar a un centro de meditación subvencionado con donaciones y pasé horas aprendiendo cómo meditar y tener compasión (durante el almuerzo pregunté: «¿Cómo puedo ser compasiva con gente compasiva que no son compasivos conmigo?», pero no pude escuchar la respuesta debido al volumen de las risas de los demás). Pero las pastillas y la meditación no ayudaron demasiado.

El director y yo teníamos un acuerdo tácito, sin remuneración, en virtud del cual yo siempre estaba «de guardia» para él. Solo me sentía a salvo del teléfono y sus críticas cuando él dormía. Si me llamaba y yo no respondía, o si FedEx cerraba antes de lo que él creía, entonces me hablaba en el tono de un padre decepcionado con el lenguaje de un padre abusivo.

Un fin de semana que no estaba trabajando porque era fin de semana, viajé a Sant Louis para asistir a un concierto de George Clinton y el colectivo Parliament-Funkadelic sin avisarle. Me llamó cuando estaba en el tranvía, pero no podía aceptar la llamada porque de lo contrario escucharía la megafonía automática. Volvió a llamar cuando estaba embarcando en el avión, pero tampoco podía coger el teléfono porque podría oír cómo llamaban a los pasajeros de mi fila de asientos. «Tienes que devolver la llamada, idiota», me regañé a mí misma.

Le devolví la llamada, con un pavor casi salvaje («¿cómo me machacaría?»), pero no contestó, de modo que dejé un mensaje. Puesto que él no podía saber que estaba en el aeropuerto, y cualquier ruido a mi alrededor delataría esa realidad, tenía que mentir, aunque no lo había planeado y no era mi intención…

Dije que no estaba disponible, pero me salió con voz trastornada y con esta frase: «Estoy volando hacia Denver a ver a mi madre». Soné como alguien en modo supervivencia que habría dicho lo que fuera: «que tiene cáncer». Cuando dejé el mensaje en el buzón de voz, ya llevaba años en remisión.

Llamé a mi madre y se lo conté. Me pidió el número del director. Más tarde ella misma le llamó y le dejó un mensaje en el buzón de voz donde le explicaba que había tenido cáncer de mama hacía años y que los médicos habían sospechado una recaída, pero al final había resultado ser una falsa alarma (algunas variantes de enfermedad son hereditarias; la empatía puede ser hereditaria; mentir también). Cuando por fin hablé con él, no mencionó lo del cáncer. ¿Sabía que mi madre tenía cáncer y no dijo nada al respecto? Me sentía ofendida por alguna razón, aunque era consciente de haber creado la oportunidad de ese agravio mío al mentir sobre el cáncer.

Poco después, mi psiquiatra me concedió las palabras que contenían la respuesta a lo que debía hacer.

—¿Podemos hablar en privado? —pregunté a mi jefe un martes a última hora después de una reunión.

Respondió que podíamos hablar en su coche.

Condujo sin rumbo mientras yo le hablaba, recitando las líneas que había ensayado en mi terapia.

—Este trabajo no está hecho para mí.

—¿Estás segura? —me preguntó.

No lo estaba, pero contesté:

—Sí.

Me preguntó qué me pasaba y luego hizo su propia suposición.

—¿Tienes problemas con tu novio o novia?

Claro, siempre, pero ¿qué importancia podía tener eso?

—Simplemente este trabajo no encaja conmigo —repetí, como si fuera la única frase que me hubiera preparado.

—Vale, de todos modos iba a despedirte —repuso.

Mi recuerdo de lo que pasó a continuación es el siguiente: recuerdo que el coche se detuvo, en un semáforo o porque él había aparcado, y que golpeó el volante.

—Odio al cabrón en el que me has convertido —dijo según recuerdo. También me acuerdo de que utilizó el tópico—: Estás cometiendo el mayor error de tu vida. —No recuerdo exactamente si dijo «vida» o «carrera».

Siguió perorando sin parar sobre mi vida y la suya. En relación con su vida recuerdo que pensé: «Ya me he leído el libro. Un amigo me regaló un ejemplar dedicado por mi decimoctavo cumpleaños, y de haber jurado mi cargo, lo habría hecho sobre ese libro». Me dijo que me arrepentiría, que no volvería a trabajar en esa ciudad, que ninguno de sus empleados había renunciado nunca a su puesto, y que cuando tenía mi edad él podía hacer mi trabajo y lo hacía sin ningún problema y bajo mucha más presión.

Dijo todo eso y tenía razón: yo también odiaba al cabrón en el que le había hecho convertirse. Había cometido el más terrible error. ¿Qué me pasaba? Siempre me metía en líos. Ya me estaba arrepintiendo. No volví a trabajar en aquella ciudad (durante algún tiempo). Debería haber imitado a los demás y no renunciar. Como él, debería haberme parecido más a él.

«Si los hombres tienen razón, y siempre la tienen de forma automática, no debería sentirme así, y no debería haber expresado mis sentimientos», me decía a mí misma echando mano a las ideas que él y otros hombres me habían metido en la cabeza y que yo entonces pensaba y repetía. Por eso, tras muchos meses desempleada, escribí de mi puño y letra una carta al director disculpándome y enmendando mi error. «Era mi primer trabajo», me justificaba, como si eso lo explicara todo. Se la llevé en mano, acompañada de su comida favorita, una rebanada de pan de centeno judío.

Él estaba en su despacho, desprovisto de puerta, y nos sentamos uno frente al otro. Me preguntó que había estado haciendo.

«Tomando benzodiazepinas y viendo películas, como por ejemplo *Holocausto caníbal*». Pero en vez de eso dije:

—Escribiendo.

—¿Sobre qué, si no te importa que te lo pregunte?

—Un relato que empecé a escribir en la universidad sobre una lesbiana que se suicida ahogándose en la bañera.

—¿Tienes —comenzó a decir bajando la voz— pensamientos suicidas?

Tal vez fuera por haber dicho que se trataba de un relato breve, que se considera ficción, como él bien sabía, por lo que escuchó «una disertación personal». O quizá me preguntó eso porque hacía poco que su amigo David Foster Wallace se había suicidado.

—Supongo que no es fácil estar sin trabajo. Si eso es lo me preguntas, supongo que entonces sí que los tengo. —Me sentía tan obligada a decirle lo que creía que él quería oír que concedí que tenía pensamientos suicidas y admití que me arrepentía de haberme ido, y que quería morirme después de haberlo hecho.

No tenía pensamientos suicidas, no en ese momento. Mi voz simplemente decía esas cosas, como si hubiera cobrado vida propia.

En eso consistió simplemente el desastre que pasó, y nadie lo puso por escrito. Intenté hacerlo, esbocé un borrador de tanto ingenio, pro-

127

fundidad y explosividad que se habría convertido en humo de haber sido publicado tal como estaba, y toda la gente instruida de todo el mundo habría atravesado la mente, el corazón y el alma de una escritora merecedora de un premio que había encontrado su voz para acomodar el corazón roto en una prosa sanadora. Sin embargo, mis amigos, colegas de trabajo, mentores, agentes y el claustro académico me recordaron lo siguiente:

1. Escribir sobre aquello me marcaría y ninguna otra cosa que pudiera decir, en toda mi vida, sería tenida en cuenta.
2. El texto sería un cotilleo, no arte.
3. Estaría trabajando desde la opresión. Eso es lo que dice Dick en la adaptación de *Amo a Dick* para explicar por qué el arte femenino no es arte: «Las mujeres se ven obligadas a trabajar desde la opresión» (¿acaso nadie es consciente de que la persona oprimida no puede pensar en otra cosa que no sea la opresión que sufre y sus opresores?).
4. La psiquiatra Judith Herman escribe en *Trauma and Recovery (Trauma y recuperación)*: «A pesar de la vasta literatura que documenta el fenómeno del trauma psicológico, el debate sigue centrándose en la cuestión básica de si esos fenómenos son creíbles y reales»; no hay más que decir.
5. Independientemente del contenido y la forma del texto, se lo consideraría vindicativo, y yo perdería oportunidades e ingresos; además, nadie querría establecer contacto conmigo, y en los acontecimientos sociales todo el mundo evitaría a la «zorra loca psicótica que está obsesionada con un único tema y que después de hablar con quien sea lo denunciará en Twitter con el *hashtag* #MeToo el día de su boda».
6. El sujeto en cuestión es un gran hombre. Un filántropo. Alguien que da forma a las ideas. Renombrado. «¿Y quién eres tú?», me preguntó otro hombre y escritor en otra de las conversaciones donde se me recomendaba no escribir sobre ese tema. Estábamos en un bar de San Francisco decorado en terciopelo rojo con retratos de exuberantes mujeres en las paredes.

A la pregunta «¿Y quién eres tú?», una década más tarde respondí: «Tengo veintitrés años». ¿Cuál era la excusa del hombre bien entrado en la cuarentena? ¿Que era (lo suficientemente rico para ser) un filántropo? Al preguntarme quién era yo, ¿no estaría intentando decir el otro escritor que nadie creería a una mujer en la veintena, que tan solo hacía un año que había acabado la universidad, que no era una filántropa? ¿Acaso el genio masculino eclipsaba y justificaba a un tiempo el sufrimiento y el bienestar de una doña nadie egoísta y joven? ¿Era un problema del mundo patriarcal según el cual lo bueno anula lo malo? ¿Debería considerar a los hombres desde el punto de vista opuesto con el que ellos me veían a mí y pasar por alto sus defectos para poder apreciar sus intenciones?

7. Durante largo tiempo y hasta el momento presente, creí que lo que había pasado, y cómo había actuado él, era culpa mía.
8. El director diría que lo que había pasado no había ocurrido en realidad. Recuerdo que me había comentado que nadie tenía mejor memoria que él; de acuerdo, pero una chica nunca olvida la primera vez que busca en el diccionario la definición de «hacer luz de gas».
9. Le pondría en evidencia; ¿verdaderamente era esa mi intención? No. Quería complacer a ese hombre adulto, a todos los hombres, y solo entonces podría ser feliz.
10. Tal vez me estaba haciendo un favor, convirtiéndome en una persona fantástica con el mismo método utilizado en los caballos, tal como describe Mary Gaitskill en su novela *The Mare (La yegua)*: «Para hacer que un caballo sea fantástico hay que hacerle sentir como si fuera una mierda. Porque él sabe que no lo es y se volverá del revés para demostrártelo».
11. Nada de lo que me había hecho era un delito, o sea, que en realidad no había historia.

Seguí trabajando para hombres como aquel director y para sus amigos, y en lugar de mejorar mi habilidad para defenderme, aumenté mi capacidad para aguantarlos. Para adaptarme. Para dar por sentado el abuso y la discriminación y tolerarlos. Para preguntar de forma refleja dónde estaba la estaca más próxima en la que podrían inmolarme. Porque soportar la misoginia es como cocinar una rana: si se pone a una mujer en agua tibia y después se lleva al hervor gradualmente, la mujer se cocerá hasta morir sin protestar.

Un año después, en enero de 2009, envié un *email* a un autor local de San Francisco sobre su nueva revista literaria *online*. Me respondió preguntando si quería trabajar como voluntaria. Cuatro años más tarde todavía trabajaba para él como voluntaria cuando, en una fiesta literaria de un amigo común en Nueva York en 2013, me dijo que algún día «acabaría con él». Cinco pensamientos entrechocaron en mi mente: (1) piensa de mí lo peor, (2) está admitiendo que ha cometido actos contra mí y otras personas que merecen una humillación pública, (3) sabe que estoy tan terriblemente herida que le traicionaré, (4) ¿cuánta porquería piensa que cargo en mi interior?, (5) he aquí una razón por la que no debería asistir a fiestas.

«¡Te vas a enterar!», así empezaba la conversación imaginaria a una sola banda que mantuve con él más tarde aquella noche, cuando ya estaba sola en mi apartamento. «¡Nunca le contaré nada a nadie! ¡Nada de nada!».

130

No le conté a nadie que metía la mano en el bolsillo trasero de mi pantalón durante las presentaciones literarias, ni que me pedía que durmiera la siesta con él, ni que me gritaba en público, ni que agotaba de tal modo mi paciencia que al final dejaba lo que fuera que estaba haciendo para dedicarle mi tiempo. Y tampoco dije nada de esto:

El sitio web empezó a ofrecer un club de lectura mensual, y durante el primer año, para equilibrar la ratio de género de autores, necesitábamos un libro escrito por una mujer para el mes de noviembre. El fundador de la revista literaria no fue capaz de encontrar ninguno adecuado. La editora literaria principal y yo quisimos demostrar lo fácil que era encontrar y publicar una obra de esas características, puesto que habíamos encontrado y publicado textos de escritoras de todas las edades, razas, orientación sexual y estilo en aquella web diariamente. En un mes hicimos una compilación, y para publicitar esa antología de escritoras, titulada *Rumpus Women, vol. 1 (Mujeres de escándalo)*, el fundador de la revista literaria subió un *post* en un blog con fotos de sí mismo. Tituló el *post* «Cómo sujetar a una mujer de escándalo». y en dos de las fotos sostenía el libro mostrando la cubierta y la contraportada respectivamente, con un pie de foto en aquella en que se apreciaba la cubierta posterior que rezaba: «Cómo sujetar a una mujer de escándalo por detrás». Mi coeditora y yo nos quejamos. Rehízo el *post* con otra foto de sí mismo, ahora con el libro en una mano y un sándwich en la otra, y el título: «¿Mujeres de escándalo o un sándwich de rosbif? Ahora ya no hay necesidad de elegir».

«En ese momento fue cuando dejé de tener ganas de hacer una gira o promocionar el libro —me dijo mi coeditora—. Me preocupaba tener que sufrir todo eso[9] para que nuestro libro pudiera ver la luz, y de hecho así ha sido».

Pero yo me tomé a broma su comentario porque me estaba cociendo lentamente sin protestar. Y porque era demasiado obvio: el *post* del blog de un hombre que promocionaba un libro que daba la palabra a las mujeres y que, al hacerlo, nos arrebataba la nuestra.

Dejé de trabajar para hombres en el ambiente editorial de San Francisco para ir a trabajar para hombres en televisión en Nueva York. Durante seis años trabajé como ayudante de los guionistas de un programa de premios para honrar a comediantes, como reconocimiento a aquellos individuos que han tenido un impacto cultural mediante la sátira y una «perspectiva contundente respecto a la injusticia social y el sinsentido personal». Tras las cámaras, todo el personal de producción era blanco. Los jefes eran ancianos blancos. El supuesto desafío a la hora de cerrar los programas (y eso fue antes del movimiento #MeToo y Black Lives Matter) era encontrar una (1) cómica famosa y un (1) cómico famoso que no fueran de raza blanca. Los venerables ancianos blancos hacían bromas sobre la carga que supone la diversidad, y ser *woke* e inclusivos. La excusa para hacerlas era que resultaba sumamente difícil encontrar posibles candidatos. Pero el dilema formal era querer intentarlo, en televisión y en el mundo editorial (donde las mujeres simplemente no son autoras de lo mejor), y en medicina (donde los cuerpos femeninos no se incluyen en la investigación mé-

131

9. «Eso» significaba el «trato impredecible: un montón de auténtico reconocimiento podía transformarse en un instante en misoginia descarada, desconsideración e incluso humillación. Nunca sabías si tu contribución tendría como resultado una alabanza o una penalización. Y eso era importante, porque estábamos constantemente contribuyendo».

dica, ni en ensayos médicos simplemente porque son demasiado complejos e indescifrables), donde las mujeres y el colectivo BIPOC (negros, indígenas y gente de color, por su acrónimo en inglés) no tiene voz debido tan solo a una elección, no porque no existan o no sean graciosos o no escriban nada o sean indescifrables.

En este trabajo no dije: «No se debe olvidar a ninguna vagina». No dije nada, callé y volví a callar.

«¡Por la violación en las citas!», fue el brindis del productor ejecutivo del programa de premios después de la edición de 2011, demostrando así que detrás de cada ratio injustamente desigual hay un hombre comportándose de forma asquerosa.[10]

Lo conocí en mi primer Séder Pesaj en Nueva York. Era el padre de mi amigo y le dije que me gustaría trabajar para él gratis, que era mi manera de solicitar un empleo.[11]

«¿Dónde está ese coño con orejas?», solía preguntar normalmente para referirse a una mujer, como una broma, puesto que era un «có-

10. A modo de ejemplo, el magacín *New York Review of Books* (cuyo editor tuvo que irse después de que se publicara un artículo de Jian Ghomeshi, acusado por veinte personas de agresión sexual y posteriormente absuelto de los cuatro cargos presentados contra él) «presentaba la mayor desigualdad de género» en 2017 con «un 23,3 % de escritoras», según la memoria anual de VIDA: Women in Literary Arts «VIDA Count».

11. ¿Cómo pide dinero una mujer? No lo hace. Yo creía firmemente en la brecha de género salarial, según la cual el trabajo de una mujer no está remunerado o está mal pagado (las mujeres en 2010 ganaban el 77 % de lo que ganaban los hombres, y una mujer trabajadora pierde de media más de 530 000 dólares durante toda su vida). Darme trabajo era hacerme un favor además de un voto de confianza, sujeto a una evaluación final. El editor me había prometido de palabra unos pagos concretos por ciertos proyectos, pagaderos una vez terminados, después de que se lo recordase y lo comprobase con él, y le persiguiera para que me pagara, y me acuerdo de que me abonó menos de lo acordado, como mínimo una vez, alegando que mi rendimiento había sido peor de lo esperado. Una antigua colega mía me contó su experiencia a la hora de cobrar en una editorial independiente: «Tuve que discutir, suplicar, lisonjear, molestar y amenazar a los directivos para conseguir el cheque que se habían comprometido verbalmente a darme hacía meses. Nuestra oficina encarnaba una vanidad represiva rampante (sobre la santidad de unas prácticas no remuneradas o un puesto mal pagado en una institución laureada que fomenta los privilegios al mismo tiempo que margina a aquellos no tan bien relacionados): si puedes permitirte trabajar gratis o por menos de un salario que te permita vivir, entonces tu sueldo forma parte de nuestra marca; de nada».

mico» que creía que los cómicos pueden y deben hacer monólogos con inmunidad y risas enlatadas (cada vez que lo decía, y eso era muy a menudo, yo era la risa enlatada). También trabajábamos desde su casa, su dormitorio, los dos solos, y él orinaba con la puerta del baño abierta. Era de otra generación, la generación Cuomo, y al igual que el exgobernador Andrew Cuomo, me besaba para decir hola y adiós, y ¿qué habría podido decir yo? «No hagas un brindis de celebración por la violación durante una cita. No beses a las empleadas ni las llames coños. Cierra la puerta mientras estás orinando». Solo que decir eso habría provocado que todas las situaciones fueran incómodas, e incluso aunque ya me sintiera incómoda, era más cómodo no decir nada.

—¿Por qué no nos acostamos? —me dijo otro productor del programa de premios en la fiesta de cumpleaños de un compañero de trabajo en un karaoke con barra libre.

—Pero —empecé a decir— tienes una mujer y un hijo. —Era la excusa más educada que pude ingeniar para rechazarlo sin que se enojase.

—No pasa nada —respondió—, el niño es adoptado. —Se tomó la libertad de amasarme el trasero y luego dijo—: Podrás tener el puesto de redactora que desees. —Se refería a los otros programas de los que también era productor—. Por ejemplo, podrías escribir para Rachel Dratch —propuso.

¿Acaso estaba (aquel compañero de trabajo casado con un niño adoptado) intentando seducirme con promesas de escribir para Rachel Dratch? No se lo pregunté, y no nos acostamos, y no quise saber nada más. Acabé la conversación huyendo en un taxi en lugar de pedir un Uber o un Lyft, puesto que ambas empresas estaban siendo investigadas por miles de informes de agresiones sexuales.

133

En 2017, Rebecca Traister escribió que el movimiento #MeToo no trata (solo) de sexo; aborda la desigualdad de género y en el puesto de trabajo, que «explica por qué las mujeres son vulnerables a sufrir acoso antes incluso de haber sido acosadas».

Aquel hombre gracioso llamado Oscar Wilde en una ocasión dijo: «Todo en el mundo es sobre el sexo, excepto el sexo. El sexo es sobre el poder». La risa, también aprendí (en el programa de premios; en la editorial independiente, que cuenta con un popular sitio de humor; al editar una columna de humor;[12] al hacer improvisaciones),[13] es sobre el poder; es un sonido que denota sorpresa, lo cual es señal de otorgar el control y el estatus a quienquiera que te haga reír o se ríe de ti.

«No recuerdo dónde escuché por primera vez esta simple descripción de un contraste dramático entre géneros, pero es llamativamente exacto: en lo más profundo, los hombres tienen miedo de que las mujeres se rían de ellos, mientras que las mujeres tienen miedo de que los hombres las maten», escribe el autor Gavin de Becker en *El valor del miedo*, número uno en *best sellers* nacionales. Quizá leyó la sencilla descripción de Margaret Atwood (que él sintetizó y popularizó, sin reconocer el mérito de su autora), que lo dijo antes que él en su colección de ensayos *Second Words: Selected Critical Prose (Segundas palabras: prosa crítica seleccionada)*:

—¿Por qué los hombres se sienten amenazados por las mujeres?
—le pregunté a un amigo mío…

12. Empecé con aquella columna tras haber presentado un texto humorístico como propuesta y ser rechazada (me refiero a la propuesta), una y otra vez, y en lugar de tomármelo como algo personal decidí hacer un recuento de las contribuciones femeninas a las publicaciones de humor y encontré una ratio de 1:4, en el mejor de los casos. Me puse a contar dentro de mi tradición de acumular pruebas que evidenciaban el sexismo sistémico como causa primordial del fracaso personal.

13. En 2012 me gradué en el Upright Citizens Brigade Improvisational and Sketch Comedy Training Center (un centro de formación de comedia *sketch* y de improvisación), el único acreditado en el país. La filosofía básica de «Sí, y» sería una práctica utópica si no fuera porque la *impro* atrae a tantos agresores. El UCBT, que es como se conoce a la sala coloquialmente, produjo un puñado de presuntos bichos raros y fue denunciado por uno en agosto de 2016. Después de que varias mujeres acusaran a Aaron Glaser de violación (algo que él negó), el UCBT le investigó y expulsó, a lo que él reaccionó demandando al UCBT por discriminación de género (demandó al lugar en el que había conocido a sus acusadoras para protegerse de otras potenciales). Con anterioridad, la cómica Jasmine Pierce llamó a Glaser violador en las redes sociales y él la demandó por «difamación» (un expolicía me dio un consejo: no acuses a nadie en las redes sociales porque te pueden demandar por difamación; acusa a los agresores como toca, esto es, lamentablemente, con un informe policial). Glaser retiró su demanda de 38 millones de dólares contra Pierce y un juez del distrito federal desestimó el caso contra UCBT. Pocos años más tarde, el centro de formación y sala de teatro de Nueva York cerró sus puertas.

—Tienen miedo de que se rían de ellos —respondió...

Luego pregunté a algunas estudiantes femeninas en un breve seminario de poesía que dirigía:

—¿Por qué las mujeres se sienten amenazadas por los hombres?

—Tienen miedo de que las maten —respondieron.[14]

Si los hombres tienen miedo de que las mujeres se rían de ellos, eso quiere decir que, ya sea de forma consciente o no, los hombres tienen miedo de lo que las mujeres puedan expresar, si es que encuentran la voz para hacerlo (como si la expresión de una mujer fuera algo violento y debiera ser confrontada con violencia, si es que se usa contra un hombre). Quizá, como Sansón en el Viejo Testamento, cuya fuerza dependía de su cabellera, que cortó su amante, Dalila, la fuerza de la mujer se encuentra en su risa, su voz, y esa es la razón por la que los hombres (ya sean empleados o jefes) intentan reprimirla.

135

14. La dicotomía ha tomado la forma de una coletilla cultural no oficial con varias versiones:

– Las mujeres tienen miedo de ser violadas; los hombres temen que las mujeres los denuncien por violación y desprecien sus buenas intenciones.

– Las mujeres tienen miedo de los hombres, y los hombres de la «irracionalidad de las mujeres».

– Las mujeres tienen miedo de la explotación y los hombres de la humillación.

– Los hombres tienen miedo de que los acusen de agresión sexual y las mujeres de ser agredidas sexualmente.

(Mi consejo, aunque no solicitado, para los hombres que no quieren ser acusados de agresión sexual: no violen a nadie).

8

La televisión imprescindible de las chicas muertas

*U*no de los recuerdos favoritos de mi infancia es ver a Kelly Taylor en *Sensación de vivir* confesar en el episodio de la fiesta de pijamas que su primera vez fue en una cita durante la cual la violaron. Tras mis ojos, que se habían convertido en espirales, se estaba sembrando la semilla de ideas tales como que las mujeres pierden su virginidad en citas donde las violan, y que las damiselas deben encontrarse en apuros para que su vida tenga sentido, y que una mujer violada es algo inevitable, y que la agresión es la novela de aprendizaje de una chica, su derecho de nacimiento, su rito de iniciación y su trágico error.[1]

Sentía por la televisión lo mismo que los tontos sienten respecto al amor (y yo sentía respecto al amor lo que debían sentir los que no tenían televisión hacia ella, esto es, que se trata de una enorme pérdida de tiempo y de energía, además de un elemento de adoctrinamiento). «¿Perderá su virginidad Joey Potter / Felicity Porter con Dawson o Pacey / Ben o Noel (respectivamente)?» era lo más importante para mí, más que mi propia virginidad o pensar que la televisión era un medio de comunicación de masas de socialización pedagógica o hipnosis comunitaria.

Es bien sabido que Joan Didion admitió que no quería ser escritora. «Quería ser actriz. No me di cuenta de que el impulso es el mismo. Es fingir. Es una interpretación. La única diferencia es que con la escritura puedo hacerlo sola».

---

1. Puesto que sabía que iba a ser violada, planeé cómo defenderme: mentir y decir que tenía sida, o hacerme pis encima del violador.

137

Estaba tan sedienta de fama como cualquier otro *millennial* y pensé que tal vez también querría ser actriz.

Aunque mi currículum en el mundo de la actuación estaba en blanco (con excepción de los *Monólogos de la vagina* y mis representaciones en el dormitorio), había acumulado más horas de visionado que ninguna otra persona que pudiera conocer y se me ofrecieron dos papeles basados en mi personalidad.

Primero actué en *30 Rock*, en el episodio ocho de la séptima temporada, «My Whole Life Is Thunder» («Toda mi vida es una tempestad»), cuando Liz Lemon, interpretada por la creadora de la serie Tina Fey, es homenajeada como una de «las 80 por debajo de 80» en las redes sociales, y mi papel era el de «acomodadora». Entregaba a Lemon y a su acompañante Jenna Maroney los programas del evento cuando hacían entrada; luego me quedaba de pie en la parte posterior de la sala de baile el resto del tiempo. En una escena eliminada, al salir Jenna disparada de la sala cuando un cambio en la iluminación revela su edad, lanzo los programas al aire mientras me aparté de un salto de su camino, de forma improvisada. Las quince horas de filmación fueron perfectas; no tenía que decir ninguna frase, y gané 115 dólares y dos comidas.

Luego actué en la «película metamoderna» *The Comedy (La comedia)*, de 2012, que tuvo como protagonista al actor Tim Heidecker de *Tim and Eric* y como coprotagonista al actor Eric Wareheim de *Tim and Eric*. Hacía de «chica *hipster*» llevando mi propia ropa, y salía en la escena de la fiesta, donde los personajes y los actores que los representaban estaban intoxicados de alcohol y drogas recreativas.

Ambas experiencias, al igual que los escenarios, fueron antitéticas (el plató de televisión estaba en Queens, dentro de un sensiblero recinto para eventos que parecía una discoteca en el interior de un museo de lámparas de araña desde el punto de vista de un estudio de retratos Sears; el escenario de la película era una fiesta en un almacén, dentro del apartamento tipo *loft* de una persona real de Brooklyn). En *The Comedy*, el director dijo a las chicas y a los chicos *hipster* que bailaran aunque no hubiera música (se añade en la posproducción) y que simularan estar manteniendo una conversación. «Haced mímica como si estuvierais hablando, escuchando y comprendiendo», nos dijeron mientras nos balanceábamos al ritmo de la música en nuestra mente y fingíamos reírnos de los chistes no verbales de los demás y hablábamos únicamente con el lenguaje corporal.

«¡Quiero bailar con una chica!», era una de las frases de un actor. Los actores secundarios teníamos que reaccionar y responder a todo lo sucediera a nuestro alrededor, como en la vida, de modo que me acerqué sigilosamente al actor (también soy bailarina secundaria *amateur*), el cual me gritó: «HE DICHO UNA CHICA», y después salió a bailar con otra persona: una chica.

Me sentí ofendida fingidamente, pero también en la realidad. Añadí aquello a la historia personal de mi personaje,[2] confiriendo de ese modo a la «chica *hipster*» un complejo de identidad de género, además de ira reprimida y miedo escénico. No me pagaron nada.

La serie de televisión había sido creada por una mujer, dirigida por una mujer, escrita en colaboración con una mujer y protagonizada también por una mujer, y la película estaba dirigida por un hombre, escrita por tres hombres y protagonizada por muchos hombres. Este último caso es lo más habitual. En televisión, cine y programas digitales, las mujeres constituyen menos de un tercio de los creadores, directores, guionistas, productores ejecutivos, montadores y cinematógrafos, aunque hay toneladas de programas que no cuentan con una sola mujer entre su personal. De las doscientas cincuenta películas más taquilleras de los últimos veinticuatro años, menos de una cuarta parte de todos los directores, guionistas, productores, productores ejecutivos, montadores y cinematógrafos eran mujeres. Y aunque las personas procedentes de grupos con escasa representación constituyen el 42,2 % de la población de Estados Unidos, destaca su práctica inexistencia como creadores, directores, guionistas y ejecutivos.

Desde el arte rupestre, los hombres han sido los principales legisladores de la narrativa, los guardianes del significado y los ejecutores de lo que vemos y oímos.[3] Como persona adicta a la televisión, yo veía con

139

2. En mi mente «la acomodadora» era una emprendedora tecnológica que se abría camino en una industria dominada por los hombres, aunque estancada en el pluriempleo repartiendo programas. La «chica *hipster*» era una artista cuya creatividad estaba bloqueada y solo quería bailar porque había llegado al techo de cristal en su trabajo.

3. Bueno, en realidad, durante mucho tiempo formó parte del dogma arqueológico que los hombres eran los autores de las pinturas en las cuevas, pero se ha des-

ojos masculinos, oía con orejas masculinas, sentía a través del tacto masculino, percibía desde el punto de vista masculino y empleaba el lenguaje masculino, de modo que la mayoría de las cosas que comprendía de mí misma, mi cuerpo, la historia y el futuro se había originado en la mente de un hombre, y mis propios sentidos habían perdido su autoridad.

Los hombres creaban, dirigían, y redactaban los personajes femeninos según «su» propia imagen ideal de las mujeres. Todos los días encendía la televisión para que me diera calor, y veía a hombres en el papel de héroes y mujeres en el de…, bueno, ¿de qué? Eso dependía de los hombres. Solía tratarse de papeles sin futuro: mujer objeto ingenua, que parecía más pequeña de lo que era, muñeca sexual con un corazón y una boca que eran solo una fachada, y mujer y madre (las mujeres representan el milagro del nacimiento media docena de veces si son mínimamente buenas en feminidad). Fuera cual fuese su papel, una mujer servía como espejo distorsionado para el hombre, devolviéndole un reflejo que le mostraba con el doble de su tamaño real (las mujeres también parafraseaban a Virginia Woolf).

Cuando hablaban, si es que llegaban a decir algo, las mujeres solo tenían un tema de conversación: «Hombres, hombres hombres hombres (hombres hombres). ¿Hombres? Hombres hombres: hombres hombres hombres…, hombres hombres. Hombres hombres hombres, ¡hombres, hombres (hombres hombres)! Hombres…».[4]

A juzgar por lo que salía en pantalla, aparentemente las mujeres blancas constituían menos del 33 % de la población de Estados Unidos, y debía de haber más o menos cinco personas que fueran mujeres negras, racializadas y LGTBIQA+ en todo el planeta. Los ubicuos hombres blancos manejaban el mundo y cosificaban[5] a las mujeres por deporte.

---

cubierto que en su mayoría las hicieron las mujeres. En 2013 la evidencia arqueológica demostró que el 75 % de las huellas de manos más antiguas correspondían a manos femeninas.

4. Un análisis de la BBC que incluía las cintas ganadoras del premio a la mejor película de la Academia desde 1929 a 2019 reveló que más de la mitad no pasaban el Test de Bechdel.

5. La filósofa Martha Nussbaum ha desglosado los siete crueles elementos de la cosificación: la instrumentalización (explotación de un ser humano por su utilidad), negación de autonomía (despojar a un ser humano de la libertad de elección), inmovilidad (privar a un ser humano de la capacidad de actuar), violabilidad (negar

A diferencia de los hombres, una mujer se cosificaba a sí misma, puesto que la apariencia era su principal preocupación y propósito sobre la tierra.

Si una mujer en pantalla no era una esposa o una novia que había olvidado su propia personalidad mientras se ofrecía voluntaria para ser el alma de un hombre para su amado, entonces sus días de soltera no tenían sentido y eran una maldición, especialmente en los festivos nacionales (si ella se atreviera a afirmar lo contrario, estaría mintiendo). Una mujer sin hijos era infeliz y no tenía un propósito en la vida, y sus decisiones avivaban el debate público sobre la razón por la que deshonraba la bandera de Estados Unidos de ese modo, por Dios.

En el currículum de cualquier heroína destacan como habilidades especiales la pasividad, la indefensión, funcionar como un adorno, ser etérea, receptiva y estar afectada por emociones incontroladas extremas. Las «tareas domésticas» cumplen la función de «experiencia previa», puesto que una heroína tiene la servidumbre en su corazón y no podría mantener una conversación ni cargar con ninguna otra cosa que no fuera una escoba, un bebé o todos los deseos de los hombres.

Y así, tal como pude comprobar en la televisión y en la puesta en escena de *The Comedy*, a la mirada[6] y el oído masculinos les gusta un tipo concreto: las mujeres que se hallan dentro del rango de la hermosura evidente a la misteriosa, de la delgadez a la delgadez extrema, del tono más pálido al bronceado. Las mujeres se quedaban en la infan-

141

---

los límites de un ser humano), fungibilidad (considerar que un ser humano es reemplazable e intercambiable con cualquier otro), propiedad (manejar a un ser humano como si fuera una propiedad que se puede reclamar, comprar, vender, dar, tomar, y con la que se puede comerciar y traficar), la negación de la subjetividad (neutralizar el mundo interior de un ser humano hasta que quede vacío de experiencias vividas, sensibilidad, deseos, preferencias, razón). Básicamente, la cosificación es una despersonalización total hasta que el físico de una mujer eclipsa todo lo demás (como, por ejemplo, su espíritu, bienestar, expresión artística y capacidad discursiva y de pensamiento).

6. La teoría de la mirada masculina se basa en la perspectiva y en la presentación: cómo vemos las cosas y cómo nos ven. En los medios vemos a las mujeres desde el punto aventajado de un hombre heterosexual y como el objeto de su deseo. La teoría de la mirada masculina es la razón por la que muchas mujeres se odian a sí mismas.

cia y pecaban al crecer; llegaban al ocho o más en una escala de diez, y cualquier mujer por debajo de ese nivel debería hacer el favor de intentar ahogarse. Y todas pasaban mucho frío porque no se les permitía llevar pantalones.

Incluso cuando les tocaba el turno a los programas con protagonistas femeninas, centrados y enfocados en mujeres, las heroínas recibían su voz, su vida, así como camisetas escotadas de tirantes, de hombres que nunca habían escuchado los pensamientos de una mujer. Los lunes eran para *Sensación de vivir* y *Melrose Place* de Aaron Spelling y *Ally McBeal* de David E. Kelley. Los martes para *Buffy cazavampiros* de Joss Whedon, *Dawson crece* de Kevin Williamson y *Felicity* de J. J. Abrams (más adelante los domingos serían para *Alias* de J. J. Abrams). Los miércoles era día de descanso.

La cita imprescindible de la televisión era los jueves con *Friends* de David Crane y Marta Kauffman, *Seinfeld* de Larry David y Jerry Seinfeld y *Urgencias* de Michael Crichton. El sábado por la noche estaba reservado para *Saturday Night Live* de Lorne Michaels y el domingo para *Sexo en Nueva York* de Darren Star. Todas las mujeres, por muy fuertes y por muy destacado que fuera su papel, eran sexis, de pequeño tamaño, jóvenes, femeninas, aparecían casi desnudas, y las chicas malas guais se parecían mucho a los hombres en un cuerpo de mujer.[7]

Consideraba la pantalla como la Verdad. Se suponía que eso era lo que debía hacer, de acuerdo con la teoría del cultivo: un marco social y de las comunicaciones que afirma que cuantas más horas pasamos/malgastamos «viviendo» en la televisión o el mundo de las pantallas, más probable es que los mensajes televisivos tengan derechos sobre

---

7. Sobre las «protagonistas fuertes femeninas», la actriz y cineasta Brit Marling afirma en uno de sus escritos para el *New York Times*: «Me di cuenta de la gran especificidad de las cualidades [de una protagonista fuerte femenina]: destreza física, objetivos lineales, racionalidad enfocada; es decir, modalidades masculinas de poder». Porque es posible que a una mujer se la vea si actúa como un hombre, y que se la oiga si habla como tal.

nuestros pensamientos y les den forma, los extiendan; y la delgada línea entre vida/arte, sirope de maíz / sangre, ella/yo se nos antoja tan delgada que se difumina hasta perderse.[8] Tal y como Rebecca Solnit lo expresa: «El elefante en la habitación es la misma habitación».

«Eso pasó en la tele» se convierte en «eso me pasó a mí», según la teoría de la «subrogación de la pantalla» de Laura Mulvey: me vi a mí misma en los personajes que me obsesionaban y con los que me identificaba, en los cuales me proyectaba, y a los cuales posteriormente imitaba, de forma o no deliberada. Y puesto que los hombres conciben e inmortalizan ciertos relatos, nos empujan a su versión de cómo funcionan las cosas, por lo que emergen las interpretaciones e imitaciones más extrañas y con menos margen de movimiento. Cuando veía la tele, lo que fuera, alzaba la vista a la pantalla y luego la bajaba. «No es un templo». Incluso cuando desconectaba, resurgía mi ego, y veía simultáneamente la escena ante mí y a mí misma en ella. Yo hacía la escena mía. Como si estuviera allí y Angel al besar a Buffy aterrizara en mi lengua. O más bien como si quisiera ser Buffy, una cazavampiros que pierde su virginidad con un hombre que se convierte en un monstruo. O mejor dicho, como si quisiera escanear el cuerpo de Buffy en busca de imperfecciones donde yo tenía imperfecciones: la parte superior de los brazos, la barriga, los muslos, las pantorrillas, los tobillos;[9] celulitis, estrías, palidez, acné. Y creía que de ese modo me conocería a mí misma, al compararme y juzgarme a mí misma.

8. Algunas pruebas de que lo que pasa en pantalla interfiere en todo lo que le rodea: las acciones de la empresa matriz de Crockpot se desplomaron después de que una olla Crockpot defectuosa ficticia provocara un incendio que asesinó a uno de los protagonistas de *This Is Us*. Las acciones de Peloton también cayeron cuando el personaje de Mr. Big en la nueva versión de *Sexo en Nueva York* titulada *And Just Like That...* murió de un ataque al corazón instantes después de una sesión deportiva con uno de sus productos. Aún más siniestro es el caso de la línea de ayuda telefónica para inmigrantes detenidos que aparece en la última temporada de *Orange Is the New Black*, clausurada en la vida real después de emitida la serie.

9. Esas críticas ocurrieron en mi infancia, y no me fueron bien. Era la clase de chica que podía ser el humillante objetivo de una apuesta. Mi padre me llamó en una ocasión «piernas de elefante» y una de mis mejores amigas en secundaria me llamó «piernas de pizza» (mi piel es tan pálida que pecas, lunares, venas, moratones y cortes destacan como si fueran ingredientes dispuestos sobre la *mozzarella*), y no he vuelto a ponerme pantalones cortos ni bañador desde séptimo porque con «una vez» era suficiente.

Ese es el filo dentado del ciclo vicioso. Las personas que me sustituían en la pantalla eran sexis y perfectas, además de fenomenales en la cama y damas en la calle, por lo que necesitaba desesperadamente ser una sexi-perfecta-fenomenal-dama. Porque las chicas que crecen con la mirada masculina rociada en su retina se convierten en mujeres creadas según esa imagen. Porque la realidad de los ojos y los oídos blancos masculinos es nuestra realidad.

A los doce años sabía exactamente quién debía ser, y cuando America Online en los años noventa me pidió que creara un nombre de usuario, advirtiendo que un «nombre de usuario creativo es tu herramienta para labrarte una identidad única», escribí «VictSectAngl» (o alguna abreviatura similar de «Victoria's Secret Angel» hasta que conseguí un nombre de usuario que no hubiera sido ya elegido, dado que legiones de nosotras queríamos llamarnos así).

El sonido del módem marcando y conectándose activó mi primer ciclo menstrual, y al mirar fijamente la pantalla del ordenador de tamaño televisor lo que veía era un bien inmueble, para construir una segunda vida y habitar en otro yo mejor y más sexi, confabular con las dinámicas de poder y hacer realidad un yo de fantasía que era en realidad la fantasía de otro. Creé dos nombres más de usuario: KandiAppls y FemBot00, falsificándome en el proceso mercenario de coreografiar una presencia en internet y comisariándome para el amor.

Para mis perfiles, me inventé, me edité y me mejoré a mí misma, preguntándome: «Qué aspectos de mí debería proyectar, exagerar u ocultar? ¿AOL reaccionará? ¿A qué exactamente?», hasta que volví a nacer. Era mi versión de un deporte. «VictSectAngl» estaba embellecida y equipada con accesorios: era precoz pero madura, inocente e iluminada, independiente pero no solitaria, fuerte pero dulce, pura pero flexible, nunca agresiva o maliciosa o mandona. «Ella» era un cúmulo de capas de persona desplegadas en una identidad como cuando crea una misma su osito de peluche en la cadena comercial Build-a-Bear, alguien que a veces se me parecía únicamente en la cantidad de piernas. Me ponía una mascarilla contra el acné, me quitaba con pinzas los pelos de las piernas que habían quedado solitarios tras afeitármelas, pero escribía como una mujer que no necesitaba ponerse ni hacer nada de eso. Mi yo más sexi y mejor vivía en internet, como vecina de los otros yoes mejores de todas las demás chicas (incluso había llegado a desear poder hacer un *casting* para buscar otra persona que

144

pudiera representarme mejor de lo que yo podía representarme a mí misma). Lo siento, pero ¿debería haber mostrado mi verdadero yo a partir de la materia prima con la que tenía que trabajar? O sea, ¿a partir de la nada?

Más adelante, en el instituto, me ponía una alarma a las 4.20 de la mañana, tres horas antes de la que sonaba a las 7.20, para convertirme en una adolescente de dieciséis años sexi y perfecta.

Mi rutina:

- Ducharme y rasurarme para estar más escurridiza que una foca.
- Lavarme el pelo, secarlo con secador, alisarlo, después rizar mis cabellos largos castaños rizados por naturaleza y rociarlos hasta que quedarán en estado sólido.
- Siesta.
- Aplicar maquillaje de payaso.
- Ponerme lentillas incompatibles con mis ojos, demasiado secos.
- Embutirme en un modelito distinto con tacones altos cada día.

(Ahora que tengo más de treinta me pongo rímel antes de ir a la clase de defensa personal, ¿lo cual acaso no representa en toda regla el patriarcado?).

Todo aquello entraba dentro de un acto de adoración y propiciación al deseo masculino, a amarme en términos masculinos.

Incluso el decimocuarto dalái lama cree en el deseo masculino. Dijo que su sucesor podría ser una mujer porque las «féminas biológicamente cuentan con un mayor potencial para demostrar afecto... y compasión», pero aclaró que «debería tener un rostro muy muy atractivo». Y añadió: «De lo contrario no servirá de mucho» (cuatro años después pidió disculpas por aquel comentario, y de ese modo volvió a darle visibilidad).

Yo sabía lo mismo que el dalái lama, que mi cara tenía que ser muy muy atractiva, de lo contrario no iba a servir de mucho. Lo sabía porque la cosificación promovida desde los gobiernos de las chicas y las mujeres es tan imperante que nos cosificamos a nosotras mismas: nos percibimos únicamente como cuerpos, que caen en la nada si no son deseables y deseados (la Asociación Americana de Psicología llama a la cosificación de uno mismo «epidemia nacional», una enfermedad vinculada a la depresión y a un menor funcionamiento cognitivo en las chicas, que provoca una caída hasta el fondo de la autoestima, psicosis de la imagen corporal, problemas de malnutrición, cirugía estética[10] y autolesiones; un debilitamiento radical del yo y un suicidio del espíritu que nos hace ser críticas respecto a nuestro aspecto y todas nuestras acciones, palabras y pensamientos).

«Si [las mujeres] pasaran una décima parte del tiempo pensando en los problemas del mundo de la que pasan rumiando sobre su peso, creo que habríamos resuelto todos los problemas en cuestión de meses», dice Susan Molinari, quien fuera miembro de la Cámara de Representantes de Estados Unidos, en el documental de 2011 *Miss Representation*. Recuerdo que mientras veía a Hillary Clinton durante el discurso de aceptación de la derrota en 2016, antes de que rompiera a llorar, antes de sentirme galvanizada, antes de que dijera: «Para todas las niñas que nos están viendo… Nunca dudéis de que sois valiosas y poderosas, y que merecéis todas las oportunidades del mundo», pensé: «Este es sin lugar a dudas su mejor *look*. El lila es tan favorecedor». ¿Por qué no había desaparecido ese esquema mental mío? Ese según el cual lo primero que calibra una mujer sobre ella misma u otra mujer es el peso y la apariencia y «¿Me gusta lo que lleva puesto? ¿Cuál es mi opinión sobre eso?». La mentalidad donde las primeras palabras que salen de la boca de una mujer dirigidas hacia otra mujer (en nueve de cada diez ocasiones) son relativas a su aspecto. ¿De qué otra cosa podríamos hablar? ¿De la revolución?

Internet mantiene viva esa mentalidad al facilitar más que nunca la autocosificación. Ahora puedo comparar mi rostro y mi peso con las atractivas caras y el peso de mis amigas, y de las nuevas amigas de mis ex, cuyos nombres evocan la agilidad y la delgadez. «¿Esas mujeres?». Pienso en las delgadas y cimbreñas. «¿Esas mujeres a las que amas en vez de a mí?». Decido que mis ex aman / se casarán con otras personas al fotografiarse con ellas. «¿Esas mujeres que pueden lucir pantalones cortos? ¿Esas mujeres creadas a partir de la misma mate-

10. Como las tendencias de «dismorfofobia de Snapchat» y «dismorfofobia de Zoom» por las cuales algunas mujeres, que prefieren mutilarse a ser ellas mismas, recurren a la cirugía plástica para operarse los ojos (más grandes), los labios (más carnosos) y los labios vaginales (más pequeños), más preocupadas por ambos pares de labios que por su voz (los labios vaginales es la zona de la vagina donde se producen los fuegos artificiales, y reducirlos implica una disminución del placer, que ya de por sí escasea).

ria que el universo y que yo, la misma luz, que también son especiales, cada una de ellas, pero que están arruinando mi maldita vida al vivir la suya?».

«¿Qué es el odio hacia uno mismo?», inquirió el decimocuarto dalái lama obsesionado con las caras cuando le preguntaron cómo se enfrenta al «autodesprecio». Cualquier mujer estadounidense podría ofrecer al momento esquemas, PowerPoints y dioramas al respecto. Yo me odiaba a mí misma y a las demás mujeres en la misma medida que el mundo nos odiaba a nosotras, porque cuando ese odio está en el ambiente, cualquiera puede acceder a él, y luego perpetuarlo, hasta conseguir que las mujeres sean masoquistas misóginas con masculinidad tóxica. El patriarcado casi no necesita siquiera de los hombres (HE DICHO CASI).[11]

La televisión y yo hicimos un paréntesis cuando estaba en la universidad y vivía en San Francisco. Pero cuando me mudé a Nueva York y me instalé sola me suscribí a Netflix. Elegí mi plan: 7,99 dólares mensuales a cambio de ilimitados programas televisivos y películas disponibles al instante, y una aproximación neuronal a la anestesia, a la sensación de café y nanas, del amor de un buen hombre, de mujeres ultrajadas y chicas muertas, de lo que los taoístas llaman las «diez mil cosas» destiladas y condensadas en ancho de banda puro. Podía cancelar la suscripción en cualquier momento, pero nunca jamás lo haría.

Todas las series y películas que me había perdido estaban ahora a mi disposición. Podía volver a mis raíces, a las mujeres en la pantalla que eran violadas durante una cita y mucho más.

Había mucho donde elegir. Estaba Charlotte King en la serie derivada de *Anatomía de Grey*, *Private Practice*, a la que viola un paciente mental contra el que se niega a presentar cargos; Joan Holloway en

11. Gracias a Dios mi pubertad es anterior a Instagram, previa a los tiempos en que difundir la imagen propia se convirtió en algo monetizable, y en que empezamos a reducirnos a selfis con filtros y pies de foto en la versión más superficial de «no decir, sino mostrar». En la prepubertad no habría podido saber que la «mujer indeseable», junto con la «zorra loca psicótica», es una ficción de valor económico incalculable que lo exige todo de la mujer, y nada a los hombres que la miran, evalúan y obtienen dinero gracias a ella.

Mad Men, violada por su prometido; Julia Wicker en *The Magicians*, violada por un dios al que convoca para curar el cáncer de su amigo; Buffy cazavampiros, a la que casi viola un vampiro sin alma. Al acabar de visionar cada una de esas series, se deslizaban por los créditos cientos de nombres de hombres (y después montones de nominaciones a premios), y yo necesitaba una ducha.

Durante milenios, genios masculinos nos han mostrado cómo vivir a través del arte, y ¿qué es lo que sabemos? Que nos gusta ver mujeres encadenadas a una pared.[12] Que disfrutamos los montajes en los que las mujeres se convierten por sí mismas en presas aún mejores. Que queremos ver expuestos los pechos y las entrañas de los personajes femeninos, sus cuerpos invadidos, profanados y descuartizados mientras se las acosa, secuestra, abusa, mutila, deja morir de hambre, destripa y se las corta con un hacha ante nosotros en nuestras pantallas, en todas, grandes y pequeñas, en todas las casas y en las cintas de correr equipadas con televisor. Que estamos limitados a un género que transmuta perfectamente los objetos sexuales en sacos de carne adornados, sin voz, ya que podemos vivir sin ella. Que las mujeres liberadas de su humanidad constituyen entretenimiento. Que no es suficiente con un trauma. Que incluso las chicas muertas son susceptibles de violación. Que las mujeres fueron creadas solo para que podamos ver cómo sangran. Que esas mujeres (la traumatizada, la chica muerta, la zorra loca psicótica, la mujer histérica, el objeto de interés romántico silencioso) son las mujeres con las que sueñan los hombres.

Es «arte» cuando son sobre todo hombres (que no han tenido que soportar tales experiencias) quienes escriben, dirigen, producen y montan escenas de extrema violencia contra las mujeres en una sesión tras otra de karaoke del dolor.[13] Es «entretenimiento» cuando la vida legendaria de algunas mujeres es transformada como recurso narrativo en algo silencioso o trágico. La violencia basada en el género a menudo desata la trama y aviva el diálogo, proporcionando a

12. «El motivo de guion por excelencia de los que he leído es una mujer encadenada a una pared. Es casi algo indispensable en estos tiempos», dijo la directora Karyn Kusama en 2015.

13. Las películas *Cisne negro*, *Réquiem por un sueño* y *Mother!* muestran violencia contra las mujeres y todas están dirigidas por el «autor» Darren Aronofsky.

los personajes masculinos algo de lo que hablar que hace que todo el mundo los escuche. Como la violación y el asesinato de Laura Palmer en *Twin Peaks* (creada por Mark Frost y David Lynch, y protagonizada por Kyle MacLachlan como Dale Cooper, el bombón y agente especial del FBI).[14] La agresión es además un mecanismo de construcción del personaje. Para un personaje masculino, vengar a una mujer ultrajada cataliza la metamorfosis del caballero oscuro en príncipe azul, y el cuerpo de una mujer impulsa el viaje de su héroe, como en *True Detective* (creada por Nic Pizzolatto), en sus temporadas 1 y 2. Para un personaje femenino, la agresión es el comienzo de su transfiguración, y su dolor se romantiza, y su no deseado trauma queda así neutralizado. «Eres más santa y más grande gracias al sufrimiento que has tenido que soportar», le dice Mr. Bates a Anna (en *Downton Abbey*, creada por Julian Fellowes), cuando ella admite haber sido violada por un criado (lloré al escuchar la siguiente frase: «Nunca he estado más orgulloso de ti, ni te he querido más de lo que te quiero en este momento»). La agresión también da fortaleza a los personajes femeninos y es el medio que tiene una mujer para definirse a sí misma. La espía rusa y asesina Elizabeth Jennings en *The Americans* (creada por Joe Weisberg) fue violada cuando era una adolescente por su entrenador soviético, y Claire Underwood en *House of Cards* (creada por Beau Willimon) sufrió una violación en la universidad y se convierte en presidenta de Estados Unidos. Y la agresión explica por qué un personaje femenino llega a ser detective: Robin Griffin en *Top of the Lake*, que resuelve un caso de estupro en grupo, sufrió una violación colectiva en la noche del baile de graduación; la detective Olivia Benson en *Ley y orden: unidad de víctimas especiales* fue violada de niña; la detective privada Veronica Mars resuelve ella misma el caso de su violación; la investigadora privada y superheroína Jessica Jones fue violada repetidamente cuando era prisionera sometida a control mental.

149

14. Eso fue la espoleta que dio inicio al género «chica muerta», una categoría de televisión que la autora Alice Bolin describe en su colección de ensayos *Dead Girls: Essays on Surviving an American Obsession (Chicas muertas: sobre la supervivencia a una obsesión americana)*, que continuó con *Veronica Mars*, *The Killing*, *Pequeñas mentirosas*, *Top of the Lake*, *True Detective*, *Cómo defender a un asesino* y *The Night Of*, la mitad de ellas creadas por mujeres.

Alguien, en algún momento, sugirió que estoy exagerando una orgía de violaciones. Jajajajaja. ¿Qué más hay? ¿Los incontables pódcasts sobre crímenes reales, además de documentales y docuseries sobre chicas muertas que no pueden contarte lo que les pasó?

Incluso los contenidos que en su presentación preliminar no incluían mujeres violadas, chicas asesinadas o adolescentes secuestradas en última instancia mostraban escenas de uno de los tres casos y a veces todos ellos. Casi me echo a reír (HE DICHO CASI). Olviden el final feliz: la sociedad estadounidense ansía que su entretenimiento comience con una furcia asesinada.

«Una de cada ocho películas con distribución comercial en 1983 mostraba actos de violencia contra mujeres —según el *New York Times*—, un incremento considerable desde 1982, cuando la proporción era de una de cada veinte». En 1989 la periodista Susan Faludi señaló en *Reacción: la guerra no declarada contra la mujer moderna* que todas las mujeres nominadas a un premio a la mejor actriz de la Academia representaba a una víctima, excepto una. En 2016, la mitad de las ocho cintas nominadas al premio a la mejor película mostraba o hacía referencia a una violación. En 2017 un presunto acosador sexual ganó el premio al mejor actor.[15] En 2019 el violador de una niña declarado culpable Roman Polanski recibió el Gran Premio del Jurado del Festival Internacional de Venecia por una película sobre el acoso sufrido por un hombre sentenciado erróneamente.

«En realidad no participo en películas ambientadas en la época actual porque los personajes femeninos casi siempre son víctimas de una violación», declaró Keira Knightley para *Variety* en un artículo sobre ella que comienza así: «Keira Knightley dice lo que piensa».[16] Una búsqueda en IMDb con la palabra clave «violación» arroja 6904 títulos, desde favoritas de culto a programas malos de televisión, pasando por las ganadoras de premios de prestigio en las que todo el mundo está pensando o de las que puede dejar de hablar. Si hiciera una maratón de *Juego de Tronos*, podría ver hasta cincuenta actos de violación,

15. Las demandas se resolvieron fuera de los tribunales.

16. Knightley también admitió que eso está cambiando: «De pronto me están enviando guiones con personajes femeninos actuales que no sufren abusos en las primeras cinco páginas y no hacen aparición simplemente para representar a la novia o esposa amorosa».

según un análisis estadístico. «Bromeo, perversamente —escribió la crítica Sonia Saraiya en *Salon* en 2015—, al decir que la denominación de mi trabajo ha pasado de crítica de televisión a "corresponsal superior de violaciones"».

¿Qué pasa cuando la subyugación y el sufrimiento de las mujeres es aquello de lo que nos gusta darnos un atracón? ¿Cuando nos pasamos la vida viendo y citando a Quentin Tarantino y Woody Allen entre otros para congraciarnos con chicos que nos dejan ver cómo juegan *Mario Kart*?

Cuando Brit Marling se mudó a Los Ángeles para actuar, tal como relata en *Times*, de día huía «de los hombres con motosierras en las salas de las audiciones» y de noche «del hombre con el que compartía la cama», y enlaza ambas escenas con las estadísticas de feminicidio y de violaciones («una de cada cuatro mujeres estadounidenses ha sido víctima de una violación»). «Nuestras narrativas nos dicen que las mujeres son objetos, y los objetos son desechables, de modo que siempre se nos cosifica y a menudo se deshacen de nosotras».

Como mujer cosificada, la delgada línea se volvió aún más fina cuando me puse enferma. Una noche salí del baño sudando después de soltar todo lo que mi cuerpo tenía dentro, y estaba a punto de llamar a emergencias al ver que los fantasmas del apartamento empezaban a emerger de las paredes; sin embargo, primero me duché y me rasuré las piernas y las axilas, y ejecuté los doce pasos de la rutina de cuidados para la piel mientras me sentía morir, para poder morir bella.

Al final no llamé al número de emergencias ni me morí esa noche. Pero muchas noches creí que me moriría, y entonces escribía y enviaba *emails* a god@gmail.com y mentalmente hacía un borrador de mi obituario:

> Elissa, edad treinta y tantos, semidevota hija de padres,
> autora de muchos gritos de ayuda, será solemnemente
> echada de menos por Verizon, Netflix, Hulu, Amazon,
> YouTube, HBO GO, Seamless y sus amigos reales,
> demasiado escasos para mencionarlos.

Y de enternecedores panegíricos:

151

El rabino Foster: «Recordemos a Elissa Bassist
[pronunciado incorrectamente] como una mujer, una exnovia,
una masoca, de alma ligera y un "bicho raro patético y
confuso" que no fue capaz de decir simplemente lo que
quería decir. Sin embargo, guardemos un momento solemne
para reflexionar que, en el caso de trenes descarrilados como
ella, lo que Eliza podría haber escrito, de haber sido capaz
de [revisar sus notas] hacer cualquier cosa, es: "Hay mucho
más que toda esta farsa, cabrones"».

Mi madre: «En la salud y la enfermedad,
hasta que la muerte... [interrumpida por la multitud]
¿Está seguro? ¿No es su boda?»

Netflix: «Yo era todo lo que tenía en el mundo».

Y entonces ensayaba un discurso desde el más allá, que sería reproducido tras el servicio:

Yo solo...
Lo siento.
Si me...
... permiten ofrecer una cita con gancho, que sea esta: «Recuérdenme
cuando alguien mencione "la cultura de la violación" o no pueda decir lo que piensa».
[Suenan risas enlatadas].

Era tan fácil imaginar que me moriría en noches como aquella porque cuando vives en una cultura obsesionada con chicas asesinadas y en una sociedad donde se espera que las mujeres sufran, y además se presupone que no sobrevivirán, yo no podía evitar verme como una de ellas.

En mi primera sesión con una terapeuta especialista en traumas (que no cubría mi seguro), esta me preguntó si creía sufrir un «trauma indirecto».
—Tengo un trauma literal, muchas gracias —respondí.

—Sí, pero tal vez tengas además un trauma indirecto debido al consumo de tantos traumas en películas, televisión, las noticias.

—Ehh...

—Puede que estés traumatizada de tal forma que eso puede hacerte reprimir o bien recordar cómo has podido quedar traumatizada.

Como si el trauma fuera algo infeccioso (lo es) y pudiera romper la cuarta pared (así es).

¿Acaso pensaba lo contrario?

—Pero en su corazón agusanado, la sexualización y la fuerza sexual como mecanismos del relato y elecciones estéticas son atajos hacia las emociones, y al abusar de su uso, tenemos cada vez menos sensibilidad —dije, para deslumbrarla con lo bien que me conocía a mí misma y los mecanismos del relato, y cómo pueden estos darnos una muestra de la violencia contra las mujeres, o como mínimo colaborar a que perdamos nuestra repugnancia hacia ella, si nos entretiene.

Estaba haciendo terapia y tenía que ser honesta. Los contenidos que perseguían la estetización del poder del hombre sobre la mujer y ritualizar las relaciones depredador-presa, y que silenciaban a las mujeres mediante la violencia, todos ellos me otorgaron la percepción del borracho. Los comportamientos desagradables parecían atractivos y el sexismo parecía sexi, y su representación se reducía a la realidad y a lo que yo esperaba de mí y de los chicos, de forma que, incluso antes de que sucediera, yo me convertía en cómplice de mi propia violación, de mi propio complot traumático.

Y lo que era aún peor es que podía identificarme con hombres como Brett Kavanaugh. En su alegato de apertura durante las comparecencias ante el Senado sobre acusaciones contra él por agresiones sexuales, describió su vicio adolescente de ver películas como *Animal House* (con una escena en la que un ángel y un demonio debaten si el personaje de Larry debería violar a una chica de dieciséis años que ha perdido el conocimiento y que después nos revela que solo tiene trece) como ejemplo y excusa de una conducta «boba» que él emuló a la edad de diecisiete años (las películas de los años ochenta quedan fijadas indelebles en el hipocampo), cuando supuestamente acorraló a la doctora Christine Blasey Ford, de entonces quince años, en un presunto dormitorio, y supuestamente la inmovilizó, presuntamente, y supuestamente intentó presuntamente desvestirla contra (supuestamente) su voluntad mientras él supuestamente presionaba su presun-

153

ta mano sobre supuestamente la boca de ella, para supuestamente sofocar sus supuestos gritos.

Y podía incluso empatizar con aquellos en el poder que consideraron que lo que hizo Kavanaugh estaba bien, o que no hizo lo que la doctora Christine Blasey Ford dijo que había hecho, o que sí lo hizo, pero ¿qué más daba?

Porque el trauma indirecto es una transformación a través de la empatía, que sucede en un nivel más profundo que la decisión consciente.

Un dramaturgo me contó cómo el teatro, la televisión y las películas tienen un carácter naturalmente coercitivo y activan las neuronas espejo (células nerviosas especializadas) que imitan la acción en el escenario o en la pantalla; el movimiento, el sonido y la emoción vinculada a la acción estilizada se contagian, de modo que si vemos ballet, sentimos lo que vemos, y puede que nuestros músculos se tensen, como intentando bailar. Pero si contemplamos una escena traumática, es posible que suframos una lesión aunque no sea provocada por una acción física.

La terapeuta especializada en traumas no necesitaba siquiera mencionarlo. Los medios de comunicación afectan a cada persona (al igual que al público destinatario y los objetivos de dicho público) de forma distinta. Y la violencia, que contribuye suficientemente al valor de impacto, se convierte en más valor que en impacto. Y aquello que borramos de la mente como «distracción superficial» constituye además un arma ideológica de autodestrucción masiva.

Todo esto formaba parte de mi credulidad como espectadora ante algo inverosímil.

Pero no como actriz secundaria. Cuando el rodaje de *The Comedy* hubo concluido y tuve que desprenderme de «la chica *hipster*» y de la ofensa y la ira fingidas al verme cosificada y desechada, no pude. Porque aunque eran fingidas, no eran falsas. Mis emociones al respecto y mi reacción eran reales, y, de todos los aspectos que considerar, el hecho de que fueran fingidas era el que menos peso tenía.

El documental *Miss Representation* demuestra hasta qué punto las creencias inverosímiles («permitirse a uno mismo temporalmente creer algo que no es cierto, sobre todo para poder disfrutar de una obra de ficción») traspasan las fronteras de la vida real, especialmente en la transmisión del sexismo y su impacto en la ratio de mujeres en cargos políticos. ¿Quién votaría a una esposa chillona para un cargo público, o a la furcia sin voz Puta #7, o a una reina de la beneficencia, o a una sirvienta, o a una experta en danza del vientre, o a una terrorista? Pero un hombre llamado Brett, acusado de varias agresiones sexuales, designado por otro hombre acusado de varias agresiones sexuales (que chilló sollozando «ME GUSTA LA CERVEZA» ante todo el país), puede convertirse en un juez del Tribunal Supremo y emitir fallos sobre agresiones sexuales a nivel nacional hasta que fallezca o se jubile, porque tiene experiencia.[17]

La industria del entretenimiento es una institución como cualquier otra, en relación directa con otras instituciones, hasta tal punto que lo que nuestros médicos ven desde el sofá afecta su forma de gestionar el dolor en la camilla de reconocimiento, lo cual se debe, en parte, a las «imágenes reguladoras»: la teoría de la profesora Patricia Hill Collins de que los estereotipos, concretamente los que muestran a mujeres negras caricaturizadas, reproducen una desigualdad sistémica. Las imágenes reguladoras nos controlan; operan como una teoría del cultivo politizada o una fuerza casi sobrenatural que conspira para la discriminación al estandarizar la jerarquía social a través de una representación demasiado simplista.[18] Estas imágenes simplificadas, al igual que la cosificación, despojan de su humanidad a la persona sin necesidad de efectos visuales. Un estereotipo es una visión para ser vista y no oída, y no merece la empatía, ni el voto, ni un co-

155

17. Y su supuesta víctima tuvo que mudarse cuatro veces e iniciar una recaudación de fondos en GoFundMe para poder permitirse protección y seguridad para ella y su familia, a la que no puede visitar porque les pondría en peligro (la doctora Ford donó todos los fondos restantes de la recaudación en GoFundMe a organizaciones que ofrecen apoyo a supervivientes de agresiones sexuales).

18. Las imágenes reguladoras explican además por qué un pervertido se convierte en mascota, como el asesino en serie conocido como Buffalo Bill en *El silencio de los corderos*. En esa película, Buffalo Bill asesina y despelleja a mujeres obesas para lograr su «traje femenino» que completará su «transformación» en una mujer (un escenario que inició un legado antitrans en el mundo real). La actriz y activista *trans* Jen Richards protagoniza la secuela de esa película para la televisión, *Clarice*, como informante del FBI, y en la presentación de su estreno habló sobre la representación de Bill: «Justo antes de mi salida del armario como *trans*, empecé a comentar con mucha delicadeza a algunos amigos y compañeros de profesión que estaba pensando en el cambio de género... y uno de ellos me miró y dijo: "¿Como Buffalo Bill?"». No había «otra imagen para contrarrestar» el hecho de ser *trans* que la de una «persona increíblemente monstruosa que robaba literalmente la forma femenina e intentaba encarnarla».

mentario en las noticias. Una persona estereotipada no puede hablar por sí misma porque los demás ya lo hacen por ella. Un estereotipo es un cruce entre la carne y una muestra gratuita, una válvula de escape para un pene, un chiste, incapaz de sentir dolor o curarse. Y puesto que un estereotipo es una cosa, no una persona, es más fácil tocarla, herirla, olvidarla.

«¿Qué es el arte sino una expresión de cómo todos nosotros vivimos y nos sentimos?», plantea la editora y autora Jessa Crispin en el prólogo de *Cómo acabar con la escritura de las mujeres*. El arte «no está separado de la vida, no es frívolo ni decadente, es una forma de expresar nuestras almas. Y si nuestras almas están enfermas debido a racismo, misoginia y homofobia no reconocidos, entonces contemplar y criticar el arte es otra forma de mirar directamente a nuestras almas y diagnosticarlas».

El arte es una forma de expresar nuestras almas, y nuestras almas están enfermas y sin diagnosticar.

Tal como Cher Horowitz explica en su exposición original sobre el tema «violencia en los medios de comunicación» en *Fuera de onda*: «Vale, de acuerdo. El fiscal general dice que hay demasiada violencia en la televisión, y que eso debería frenarse. Pero incluso aunque se quitaran todos los programas violentos, se podría seguir viendo en las noticias. De modo que hasta que la especie humana no sea lo suficientemente pacífica como para que no haya violencia en las noticias, no tiene sentido eliminarla de los programas que la necesitan para tener más valor como entretenimiento».

Hay demasiada violencia contra las mujeres en la pantalla, pero la cobertura en las noticias dista mucho de ser suficiente, y el ser humano no es lo bastante pacífico. El ciclo informativo puede enganchar con, tal vez, una historia semanal de alguna mujer o chica hetero que ha desaparecido o ha sido secuestrada o asesinada, pero omite otras tantas miles. La cobertura de informes de acoso sexual, violación y agresiones sexuales constituye tan solo el 1 % de las noticias. Mientras tanto, cada setenta y tres segundos una persona estadounidense sufre una agresión sexual, en su mayoría mujeres menores de dieciocho años.[19] El hecho de que la humanidad no informe de la violencia

19. Cuando contrasté esta estadística un año después de haberla incluido, «cada setenta y tres segundos» había pasado a ser «cada sesenta y ocho».

contra las mujeres en las noticias y, sin embargo, las películas y programas televisivos necesiten de ella para tener más valor como entretenimiento, es una broma de mal gusto de la cultura de la violación. Convierte a la cultura de la violación en algo no tan malo, puesto que la hemos visto reproducida en la pantalla, de modo que la ignorancia sigue siendo la felicidad y nosotros podemos seguir fingiendo que no pasa nada aunque tengamos miedo de que pueda pasar cualquier cosa. Las mujeres reales se convierten en rameras y resultan heridas cada minuto de cada día por ello (ya sea por parte del presidente de Estados Unidos o por otra persona), y nosotros nos limitamos a preguntarnos unos a otros: «¿Qué vamos a ver esta noche?».

157

9

Cierra la puta boca

*N*o siempre quise ser una escritora. Vale, sí que quería, pero no podía admitirlo porque «escritora» no era una profesión para mi padre ni para cualquier padre. Solo había tres profesiones: abogada, dependienta, esposa y madre. Estas no exigían explicación ni defensa alguna, ni implicaban poner en evidencia a mi padre ni a mí misma.

Sin embargo, perseveré en la escritura. Era una biógrafa de jardín de infancia, y colgaba relatos personales en las paredes del aula sobre las bodas y los divorcios de mi madre. Mi primer trabajo profesional fue como redactora y estilista de fuentes de un boletín informativo de AOL sobre la banda de música juvenil de los hermanos Hanson, y mis cientos de suscriptoras eran otras chicas preadolescentes a las que conocí en las salas de chat de Hanson, y todas íbamos a casarnos con Taylor o Zac o Isaac, pero sobre todo con Taylor. En la escuela universitaria me gané la reputación de escribir fantásticos *emails*: escribía hermosos libros en formato de *email* para audiencias unipersonales, para seducir a un chico por encima de mis posibilidades con mi agudeza gramatical y arias fraseológicas, y no con superficialidades como el cuerpo o la cara.

El primer año de la universidad estudiaba Derecho (gracias), pero después de miles de *emails*, al llegar al último año pensé: «Si escribo en un documento Word en lugar de en un recuadro para un mensaje, podré conseguir créditos universitarios y algún día dinero y el estrellato». Para una actividad de la asignatura Exposición I escribí mi autobiografía a través de unas gafas de queso fundido. Toda expresión artística tiene mala pinta al principio, pero no en mi caso; una de mis profesoras favoritas (de otra asignatura, de otro semestre) me dijo que había leído «Queso fundido en el paraíso», y que estaba circulando por el departamento de escritura creativa, y no porque lo consideraran una broma. ¡Me había vuelto famosa! Antes de que pudiera preguntarle si quería mi autógrafo en su copia, señaló: «Deberías saber que no eres una escritora analítica» (había escrito trabajos analíticos en su asignatura, así que sabía de sobra a qué se refería).

A partir de aquel momento me miré el ombligo y fui a la mía, y destituí todos los «nosotros», para quedarme con «yo» (y cada «yo» se convirtió en «yo, yo, yo»), además de relegar cualquier comentario cultural a la categoría de secreto personal, puesto que tenía presente que mi experiencia no era lógica (si en algún momento tenía cavilaciones profundas, universales o contundentes, las depositaba en un *post-it*, que tal vez pegaba en el espejo del cuarto de baño para cubrir mi reflejo, o a veces me comía y digería, porque las mujeres no escriben sobre esas cosas e incluso han sido ahorcadas por ello).

Simplemente no lo llevaba dentro, no contaba con ese cromosoma Y necesario para ser escritora profesional, razón por la que decidí trabajar para escritores en San Francisco. Lo dejé antes de fracasar, etcétera.

Pero tras haberlo dejado/fracasado, de pronto tenía tiempo para escribir. Ahora disponía de mucho material. Y por eso me mudé a Nueva York, para ser una artista, alguien que vivía de su talento y carisma, y asistía a la escuela de posgrado para conseguir un máster de Bellas Artes en Escritura Creativa de No Ficción. Allí escribiría un libro personal sobre mí misma (el único tema del que era experta) con una protagonista desagradable y un narrador poco fiable.

Llegué a Brooklyn el verano en que se escuchaba por todas partes el tema de Jay-Z *Empire State of Mind,* cuando las redes sociales y el *streaming* se volvieron una tendencia de masas y nadie podía aburrirse, ni ser imperfecto, ni anónimo, y alquilé un apartamento con un solo dormitorio y llamé a mi red de wifi «Famosa».

«¿Cuándo empezará todo?». Necesitaba saberlo. «Mi carrera, el salario, el círculo social, la pareja, los seguidores, el estrellato, mi nombre en luces de neón».

Puesto que transcurrido un mes no había cambiado nada, mis pensamientos empezaron a ser disparatados. Me sentaba a escribir, y una voz interna me decía: «No puedes». Mi plan de escribir se veía interrumpido por fantasías de vidas no vividas, de mi solicitud a la Universidad de Derecho, o de casarme con la persona no apropiada, en lugar de escribir una palabra más. «¡Bienvenidos a mi fiesta de autocompasión!». Solo que yo era la única invitada. Contemplar el vacío en mi cuarto se convirtió en una metáfora, al ver los trenes que había dejado pasar aumentar en número exponencialmente. «¡Bienvenidos a mi posfiesta de autocompasión!». Cuando hacerse luz de gas a una misma no funciona y la noche oscura del alma se agrieta. «Desde mi infancia nada ha ido bien, nunca». Pensaba estos pensamientos sobre el no origen, y cómo podría no pensarlos, pero no lo conseguí. Los pensamientos tenían sus propias ideas y sonaban como un popurrí de todos los hombres que había conocido hasta entonces y los trols que no pueden vencer a una mujer en cancha propia, además de mis grandes éxitos de la crítica interna, los himnos paralizantes y los rumores que yo difundía sobre mí misma.

No tenía nada de lo que escribir, nada que decir. Contaba con una única historia, la que me gustaba para mantenerme despierta por la noche imaginándome finales alternativos, la historia sobre mi novio de la universidad, que todavía no había plasmado en palabras porque escribir es duro, y además la reacción que provoca hablar sobre el trauma es en sí misma traumática.[1]

Pero el programa de escritura me había enviado una invitación formal...

El seminario era los martes y los jueves por la noche, y alrededor de la mesa se sentaba el instructor blanco, que era además el director del programa, y quince estudiantes pagados de sí mismos. Antes de las sesiones del seminario enviábamos por *email* nuestras composiciones para recibir los comentarios y posibles cumplidos por escrito, que debatíamos largamente. El título original de mi redacción personal competía por el premio al más estúpido: «Cómo no perder tu virginidad».

---

1. Muchas personas me han dado una lección de humildad al plantear si acaso no sería mi trauma hablar sobre el trauma.

FINAL ALTERNATIVO 1

Tras mi romance con ruptura de cérvix, me gradúo en
la universidad y experimento una transformación-del-
alma-forjada-al-fuego para lograr una venganza justiciera
espectacular que incluya la castración.

FINAL ALTERNATIVO 2

Hago las maletas (en el plano real y figurativo) y
simplemente miro adelante, con increíble resiliencia, y
reflexiono en voz en *off:* «¿Es mejor amar y perder y perder
y perder que vivir sin anhelo artístico?» en el funeral de
mi ex antes de fingir mi propia muerte para vivir en la
clandestinidad y estudiar las herramientas del patriarcado
para desmantelar el patriarcado.

162

FINAL ALTERNATIVO 3

Mi ex desaparece en un viaje de autorredención y
en un momento de iluminación se da cuenta de que
alguien a quien él dijo que amaba tuvo que soportar su
comportamiento mientras que él no. Al final sufre algún
tipo de consecuencia, da igual, literalmente cualquiera
(este final está escrito, dirigido, montado, producido,
diseñado, iluminado, musicado, coreografiado y guiado por
mujeres. Las protagonistas son mujeres multidimensionales
reinventadas como algo más que cuerpos. Está filmado desde
la mirada femenina, poniendo en apuros el punto de vista
prevaleciente gracias a una nueva perspectiva, al tiempo que
demuestra de lo que es capaz la conciencia de la feminidad.
Es un favorito de los críticos, un éxito de taquilla
y una futura franquicia que radicaliza los medios, que
radicaliza la percepción y la conducta humanas).

FINAL ALTERNATIVO 4

En lugar de encontrarme con mi ex en los tribunales
o comerme su corazón con cuchillo y tenedor, en el momento
de la verdad digo «no» y él escucha (condición previa al
juego de la empatía). Me dice, sin ironía: «No pasa nada».
Con efectos especiales, nos comunicamos.

FINAL ALTERNATIVO 5

En la versión de película biográfica de ciencia ficción, mi ex
pone a prueba mi feminidad y se introduce en mi vulva y deja
que pase todo lo que pueda pasar. Puede sentir todo como
yo lo siento; siente el dolor (existente, político, desconectado
de cualquier posible valoración sobre él por parte de
cualquier persona) y le duele como solo puede dolerle a una
mujer lo que le hace un hombre. Desgarra un cuello uterino
que no tiene mientras afronta el hecho de que no puede
hacerlo (algunas escenas tienen que ser falseadas cuando la
lente de la cámara se derrite). Yace en una camilla de plástico
con una bata de papel áspero y las piernas afeitadas abiertas
exageradamente para ser penetrado por manos desconocidas
e instrumentos de acero para el gran final. Sufre de un modo
que es negligible y monótono hasta que un hombre sufre
de ese modo. Y tiene que cargar con eso, cada día, siempre
(pero deja de participar cuando se le pide que pase a la edad
adulta y viva como una mujer, día sí, día no).

FINAL ALTERNATIVO 6

No hay sexto final alternativo para una historia que para mí
no ha terminado; porque ¿cuál es el sentido de la ficción?
Un cuello uterino destrozado es carne; es un hecho.

Y

Un compañero de clase tituló su crítica de mi composición «Cómo asquear a un tío» y en una página a un solo espacio escribió que «debería inventar una nueva palabra» para mi «situación». Propuso «violación *light*», «violación II» y «violación sin cafeína, el sustituto de la violación» y «no puedo creer que no sea una violación».

Y añadió: «Solo intento echarle un poco de humor. No sé qué decir. Espero que tu cérvix esté mejor».

Durante el siguiente semestre, antes de mi chequeo anual tuve que rellenar algunos formularios en la sala de espera del servicio de salud para estudiantes, y encontré una casilla donde se preguntaba si había sufrido alguna agresión sexual alguna vez. Podía marcar la casilla o no. Durante años no creí haber sido objeto de un «abuso sexual». En mi redacción personal no usé la expresión «agresión sexual» ni ninguna de sus variantes. Pero la casilla me pedía que decidiera. No había la opción «Otros casos; por favor, explique, especifique y argumente en 500 palabras (mínimo)». Marqué la casilla.

Y de esa forma tan sencilla resultó que sí habían abusado de mí sexualmente. Empecé a decir: «Fui víctima de una agresión sexual». A veces: «Me violaron» o «Abusaron de mí sexualmente», probando esas frases como quien se prueba una minifalda. Etiquetar era complicado, y lo es más aún para las mujeres no de raza blanca; en relación con los relatos sobre mujeres negras que Tressie McMillan Cottom leía de niña y que le encantaban, comenta en *Thick*: «Lo que no podía calificarse como violación era todo lo que pudiera hacérsele a una chica negra».

Hablar de una experiencia la transforma (del mismo modo que a las emociones se les da forma según cómo se expresen). ¿Cuál era la etiqueta correcta en mi caso? ¿Qué había pasado y qué podía decir yo que había pasado?

Si se trató de «abuso», no diría «abuso-abuso». Lo cual parece sugerir que lo que no es «abuso-abuso» es normal. Sin embargo, no podía decir «estar tremendamente asustada es abuso», o «la carnicería emocional es abuso», o «el dolor es abuso», o «el daño físico es abuso»; no podía ampliar la definición de abuso hasta que las personas fueran exclusivamente amables unas con otras.

De todos modos, no sentía como mía ninguna de estas expresiones.

Todas esas reflexiones ocupaban sobremanera mi mente. El ginecólogo y la ginecóloga que me vieron en la universidad debido a «mi vagina rota», que me examinaron y dijeron que todo estaba bien, en ningún caso dijeron que lo que yo llamaba «sexo doloroso» pudiera denominarse «violencia», o que el problema no era mi cuerpo, sino el comportamiento de mi novio. Por eso, cuando la tercera ginecóloga dijo que mi cuello uterino estaba destrozado, casi ardo en llamas del alivio. Por citar la frase que vi en un cojín bordado: «Cuando le pones nombre a algo, pierde su control sobre ti». El dolor ya no era «ingenuidad», «teatro» o «histeria». No me lo había imaginado. Ahora podría decir que había pasado algo, porque, de hecho, así había sido. Aquel reconocimiento implicaba que existía una prueba del uso de la fuerza, y esa prueba era de algún modo necesaria. En parte porque el 50 % del dolor es la ausencia de palabras que lo expresen, y sin palabras no hay recuperación.

Después de haber marcado aquella casilla en el servicio de salud para estudiantes, una enfermera en la sala de reconocimiento revisó el formulario y me preguntó: «¿Estás en peligro actualmente?». No era el caso. ¿No debería haber marcado aquella casilla?

165

El compañero de clase al que se le ocurrió la brillante expresión «violación *light*» escribió una nota en tinta negra en el margen de su crítica: «"Violación" da a entender que se trata de un acto criminal. ¿Se puede calificar de criminal?».

¡No había casilla para especificar ese aspecto!

En una ocasión le hablé a una amiga de mi novio de la universidad, y añadí por si acaso: «Me refiero a que no fue una violación en un callejón». Su respuesta fue: «Ya, en mi caso tampoco fue en un callejón».

Aunque a ninguna de las dos nos violaron en un callejón, ambas nos cuidábamos las espaldas para no sufrir «una violación real» o una «violación criminal», y evitábamos las típicas escapadas de primavera en cruceros con barra libre o caminar solas ligeras de ropa a horas tardías en callejones de barrios desconocidos para no tener que marcar esa casilla en el futuro.

En la camilla de reconocimiento del servicio de salud para estudiantes, con los pies en los estribos, pensé: «Cómo he podido acabar así». Marcando una casilla. Me acordé también de una conversación en un bar con amigos de la escuela de posgrado sobre qué otras cosas perdimos al perder la virginidad. Las tres mujeres del grupo no compartieron momentos de incomodidad, estremecimientos o ternura, sino de violencia. Tras unas cuantas copas, el compañero masculino se sintió frustrado. Simplemente no entendía por qué las mujeres aguantan en situaciones en las que se las fuerza a sufrir una violencia no obvia.

Preguntó: «¿No os dabais cuenta? ¿Cómo permitisteis que sucediera? ¿Por qué no os fuisteis?».

Ah. Por qué no dije «no», «no», «no».

No puedo hacer un recuento de las veces que me han hecho esas preguntas y no he sido capaz de vislumbrar por qué se me planteaban esas cuestiones, ni por qué las reacciones a la historia de una mujer son tan previsibles. De forma reiterada he tenido que escuchar:

«Eso no es cierto».

«No todos los hombres».

«Yo no hago esas cosas».

«No te ofendas, pero no me creo nada de lo que estás contando».

«Eres demasiado cínica».

«¿No piensas que tú te lo buscaste?».

166 A veces he tenido que oír cosas parecidas mientras me acariciaban el muslo.

«¿No lo has superado todavía?», me preguntó un hombre con el que guardo una relación de parentesco mientras cenábamos con mi padre. Después exigió: «Supéralo ya». Luego se rio. Y entonces decidió: «Ya lo has superado». Hablaba sobre mi violación no-de-callejón (mi padre siguió comiendo sin hacer ningún comentario).

Un hombre en la boda de una buena amiga compartió en voz alta conmigo sus reflexiones sobre por qué su ex, que había sufrido una agresión sexual, no podía dejar atrás aquel ataque, que por supuesto él no había sufrido.

Esos hombres se sentían airados, más enfadados conmigo y con sus ex y con las mujeres que con lo que les puede pasar a otras personas que no sean ellos mismos.

Algunas mujeres (no yo) les habrían dicho que cerraran la boca (algunas mujeres pueden decir lo que piensan sin despeinarse). Pero «cierra la boca» no podía salir de mis labios. No quería humillar a ningún hombre con una conversación o mis expectativas de empatía.

Para mi familia, y los exmaridos o amigos masculinos, no reírse de la violencia, no aceptarla sin más, y comprenderla, era pedirles que pensaran en ello, que repasaran sus propias historias, que aceptaran las estadísticas, que vieran que el aula no está tan lejos del callejón, que se dieran cuenta de que los problemas de una mujer también son los de un hombre. Supongo que no querían hacerlo, y yo no iba a obligarlos.[2]

Informé del concepto «violación *light*» a nuestro instructor, el director del programa. Tomó cartas en el asunto inmediatamente: me aconsejó con voz suave que hablara con el compañero de clase yo misma, a solas, porque era un chico muy majo que me escucharía, seguro.

En lugar de eso publiqué un artículo en internet acerca de los seminarios sobre violencia sexual titulado «Mi "violación *light* y sin cafeína"».

Y eso hizo que aún más hombres se sintieran ofendidos. En los comentarios me pidieron que me muriera en un incendio; me llamaron vertedero de esperma, idiota, alguien que se merecía lo que le había sucedido. Los trols debatían si había sido agredida de hecho, y si debería serlo, por qué, cómo y con qué. También hubo quien dijo que mi artículo debería estar destinado a una revista para preadolescentes (una chica siempre recuerda su primera sección de comentarios).[3]

Tras leer los comentarios me quedé sentada durante horas en la bañera vacía escuchando *Rainbow Connection* una y otra vez, preguntándome: «¿Qué hace que una persona que no conozco desee la muerte de una mujer (yo) que ha expuesto su dolor públicamente?».[4]

167

2. Eso sería violación del pensamiento.

3. Los avances tecnológicos facilitan que el odio viaje más lejos y más rápido: en 2021 recibí *emails* respecto a otro artículo sobre violencia sexual de servidores creados para que los hombres puedan acosar a las mujeres de forma anónima, fácil y cómodamente.

4. ¿Y qué hizo que hordas de extraños pidieran la muerte de una mujer llamada Anita Sarkeesian, que ofrecía seminarios sobre feminismo en periodismo sobre videojuegos? O de otra mujer, de nombre Zoë Quinn, que creó un videojuego llamado *Depression Quest*, sobre cómo vivir con depresión, que recibió una evaluación positiva, aunque supuestamente «apestaba», y «Quinn debe de haber chupado alguna polla para hacerlo». Eso sucedió durante el Gamergate en 2014, cuando cientos de miles de hombres de entre la población de jugadores lanzaron campañas de odio desde Reddit, 4chan y 8chan contra Sarkeesian, Quinn y la programadora de juegos Brianna Wu. Los ataques incluían la difusión de pornovenganza y amenazas

No encontré ninguna respuesta satisfactoria: solo un ejemplo tras otro de comentarios que suscitaban aquella pregunta, un ejemplo tras otro de cómo lo que dice una mujer «sin pelos en la lengua» se tergiversa y dirige contra ella solo porque ha hablado. Lo mismo sucedió cuando la senadora Kirsten Gillibrand llamó la atención sobre las prácticas de acoso sexual de Al Franken y el gran público la vituperó por denunciarlo y defendió a Franken. O cuando Hillary Clinton «perdió»: perdió por culpa de su marido (porque una mujer es su marido), perdió por culpa de sus *emails* (por sus textos), perdió porque tenía demasiada experiencia (porque tenía experiencia), perdió porque simplemente no nos gusta (porque resulta antipática), perdió porque es estridente y monótona y su tono es demasiado elevado y molesto y abrasivo (por culpa de su voz, por culpa de su voz, por culpa de su voz, por culpa de su voz, por culpa de su voz), perdió porque sus defectos son más los de la sociedad que los suyos propios.

«CNN Today quería entrevistarme, pero tuve que declinar su solicitud porque la última vez que hablé en su plataforma recibí amenazas de muerte tanto en mi ámbito personal como en el laboral. La próxima vez que piensen que los medios están manipulados, reflexionen por qué las personas con información de primera mano rechazan las entrevistas», tuiteó en diciembre de 2021 @nursekelsey, una enfermera de urgencias en la UCI durante la pandemia del coronavirus.

Y las mujeres negras y racializadas reciben las réplicas más vigorosas por usar su voz, como la congresista Ilhan Omar, que se refirió al 11-S como un acontecimiento que «hizo alguna gente», y numerosas personas sacaron sus declaraciones fuera de contexto y reformularon su comentario como si hubiera restado importancia a los ataques terroristas, y como resultado acabaron aterrorizándola a ella. Serena Williams fue penalizada en la final del Open de 2018 por «maltrato verbal» al mostrarse en desacuerdo con el árbitro y actuar un poco como hacen los hombres todo el rato sin ser sancionados. El contrato de Gabrielle Union con *America's Got Talent* no fue renovado después de que denunciara un chiste racista de Jay Leno, y se sabe por un informante interno del programa que Union recibió la etiqueta de

---

de violación, vandalizar páginas wiki con imágenes pornográficas y *doxxing*, un método popular porque expone la información personal de alguien para facilitar su hostigamiento en masa.

«difícil» tras su denuncia. No es posible incluir o mantener un registro de todos los ejemplos.

En la bañera comprendí, aprehendí realmente, más allá de saberlo por los ejemplos, que cuando las mujeres hablan, los hechos se ponen automáticamente en tela de juicio, al igual que la mujer que se ha pronunciado y su licencia para hablar con o sin una sonrisa o un tono agradable, y que si reaccionamos ante un trato asqueroso (o no decimos nada), encima es que nos lo merecemos.

Puesto que soy una histérica, loca, chiflada, alterada por las hormonas y emocional, publiqué unas cuantas versiones de mi composición personal del programa del máster de Bellas Artes, con la intención de hacer las cosas bien aunque me convirtiera en un mito en el proceso: la mujer que parece un disco rayado condenada a contar la misma historia hasta que consigue dilucidar cómo contarla (y que no lo conseguirá), y con cada reiteración siempre hay alguien o una multitud que le dice que por mucho que lo haya intentado o por muy bien que lo hiciera, o aunque sea elocuente, a pesar de todo sigue expresándose mal.

La última versión apareció en una antología aprobada y corregida por el abogado del editor para evitar responsabilidades y proteger a los colaboradores de posibles demandas (con anterioridad a su publicación tuve que buscar testigos que pudieran corroborar mi historia en los tribunales en caso necesario).

En cuanto a las correcciones, el abogado sugirió que eliminase «él me hizo daño» y lo remplazara con «me dolía» («él» debía eliminarse en relación con aquello que se había dañado, pero, al hacerlo, el sujeto de la frase en vez de ser «él» era otra cosa). Después el abogado propuso que eliminase «resultar herida» y lo sustituyera por «sentirme herida» (se me permitía que me doliera y sentirme herida, pero no alegar que alguien me había hecho daño o que había resultado herida por alguien, de cualquier modo). Esto me hizo replantearme: «¿Y si no fue tan terrible como lo describí?». En lugar de decir «él me hizo daño», podía haber dicho «era una chica inexperta y propensa al melodrama». O «estaba violentamente enamorada y hacíamos el amor demasiado violentamente». O «me jodieron; me la clavaron, me follaron, fui destruida, desgarrada, destrozada de todas las formas posi-

169

bles; mi virginidad perdida, mi vagina triturada, mi coño muerto». O «me [algo]—[algo], porque ¿cuál es el término que abarca todo lo que sentí y lo que todavía siento?». El problema tal vez se encontraba en la formulación.

Mi mito personal aumentó en su dimensión: siempre que contara mi historia, alguien la pondría en tela de juicio, tanto a mí como mi redacción.

Escribí sobre las correcciones del abogado en otro ensayo, y cuando la edición verificó la información contenida en mi texto, el verificador masculino me verificó a mí y mi lenguaje. Sobre algunas escenas ambientadas en mi primer trabajo, el verificador masculino me pidió una fuente. Le expliqué que yo era la fuente de mi propia experiencia y que no había periodistas presentes o prueba alguna de mis observaciones. Le dije que había visto lo que dije haber visto, pero si decir aquello podía suponer un problema legal potencial (el editor podía decir que estaba mintiendo y demandarme por libelo), eliminaría las frases para no correr riesgos (¿cuánto hay que eliminar de las historias de las mujeres «para no correr riesgos»?). Solo había dos personas presentes en los hechos, pero solo a una la iban a creer, y aparentemente una mujer no puede ser una fuente,[5] sobre todo cuando lo que sucedió puede que solo le haya pasado a ella.

De nuevo era una furcia, ahora una Casandra, la profetisa a la cual Apolo concedió y después arrebató el don de la profecía con una trampa. La profesora de Estudios Clásicos Mary Beard describe el destino de la vida de Casandra como «siempre profetizar la verdad pero nunca ser creída», una «vuelta de tuerca a la idea de que el discurso femenino nunca tiene autoridad: incluso aunque sea cierto, no se lo parece a quienes escuchan». Ello volvió loca a Casandra. La maldición de Casandra aparece en otras obras; en *Que hable Casandra*, su autora, Elizabeth Lesser, menciona la Mishná, «un compendio de leyes sagradas judías» que recoge las nueve maldiciones que Dios otorgó a las mujeres, entre ellas no ser «creída como testigo».

«Ese es el origen de #BelieveWomen —escribe Jennifer Wright en *Harper's Bazaar*—. Necesitamos un mundo en el que las mujeres puedan contar realmente lo que les sucede y que se dé crédito a sus palabras al mismo nivel que se creen y escuchan las de los hombres».

5. «Yo no la agredí», dice él; pero nadie le pregunta: «¿Quién es su fuente?».

Decir la verdad es una cosa; que te crean y escuchen otra muy distinta. La voz necesita una audiencia aparte de ella misma (si no es pedir demasiado).

La opresión puede conllevar violencia y la imposición de otra perspectiva, discurso y escucha: quién puede hablar de qué, de quién son las historias que cuentan, quién lo decide, quién habla con autoridad y sobre cualquier tema, a quién se le concede el beneficio de la duda, quién puede cambiar de opinión (la suya propia y la de los demás), a quién se le corrige y en qué medida, quién es escuchado sin prejuicios y a quién se desacredita, menosprecia, difama, castiga, denigra y persigue por decir lo que piensa.

Los comentarios de mi compañero de clase y del director del programa, los del abogado y el verificador de información, los del exmarido en aquella boda, y la sección de comentarios, todo ello forma parte de un mecanismo más potente de silenciamiento, en virtud del cual quienes ponen en entredicho el orden social se ven sometidos a la ancestral fuerza devastadora que lo sostiene. Yo lo llamo «la máquina del lenguaje», un aparato metafórico de trucos y espejismos lingüísticos. La historia de una mujer entra en esa máquina y sale modificada. «Él me hizo daño» entra para salir como «¿Me hice daño de algún modo? No lo sé; soy una chica y no se me dan bien las mates».

La frase «sexo que está fuera del control de una mujer» entra en esa máquina y sale como «mal sexo» o «sexo decepcionante» o «sexo lamentable».

«¿Por qué no se detuvo en ese momento?» sale como «¿Por qué no le detuviste en ese momento?». La máquina del lenguaje intercambia los sujetos en quién hizo algo a quién; «qué le hizo él a ella» se convierte en «qué se le hizo a ella» y por tanto «qué hizo ella».

La palabra «opresión» sale como «una diferencia de opinión» o «un malentendido». La palabra «agresión» se convierte entonces en «juegos un poco bruscos» o en «¿no sabes soportar una broma?».

La máquina del lenguaje renombra todo lo no deseado como un cumplido o «una malinterpretación» o «un sustituto de violación» de forma que la fuerza supuestamente produce una «diversión inofensiva» o una metedura de pata o una broma, no malestar o daño. La máquina del lenguaje dice que los hombres definen «diversión» y «bromas» y que el bienestar de una mujer pone en peligro esos conceptos, y que la «feminidad» designa la agresión sexual como diversión y divertida, y que las mujeres que se olvidan de reír son «zorras cortarrollos en una caza de brujas».

La máquina del lenguaje garantiza que un delito no es ilegal ni tan malo. Nos ayuda a confundir juegos brutales como la norma y los crímenes contra las mujeres como acercamientos románticos con expresiones que aceptan una miríada de significados que corrompen el verdadero significado, como juegos de violación que representan la violación como algo benigno. La máquina del lenguaje trabaja de forma dinámica, como precursora de cosas peores y como una garantía de que esas cosas peores parecerán típicas o triviales, y es cuestión de buenas costumbres aceptarlo.

La máquina del lenguaje minimiza las acciones del agresor y realza la culpa en la historia de la víctima, y luego convierte a la culpa en la parte primordial de la historia. «Él estaba borracho» se transforma en «ella estaba borracha», y en «ella se lo merecía», y después en «¿estará mintiendo?».

«Él la agredió sexualmente» cambia a «ella se puso en esa situación», y luego a «nadador de Stanford ya no es una promesa olímpica porque una noche una chica borracha llevaba cierta ropa cerca de él», y al final «las chicas de esa edad se sienten atraídas por el victimismo».

La máquina del lenguaje, al igual que el sistema judicial en Estados Unidos, hace que las víctimas y supervivientes carguen con la responsabilidad (son ellas las que «sedujeron» y se debería proteger al criminal que no quiere tener nada que ver con su delito).

Una mujer entra en la máquina del lenguaje y sale como una zorra loca psicótica que hoy dice que fue violada y mañana «bueno, no fue una violación en un callejón».

Como en casi todos los casos, los hombres blancos cisgénero instituyeron la máquina del lenguaje y se atribuirán todo el mérito incluso aunque me acabe de inventar esta metáfora. Porque el cese potencial de los privilegios de los hombres de raza blanca es tan aterrador que aquellos que los disfrutan dirán y harán lo que sea para conservarlos.

Por culpa de la máquina del lenguaje, «denunciar» es «gimotear». «Formular una pregunta» es «fastidiar». «Informar» es «quejarse». «Expresar la experiencia personal» es «el discurso de una loca». Por obra y gracia de la máquina del lenguaje, esas palabras recubiertas de azúcar y toxinas tienen siete vidas y sobreviven a todas las demás hasta que son las únicas que quedan.

La máquina del lenguaje existe en nuestra propia mente. En la de las mujeres que piensan que «no» puede ser «sí». En la de las mujeres que piensan que «no me importa quién eres» puede significar «¡¿cómo estás?! ¡Cuéntamelo todo!». En la de las mujeres que piensan que «.» se escribe «!».

La máquina del lenguaje es binaria: «mujer» significa «mujer cisgénero».

La máquina del lenguaje es racista: «mujer» significa «mujer blanca» y «feminista» es «feminista cisgénero blanca», y «patriarcado» quiere decir «patriarcado tal como lo experimenta una feminista cisgénero blanca de clase media».

En las grandes noticias, la máquina del lenguaje también interviene. En el mismo ciclo informativo, Elizabeth Warren recibió los apelativos «cabreada» y «hostil» por presentarse a las elecciones a la presidencia, mientras que a los hombres blancos que habían asesinado a mujeres *trans* racializadas se los etiquetaba como «incomprendidos». Lo cierto es que cada vez que se descubre que un hombre blanco ha asesinado en masa a mujeres racializadas, o que un hombre blanco acaudalado se dedica al tráfico sexual de niños, no recibimos la información de ese modo. Entonces escuchamos «un chico triste tuvo un mal día y actuó mal al retener a putas no americanas que no tenían nombre». Escuchamos «Lolitas que parecían y actuaban como mujeres, que se hacían pasar por mujeres a propósito y de forma taimada, se aprovecharon de hombres influyentes gracias a su juventud». Escuchamos «¿acaso no es realmente la víctima el hombre culpable?». Puesto que nadie quiere asociar «chicas» con tráfico sexual, no se denomina así a las chicas, aunque lo sean; y aunque las chicas fueran objeto de trata sexual, y fueran objeto de trata sexual por parte de hombres adultos.

La máquina del lenguaje es internacional, igual que la familia real investigó formalmente la «indecencia» de Meghan Markle años antes de la presunta acusación de pedofilia del príncipe Andrés.

La máquina del lenguaje se siente mal por los hombres malos. Los periodistas suelen recurrir a citas sobre el impacto en los supuestos infractores en lugar de citar el que sufren quienes sobreviven, enmarcando la violencia contra las mujeres de tal manera que se desacredi-

173

ta a las supervivientes y se escuda a los delincuentes, convirtiendo en realidad un *ethos* cultural en el que los hombres quedan impunes y se culpa a las mujeres de ser asesinadas.[6] El *modus operandi* de la sociedad para empatizar con los hombres está tan arraigado y a la vista que la profesora de filosofía de la Universidad de Cornell Kate Manne inventó el término «himpathy» (mezcla de la palabra *empathy*, «empatía», y del pronombre inglés *him*, «hacia él»), que denota la percepción del hombre como víctimas *de facto* y la imposibilidad de sentir empatía hacia mujeres agredidas o que sufren por la razón que sea. En una ocasión escribí sobre un presunto violador en serie y el verificador de información me pidió que retocara mi descripción de ese violador como «un cómico que ha sido acusado de agresiones sexuales en serie a mujeres», aunque el presunto violador en serie sea literalmente un presunto violador en serie. Al cambiar «violador» por «cómico» se diluye lo que hizo (esto es, violar a muchas mujeres, presuntamente) y además se le protege porque «un cómico que ha sido acusado de agresiones sexuales en serie a mujeres» suena más favorecedor y abierto a la interpretación que «presunto violador en serie».[7]

174   La máquina del lenguaje interfiere con el relato de la vida de una mujer y con el sustento de las escritoras. Nuestros ensayos comienzan con frases como esta: «Ocurrió algo que yo no deseaba, y no sé cómo llamarlo». Los redactores sí saben cómo llamarlo, saben lo que consigue más visualizaciones, saben cómo remplazar verbos con otros más fuertes. Una amiga escritora propuso un artículo a una revista de moda femenina sobre ella misma y su relación con un hombre, sobre la agresión y las lagunas de la memoria y la sangre, sobre «la zona gris»; no presentó el tema diciendo «pensé que estaba siendo violada», pero su editor sí lo hizo. Porque la elección de las palabras sí importa: «soy una mujer» (a nadie le importa), «soy una chica» (más afectuoso, mejor), «soy víctima de trata sexual» (ahí lo he clavado).

    «La forma predominante en la que una escritora joven y ansiosa podía entrar en el juego era decidiendo cuál de sus traumas podría

6. Este *ethos* (que culpa a las víctimas por morir y a las supervivientes por sobrevivir) es el mismo de cada día, que rige que un corte de pelo le cueste trescientos dólares a una mujer y que luego se la censure por haberlo pagado.

7. Realicé una búsqueda y encontré que en las noticias sobre el presunto violador en serie se referían a él como un «cómico» o «comediante».

monetizar…, ya fuera anorexia, depresión, racismo cotidiano, o tal vez una tristeza como la mía, que combinaba las tres cosas», escribe la autora Larissa Pham en su colección de ensayos *Pop Song*, sobre la industria de *marketing* de testimonios. Subir de nivel en mi carrera de escritora implicaba contribuir con la agresión sufrida en publicaciones que se aprovechan de las palabras salpicadas-de-sangre-sudor-y-lágrimas de las mujeres, gracias a clics de odio que explotan a las escritoras y las exponen al acoso, *doxxing*, y a la violencia real física (de algún modo, incluso permitirnos hablar de nuestro dolor es otra forma de silenciarnos). Para un artículo de seguimiento sobre las consecuencias de publicar «Mi violación *light* y sin cafeína», la directora de una publicación me envió una lista de veintiséis puntos que recogían al detalle lo que ella, la publicación y el público querían que explicara por una tarifa de mil dólares, entre ellos:

8. ¿Pusiste excusas para evitar las relaciones sexuales? ¿Y te entristeció comprobar que no era la relación que tú esperabas?.
19. ¿Te ha sorprendido cuánta gente ha reaccionado de forma negativa? ¿Qué te han dicho y quiénes son?
24. ¿Te apena que tantas mujeres experimenten «violaciones *light*» y no se den cuenta o simplemente las soporten como algo «normal»?

Al llegar al final de la lista, escribí un *email* a la directora con mis disculpas por no ser capaz de escribir el artículo después de todo.

Por supuesto, debería haberme mostrado más agradecida por aquella oportunidad. Durante cinco años después de rechazar aquella oferta mis presentaciones sobre la cultura de la violación fueron rechazadas: mi experiencia no era lo suficientemente terrible, o lo suficientemente buena, ya no era noticia.

Resulta obvio que las historias como la mía no son noticia y los que se encargan de crearlas se aseguran de ello. Por lo menos así fue hasta #MeToo, el *hashtag* que consiguió colgar el cartel de «Temporalmente fuera de servicio» en la máquina del lenguaje.

#MeToo, la campaña de las redes sociales, hizo algo más que insinuar que no se cree ni respeta a las mujeres, y que no están seguras, por oposición a lo mismo respecto a los hombres. Hizo algo más que dar a entender que se abusa y maltrata a las mujeres, se les hacen proposiciones sexuales o son el blanco de ataques, se las coacciona, o en el caso de las menores se intentan establecer vínculos emocionales con el fin de abusar de ellas, que son víctimas de agresión (y un largo etcétera) a plena luz del día, persistentemente, en variantes que empiezan a edades tempranas y no cesan ni parecen lo suficientemente malas o anormales como para informar sobre ellas o ni siquiera comentarlas. Recogió el testimonio de millones (el centro de investigación Pew informó de que «#MeToo» fue tuiteado más de diecinueve millones de veces en su primer año, y se usó más de cincuenta y cinco mil veces al día). El *hashtag* puso de manifiesto el silencio en el que vivimos en una exhibición histórica de la compañía amorosa que hace sufrir.

Pero yo no tuiteé #MeToo en 2017. Ni #WhyIStayed en 2014, ni #WhyIDidntReport en 2018. Porque en las mismas plataformas que alentaban a las mujeres a decir las cosas en voz alta también se nos pedía que nos inmoláramos por denunciar, por crucificarnos a nosotras mismas para demostrar las premisas básicas de que las mujeres deben ser escuchadas, que no deben ser acosadas ni violadas ni asesinadas, y que la restricción de la libertad reproductiva es lo mismo que restringir la libertad de la mujer.

La activista Tarana Burke creó Me Too como un movimiento social en 2006, pero fue ignorada como activista negra por el público blanco. Y ese es el supuesto más favorable. Muchas «mujeres racializadas, de clase trabajadora, inmigrantes, pertenecientes a minorías, mujeres indígenas, *trans* y las que viven en albergues… viven una vida feminista pero rara vez hablan o escriben algo sobre ello», escribe Rafia Zakaria en *Contra el feminismo blanco*. Eso se debe a que, como bell hooks explica en *Respondona*, atreverse a hablar es «en verdad, a nivel profundo, una cuestión de raza y clase social realmente, debido a que la población negra ha sido educada para creer que hay algunas cosas de las que no se debe hablar, ni en privado ni en público».

Aunque podía tuitear con impunidad, no lo hice. Había aprendido la lección. Y por eso no publiqué ningún tuit sobre mi novio de la universidad, ni sobre los hombres asquerosos en el mundo de los medios de comunicación.

De repente, en muy poco tiempo, el movimiento #MeToo había ido demasiado lejos. Las mujeres habían desmotivado a la gente con sus «avisos de contenido que puede herir la sensibilidad» y habían cansado a todo el mundo con demasiados relatos personales, además de haber arruinado bastantes vidas y haber dicho bastante (¿aunque realmente «haber arruinado» es el verbo adecuado?). Por cada Charlie Rose que despidieron o cada Matt Lauer que realizó una gira de disculpas antes de volver a las andadas, había un Bill Cosby puesto en libertad por un tecnicismo, o un comediante como Louis C.K., que, tras afirmar que había sido boicoteado, partió en una gira nacional de monólogos y ganó un Grammy en 2022 por el mejor álbum de comedia del año, sobre el boicot. El director de la Recording Academy, Harvey Mason Jr., defendió la nominación de C.K., así como la del acusado por ser supuestamente un violador y agresor sexual en serie Marilyn Manson:[8] «No tendremos en cuenta la historia personal de cada nominado, ni sus antecedentes penales, solo la legalidad dentro de nuestras propias normas».

El movimiento #MeToo aparentemente iba demasiado lejos cada vez que una mujer gritaba «¡Me están agrediendo!» casi con la misma frecuencia que tiene lugar una agresión. Eso era demasiado improbable, demasiado difícil de aceptar. Tras tantas acusaciones, estas empezaron a sonar falsas. Las mentes masculinas no podían comprenderlo. Un periodista acusado escribió en la revista *Harper* que, bueno, realmente #MeToo era una revisión de la realidad, una «recalibración de millones de eventos» en cuyo proceso las estadísticas se convertían en ficción y las mujeres falseaban acusaciones como orgasmos.[9]

Fact-check: la «recalibración» no es de «millones de eventos», sino

---

8. Manson negó las acusaciones.

9. El movimiento sobre la histeria y #MeToo empezaron y acabaron del mismo modo: «¡Dejad hablar a las mujeres! Pero, espera un momento, ahora que están hablando, vemos que hay demasiadas a las que los hombres les han hecho daño, lo cual no es realista, o sea, que este movimiento da asco, es falso, y ya se puede dar por terminado». Los médicos del siglo XIX habían creído a las mujeres con histeria y reconocido que los síntomas físicos tenían un origen psicológico, con frecuencia algún trauma sexual, pero luego la «histeria» se puso entre comillas y simplemente era demasiado común y estaba «más allá de la credibilidad», anota la doctora Judith Herman en *Trauma and Recovery*. «Freud dejó de escuchar a sus pacientes femeninas» y se desdijo de «la teoría traumática del origen de la histeria» porque, como Caroline Criado Perez explica en *La mujer invisible*, «eso habría supuesto la implicación de demasiados hombres».

de estadísticas y de la conciencia social que se ajusta a la realidad de la victimización como una constante.

Fact-check: la revisión afecta a aquellos a quienes se ha denunciado y que tienen que rendir cuentas.

Fact-check: la ficción es la inocencia masculina.

Fact-check: estar traumatizada conlleva ser incapaz de expresarse. Las canciones tristes no pueden explicar el trauma (las personas traumatizadas necesitan cintas rojas clavadas en mapas y declaraciones por escrito de testigos oculares que no estaban allí para capturar adecuadamente la invasión y coerción sufridas por el cuerpo), y por eso las supervivientes pueden aparecer como mentirosas, puede incluso que estén mintiendo, pueden parecer histéricas, e incluso pueden desarrollar una patología.

Pero todo eso da igual porque una acusación falsa pone en peligro el movimiento. Si una mujer se equivoca, todo el movimiento se verá comprometido. Las mujeres, que quede claro, tienen que hablar con perfección o no hablar en absoluto.

Yo decidí no hablar para nada. Tenía miedo de convertirme en esa mujer, de meter aún más la pata, temía la falta de credibilidad de mis acusaciones públicas si las tuiteaba, temía que los hechos no pudieran sostenerse en los tribunales, puesto que hacían que las circunstancias parecieran resultado de mi decisión, y temía mi propia voz como llevaba haciendo más o menos desde que aprendí a hablar.

Lo que está en todas partes también puede decirse para que no conste en ningún sitio, y #MeToo desveló la «zona gris» por legislar.

Para mí la cultura de la violación es como un iceberg, y en la punta se encuentra el asesinato; por debajo, la violación, la violencia sexual y el abuso; después vienen los ataques verbales y las amenazas; los sigue el maltrato emocional; y luego enquistadas desigualdades en las posiciones de poder y la deshumanización sistémica. En el nivel inferior se encuentra la zona gris:

– la presión sexual;
– la transferencia de toda la responsabilidad emocional;
– provocar la voz de una mujer pero dejarla fuera de la conversación o el relato;

– reiterar únicamente las palabras de un hombre mientras se desconecta de las que dice una mujer;
– actuar de acuerdo con una animosidad profundamente arraigada, ya sea consciente o subconsciente, hacia las jodidas zorras que basta con que sean mujeres para ganarse el maltrato y la aversión de los hombres.

Y de forma rutinaria:

– ser condescendientes con las mujeres o arrollarlas directamente,
– disuadir a las mujeres de sus propios sentimientos,
– interrumpir a una mujer o encogerse de hombros cuando habla,
– asumir autoridad sobre las mujeres,
– recordarles cuál es su sitio y ponerlas en su sitio.

Asimismo, de forma habitual:

– insultar a las mujeres,
– evaluarlas,
– controlarlas.[10]

Y tal vez:

– pedir disculpas sin sinceridad y esperar que las mujeres se muestren agradecidas
– y hacer todo eso con total impunidad.

Pero aparentemente no merece la pena mencionar nada de eso. Como si nada que valga la pena mencionar les sucediera a las mujeres y nada de lo que les pasa a las mujeres pudiera ser digno de mención. Simplemente no vale la pena. Aunque todo eso secuestre nuestros días y nuestra única, preciosa y salvaje vida, simplemente no vale la pena.

10. Parte del lenguaje utilizado, que en realidad es un dialecto del patriarcado, también se conoce como «DARVO» (negar, atacar e invertir los papeles de la víctima y el infractor, por sus siglas en inglés), una estrategia retórica empleada por los maltratadores para defenderse y seguir haciendo luz de gas a aquellas a las que maltratan.

Y aun así el iceberg en su conjunto ilustra que el maltrato, en cualquiera de sus variantes, está interrelacionado y es un problema en sí mismo, y que «leve» no es sinónimo de «aceptable», sino del término «muerte por mil cortes», una técnica de tortura y concepto en psicología que hace referencia a un efecto significativamente negativo que se produce de forma acumulativa, imperceptible y lenta, y como resultado nadie reacciona ante un solo corte o lo llama lesión. Cada corte, aunque forme parte de los mil que llevarán a la muerte, parece normal y por tanto se normaliza (se convierte en un tema más de conversación o en un comentario constructivo, en un debate divertido o acalorado, o que sirve para coquetear, o en una defensa apasionada), a pesar de sus violentas implicaciones. Así es como millones de mujeres mueren debido a mil cortes.

Como le dije a Bill Murray, la violación en «la cultura de la violación» es el violento fin de recorrido, el punto final del proceso de silenciar a las mujeres y convencernos (con o sin nuestro consentimiento) de que callemos.

«Silenciar» es un verbo, una acción. Ahora mismo, prácticamente son los senadores blancos de Estados Unidos quienes están votando en favor de proyectos de ley antiaborto y otra legislación similar relacionada con la salud que negará a las mujeres el derecho de usar su voz sin cortapisas, al legalizar la opresión y criminalizar el hecho de vivir en el cuerpo de una mujer.

«Silencio» es un sustantivo, es un lugar. En el silencio en el que los hombres me han dejado varada, he mantenido sus secretos a salvo para ellos, esos secretos que eran suyos y ahora son míos. En este silencio he interiorizado la mala conducta de los hombres, a saber: él ignora/engaña/grita/maltrata, y supongo que yo le provoqué.

«Silenciar» es algo activo, pero el silencio en sí mismo habla y consiente, y el sustantivo se convierte en un verbo cuando hace posible tanta violencia como inflige el acto de silenciar, cuando elimina o hace desaparecer a un grupo de gente y sus problemas o decisiones, y cuando engaña a una mujer para convencerla de que guarde silencio.

10

Silencio y ruido

*E*n Facebook todo el mundo estaba entusiasmado por compartir su impopular opinión. En Instagram hacía tiempo de llevar bikini. En Pinterest era la época de las bodas. En Reddit había una guerra contra las mujeres. En Twitter la revolución estaba siendo tuiteada, y había mil nuevos tuits de #MeToo y diez mil réplicas de supremacistas heterosexuales blancos que indicaban a las mujeres lo que no deberían estar diciendo. Y en última instancia, internet me suplicaba que lo diera todo de mí. Pero mis experiencias en el tiempo y el espacio habían reforzado el silencio como mi mejor opción.

En octubre de 2017 llevaba enferma nueve meses; Alyssa Milano tuiteó: «Si has sufrido una agresión o acoso sexual escribe "me too"»; y la hoja de cálculo anónima de Google titulada «Shitty Media Men» (hombres asquerosos de los medios de comunicación) circuló durante doce horas entre las mujeres que trabajan en los medios de comunicación para hacer una lista y advertir de los hombres cuya conducta sexual era poco profesional o abusiva, ilícita o asquerosa. La hoja de cálculo, el vestuario de mujeres organizado en una dimensión virtual, difundió ampliamente durante las doce horas que estuvo disponible supuestas malas praxis que iban desde almuerzos improcedentes a violaciones. La escritora Moira Donegan admitiría con posterioridad haber empezado a confeccionar esa lista.

Nadie me envió el enlace. De haber tenido acceso a los más de setenta nombres de la lista (algunos de los cuales correspondían a hombres que conocía, con los que había trabajado y estado a solas con ellos) habría añadido alguno más.

La lista se hizo pública y después viral. Algunos hombres resultaron despedidos a causa de ella. Algunas agencias de noticias se pusieron en contacto conmigo para pedirme un comentario, puesto que el fundador de la revista literaria *online* aparecía acusado de acoso sexual, coerción y violación.[1] Respondí que no quería hacer ningún comentario o no respondí. El fundador de dicha revista literaria en persona me envió un *email* para hablar y pedirme perdón si yo consideraba que debía hacerlo. Tampoco le respondí.

¡En qué mal momento personal me pilló todo eso! Ya había dejado atrás a aquellos hombres asquerosos de los medios.[2] ¿Qué más quedaba por hacer aparte de olvidar, no perdonar nunca y reprimirse?

«Siempre que la gente te dice que tendrás que afrontar algo algún día y te empuja con toda naturalidad hacia el dolor, la obscenidad o la revelación indeseada que te acecha, en sus voces hay una nota de traición, un frío y mal disimulado júbilo, algo ávido de tu dolor», escribe Alice Munro en su novela *La vida de las mujeres*, expresando lo que yo pensaba de tuitear.

«El silencio es lo mejor», pensaba yo, cuando la presión para denunciar eclipsaba la presión para quedarme callada.

Las redes sociales y yo teníamos un pasado. En nuestra primera época, cuando publicaba algo («¡Estoy entusiasmada!», «¡Me siento humillada!», «¡Estoy traumatizada!») debajo añadía «DAR TESTIMONIO, POR FAVOR». Rezaba para que lo que subía a internet llegara a alguien / cualquiera / todo el mundo en cualquier sitio / en todas partes, y quedaba a la espera de alguna opinión positiva o reconocimiento viral de mi dolor. No había nada más que hacer, simplemente quedarse sentada frente a la pantalla, abrirse las venas y esperar a ver cuántas veces te habían visto. «Quizá —pensaba—, cuanto más comparta mi dolor y más gente lo recoja, menos tendré que sufrirlo, como si fuera la trama de una película de terror». Me parecía que ese era el sentido de las redes sociales, vulnerabilidad a cambio de visibilidad y subidón químico. Sin embargo, mis *posts* fueron ignora-

---

1. Negó las acusaciones y publicó su defensa y un vilipendio del movimiento #MeToo en otro sitio web que, en mi opinión (liberal), publica artículos racistas, transfóbicos y misóginos.

2. Nombre de mi cinta sobre sexo.

dos (tras haberme expuesto) y como respuesta obtenía memes de la foto viral de un lagarto indiferente.

Los números siempre me parecían demasiado bajos, independientemente de la cantidad. Incluso cuando aceptaba más invitaciones de amistad y ganaba más seguidores, no había suficientes amigos o «amigos» o extraños en internet o sobre la faz de la Tierra que pudieran colmar mi necesidad, o mitigar mi dolor, o despejar mis dudas, o aplacar mi miedo, o satisfacer mi cuota emocional.

Y eso resultó ser un desafío. ¿Y si los que había ya eran suficiente? ¿Y si me bastaba conmigo misma?

Aquellos momentos malogrados eran información, señalaban que como no había la cantidad suficiente de gente que hubiera reaccionado, o me hubiera colmado de amor justo en esos momentos, entonces nadie lo haría nunca. Quería retroceder en el tiempo: «No debería haber subido lo que escribí. Debería borrarlo, borrar mi cuenta, morir».

Y, sin embargo, no podía mirar a otro lado; tenía la sensación de que debía seguir pendiente de las redes sociales, y en la misma medida las redes sociales estaban pendientes de mí, de modo que me vi forzada a seguir pronunciándome en voz alta, producirme a mí misma y producir un «yo» concreto.

Ya había resultado bastante duro comunicarme y desarrollar mi propia personalidad. Pero entonces surgieron las redes sociales, y «quién era yo» (el hecho de existir) dependía de lo que escribiera en cuadros de texto con límites de palabras y la función de autocorrección, y un botón para publicar (y un botón para citar, otro de aprobación, y otro para responder). De forma inevitable, me desmoroné, con el corazón demasiado golpeado por puñetazos que no iban dirigidos a mí. Publicar en internet no era la salvación: no podía incluir internet como contacto en caso de emergencia.

«El silencio es sexi», me recordé a mí misma mientras me deslizaba por los *hashtags* y las historias de maltratos y el maltrato en sí mismo que estaba marcado como favorito y retuiteado, o citado, interpretado y criticado. Cada vez que abría Twitter, algún *hashtag* era un *trending topic* que exigía, entre líneas, sangre de mujeres para las masas, igual que antiguamente las religiones exigían sacrificios humanos. El significado subyacente de esos *hashtags* era:

- lo privado debería ser público;
- una mujer debería divulgar lo que la atormenta ante una nación incomprensiva y desmemoriada;
- deberíamos amplificar la señal de nuestros traumas en las plataformas diseñadas, ejecutadas e infestadas de hombres y de trols que suelen ser hombres;
- el sufrimiento debe extraerse de acuerdo con las condiciones de aquellos ávidos del dolor de una mujer (o sedientos de ver sufrir a las mujeres);
- cualquier mujer es cómplice si no se atiene a todo esto, pero resultará mucho más repelente si lo hace.

Di mil vueltas a la posibilidad de contribuir a aquel discurso. «¿Acaso ha llegado ahora el momento? ¿Ahora es el momento? ¿Justo ahora mismo?». Me encontraba de lleno en plena represión, en poner en práctica lo que me habían dicho que hiciera.

¿Y si la gente daba un *like* o seguían el *link* hacia mis heridas? O peor aún, ¿y si no lo hacían? O en el peor de los escenarios, ¿y si les echaban sal? Contribuir a la disertación daba la sensación de renunciar al control sobre ella. Y además, ¿cómo podría reducir mis heridas a doscientos ochenta caracteres cuando no hay caracteres suficientes para describir un trauma? ¿O los matices?

Por otro lado, ¿me liberaría algún día de tener que hablar de hombres? Antes del #MeToo aparentemente las mujeres contaban con dos opciones para ser escuchadas en público: (1) escribir/hablar sobre hombres; (2) escribir/hablar en contra de los hombres, para educarles y explicarles cosas sobre ellos mismos. Pero había una tercera opción: hablar sobre cómo los hombres nos habían herido. Antes se nos conocía por nuestro estado civil, ahora por nuestro estado traumático. ¿Cuándo contaremos con un Test de Bechdel del trauma? (No es solo que los hombres como grupo opriman a las mujeres, de forma activa o pasiva, sino que tener que escribir sobre hombres y hablar sobre hombres y escuchar a hombres y pensar en hombres y tener miedo de los hombres en la proporción en que lo hacemos resulta opresivo).

«Pero ¿será realmente el silencio lo mejor?». Era una pregunta incómoda, por lo que decidí no planteármela. «¿Cuándo no decir nada es necesario para sobrevivir cada día, y cuándo es un acto egoísta, o apático o de autoderrota?». No sabía la respuesta, por lo que seguí deslizándome y arrastrando el dedo sobre la pantalla, para mantener al margen esas preguntas, escuchar cualquier voz y todas las voces excepto la mía, para seguir supervisando los insondables canales web hasta que mi mente rebosara de los pensamientos de los demás y ya no pudiera distinguir de quién eran los sentimientos que yo estaba sintiendo.

De forma parecida a la pregunta que Oprah formuló a la duquesa de Sussex, Meghan Markle: «¿Guardaste silencio o fuiste silenciada?». Sí. Para poder soportar que me acallaran cuando tenía veinte años, elegí el silencio cuando llegué a la treintena. Tras haber consentido la violencia sexual, y después de no haber aceptado consumirme hasta quedar reducida a cenizas por escribir y hablar de ello, estaba harta de decir lo correcto y lo incorrecto, harta de hablar con palabras masculinas, harta de hablar y tener que hacer frente al repudio por hablar, harta de enviar o publicar y arrepentirme instantáneamente, harta de que las palabras, equivocadas o incluso correctas, volvieran a mí en masa a atacarme.

Para tener menos miedo y arrepentirme menos, me expresaba menos: en las redes sociales (¿qué clase de identidad tenía que demostrar de todos modos?), en Microsoft Word, para no tener que venderme a mí misma después, en eventos sociales porque ya no asistía a ninguno.

185

Dejar de escribir fue un 11 en una escala de 10, lo recomiendo. Desde que empecé con los talleres de escritura y secciones de comentarios, había decidido que debería escribir tan bien, de forma tan impecable y perfecta, que nadie pudiera negar mi relato o mi derecho a hablar o me pudieran decir que me dejara violar. Le daba vueltas a una frase durante meses, remplazando una coma con un punto y coma, para luego volver a sustituirlo por una coma, y así mil veces más (ahora mismo acabo de cambiar «mil» por «cien» y por «cincuenta», para volver a «cien» y luego a «mil», después poner «veinte» antes de considerar «tres mil» y finalmente decidirme por «mil»), hasta sentirme tan abrumada que borraba la frase entera.

De todas formas, eso no tenía importancia. Por muy intachable que fuera mi escritura o por muchos puntos y coma que usara o no, tenía que respetar que había «un tiempo» y un «lugar» en el que no existía ningún momento ni ningún lugar que me permitiera hacer pública mi opinión o experiencia, y que al hacerlo me siguiera sintiendo segura y en mi juicio.

Υ

No conseguí salir adelante como escritora *free lance* que redactaba una frase cada tres meses, por lo que pasados años desde el posgrado solicité trabajos que no requerían tener una gran voz. Fui una barista que utilizaba siempre las mismas trece palabras («Hola, ¿qué deseas tomar?», «De qué tamaño?», «Se nos han acabado los *bagels*»), hice de canguro para dos adolescentes que se encargaban de llevar la conversación, paseé perros de famosos y eliminé la verbosidad de otros autores como correctora.

Al principio no se me hacía extraño hablar menos. El silencio resultaba agradable, agradable de ese modo en que es normal reprimir [lo que sea], relegar la comunicación real a una especie de aflicción, salir de una obra de teatro o de un museo (cuando acabas de darte cuenta de que había y hay más, y puedo ser más), para inmediatamente mirar el móvil, incapaz o reacia a verbalizar cualquier sentimiento. Resultaba agradable dejar que el neocórtex tomara el control, esa parte del cerebro que niega, oculta y miente para ayudar a los primates a sobrevivir y a encontrarse con un ex para tomar un café y mostrarse alegre, vestida para los negocios (no para la venganza), y actuar como si el amor que expiró fuera agua que corre bajo un puente quemado.

Cuanto más cortejaba el silencio, más sentido tenía para mí. Después de todo, la prensa nos pide que celebremos las tragedias que suceden en el mundo y no sintamos ninguna emoción al respecto, con el fin de poder seguir funcionando. Internet nos pide que confiemos en nuestras manos para nuestra intimidad, para hacer el trabajo de gargantas y genitales, mientras la tecnología hace posibles relaciones que nos protegen de otras relaciones. Los servicios de *streaming* nos piden que mejoremos en nuestra capacidad de cerrarnos e ignorarnos unos a otros, de rehuir la vulnerabilidad sin la cual no podemos vivir.

Asimismo, el silencio parecía un efecto secundario de crecer y hacerse demasiado mayor para los sentimientos. Los adultos simplemente no hablamos de cómo nos sentimos tanto como de niños. O no sentimos tanto como antes. O sencillamente nos hemos quedado sin sentimientos tras habérnoslos cargado, como si el amor se hubiera agotado y los adultos fueran de cemento por dentro, totalmente desesperados, muertos en el corazón. O algo así. Lo que sea. Mis sentimientos eran peores a los catorce (y a los diecinueve, veintidós y veintiséis), cuando se me acumulaban tantos, demasiados, y después de una ruptura a los veintiséis decidí que los sentimientos no eran para mí y me convencí a mí misma de apartarlos. Por culpa de los sentimientos me diagnosticaron depresión, y también fueron los sentimientos los que me hicieron convertirme en una persona no deseable para salir, y en una desempleada, de modo que sí, no.

No obstante, antes de ponerme enferma mi silencio se volvió extraño. No podía encontrarme con las personas con las que había quedado para tomar un café o unas copas porque solo podía vislumbrar el final del encuentro, la decepción de unas personas en otras, por eso cancelaba (de forma dramática) o aplazaba (en términos vagos) las citas, y luego lloraba cuando no tenía un sitio donde ir. Quería tener ganas de pasarlo bien, pero ante la idea de mantener una conversación intrascendente o de cualquier otro tipo me encogía. Me maquillaba por la mañana y me limpiaba la cara por la noche sin haber salido de casa. Si tenía que ir a trabajar lo hacía, pero no iba a ningún otro sitio, nunca, por ninguna razón.

Los apartamentos de Brooklyn obligan a otros silencios. Mi vecino de abajo se quejaba de que caminaba pisando demasiado fuerte, de modo que empecé a caminar de puntillas. El de arriba de que hablaba demasiado alto al teléfono, por lo que comencé a hablar en voz baja y llamar menos. Podía oír al vecino de enfrente del vestíbulo usar el cuarto de baño, lo cual implicaba que a mí también se me oía, de manera que hacía pipí y popó y todo lo demás bajo la protección del ruido del extractor y el agua corriendo (para perpetuar la farsa de que los cuerpos de las mujeres no emiten sonidos, ni cuentan con un sistema digestivo o cualquier cosa que demuestre su biología).[3] Y como vivía sola, había días en los que no hablaba en absoluto.

187

3. «Hete aquí el problema: eres una mujer, y las mujeres no hacen popó», escribe la autora Bonnie Miller en su libro *Women Don't Poop & Other Lies (Las mujeres no hacen popó y otras mentiras)*. «Si eres como la mayoría de las mujeres (el 71 %), buscarás sin descanso una solución para ocultar el hecho de que tú también haces eso que es normal en un ser humano». Mentimos, vamos a Starbucks y otros sitios que ya tenemos planeados como plan B, nos aguantamos, etcétera, mientras los hombres alardean abiertamente de ello (y como en el caso de casi todo lo demás, los inodoros fueron diseñados para el hombre promedio y son demasiado altos para casi todas las mujeres, según este libro bien documentado sobre el acto de defecar).

Con el tiempo, el silencio era simplemente la vida.
Por fin me había convertido en la mujer ideal: no perfecta, pero sí callada.

Sí, el sexo está bien, pero ¿alguien ha probado alguna vez el celibato? En mi segundo año en la escuela de posgrado empecé a experimentar el silencio corporal absoluto. Durante mucho tiempo. «Durante mucho tiempo» no es un mes; son muchas decenas de meses, durante los cuales los niños de mis amigas de Facebook fueron concebidos, anunciados, revelados, nacieron y les creció el pelo y la personalidad. Durante mucho tiempo no tuve relaciones íntimas, no hubo piel contra piel ni besos, no coqueteé ni susurré nada de nada. Me quitaba la ropa, por supuesto, cuando alguien me lo pedía, alguien que fuera un médico.

En relación con las relaciones sexuales y el discurso femenino, «es un antiguo axioma griego y romano de la teoría médica y la discusión anatómica que una mujer tiene dos bocas», escribe Anne Carson en su ensayo *El género del sonido*. Una en la cara y otra genital «conectadas al cuerpo por un cuello» que «proveen acceso a una cavidad hueca [la garganta y el cérvix] que es custodiada por unos labios [los de la cara y los vaginales]». Ambas funcionan mejor cuando están cerradas, y además mantienen una relación directa: «Un exceso o bloqueo de sangre en el útero se muestra como estrangulamiento o pérdida de la voz», o hablar demasiado puede pausar el periodo, o la pérdida de la virginidad puede manifestarse con un cuello hinchado y una voz más grave. Los cambios en la boca de la parte inferior del cuerpo tienen su repercusión en la de la parte superior y viceversa. Y los traumas en la boca de la parte inferior pueden presentarse en la de la parte superior y viceversa.

Cuando cerré la boca de la parte superior, la de la parte inferior hizo lo propio. ¿O acaso fue a la inversa?

«No entiendo cómo es posible», me dijo un cretino sobre mi celibato en un tono que implicaba que no tener sexo es un escarnio público además de un fenómeno biológico. Pero los hombres heterosexuales como él lo hicieron posible. Sobre todo uno en particular, un chico al que conocí en un campamento diurno de verano en los noventa.

En esa década éramos preadolescentes, novio y novia, pero en lugar de restregarnos con ropa o de que me metiera el dedo en la vagina, jugábamos al fútbol, lo cual significaba que daríamos la vida el uno por el otro. Era mayor que yo, y mi primer beso fue cuando yo tenía quince, y él, dieciséis, y tocaba la guitarra acústica para mí. A finales de la veintena volvimos a encontrarnos, esta vez con la compañía del alcohol, y acabamos en un aparcamiento en la parte de atrás de mi Honda Civic 2000 recreando nuestro primer beso. Cuando ya teníamos treinta y pico, él planeó una visita a Nueva York, y daba por supuesto que nos acostaríamos. ¿Por qué lo daba por supuesto? Simplemente así era.

¿Acaso tal vez no tenía por qué ser así? Ese pensamiento era nuevo. «No me voy a desnudar», me dije a mí misma, empoderada.

«No me voy a desnudar», le escribí antes de encontrarnos para tomar unas copas con sus amigos de la universidad.

Pero después de la última ronda, no se metió en el taxi con sus amigos. Se quedaría en mi casa, me dijo, aunque yo no le había invitado.

No me iba a desnudar, de modo que no haría mi rutina, que consistía en excusarme para ir al baño y cepillarme rápidamente los dientes, quitarme los granos, afeitarme por completo, quitarme con pinzas lo que hiciera falta, lavarme las axilas y la vagina, sonarme la nariz y limpiar el baño. En lugar de eso me excusé para ir al baño y hacer pis con el grifo del lavabo abierto.

Al regresar al dormitorio vi con asombro que había encendido todas las velas que tenía, hasta las decorativas.

Nos lo montamos en la cama, algo que a mí ya me iba bien.

Pero lo que a mí me iba bien no era lo bastante bueno para él. Y después de un semáforo en verde, debía creer que venía toda una recta con todos los demás semáforos también en verde. Me saca una cabeza, y debajo de él me sentía tan pequeña, tan desamparada, tan indefensa, tan impotente, tan inmovilizada. Me reí mientras me sujetaba y hacía lo que quería, y me puse a contar chistes, chistes de verdad, para justificar su risa. Pero no me iba a desnudar, y no lo hice.

Por la mañana tampoco quería desnudarme, y entonces se enfadó. Lo que había dicho la noche anterior, aquello de que no me iba a desnudar, eso no sería válido por la mañana. ¿Dónde estaba el sexo?

Ya había estado en esa pelea, solo que no con él.

Entonces se fue.

Es lo único que hizo.

Me sentía tan agradecida, sana y salva, tan entusiasmada, tan intacta, tan bien.

Él se había ido, y yo pensé: «Dije lo que no quería...».

[PAUSA PARA APLAUSOS]

«... pero eso no ha cambiado nada».
Pensé: «No quiero estar cerca de una cama con un hombre nunca más». Pensé: «No quiero salir más con hombres». Y no lo hice. Durante siete años aproximadamente así fue.

A una mujer de nombre Alana se le ocurrió la palabra compuesta *incel* en 1997, concibiendo lo que dio en llamar Proyecto de Celibato Involuntario como una comunidad de apoyo inclusiva para las personas solitarias y heridas y las que se cuestionan el patrón tradicional de la sexualidad humana y se sienten excluidas de él. Pero entonces, dice Alana, los hombres hambrientos de sexo y cabreados se apropiaron del término *incel* como un «arma de guerra».

Yo era una *incel* en el sentido en que Alana había imaginado, más o menos. Mi celibato era involuntario y no lo era. Los *incels* me darían otros nombres, uno de ellos *volcel*, o sea, celibato voluntario. Voluntario porque, aunque estaba sola, no buscaba no estarlo. Involuntario porque ¿qué opción real tenía en una cultura patriarcal de la violación en la que la soledad es política, en la que las mujeres tienen que encontrar el equilibrio entre deseo y necesidad de compañía y contacto físico con la opresión sistémica y la amenaza de la violencia, en la que salir y follar puede tener consecuencias deshumanizadoras, incluso mortales? Por mi manera de pensar podría considerárseme una *femcel*, y que formo parte de un grupo que ha tomado prestado el concepto de Alana en una versión distinta. «Muchas *femcels* dirían que acostarse con hombres que les faltan al respeto o las maltratan convierte esa "opción" en algo parecido a elegir entre morirse de hambre y comer alimentos envenenados», escribe la autora y redactora Nona Willis Aronowitz en el ensayo *The Femcel Revolution* (*La revolución femcel*).

Los médicos intentaron diagnosticar mi celibato como «anorexia sexual», o como trastorno por estrés postraumático debido a una relación, o desde un enfoque a lo *Lisístrata*.[4]

---

4. *Lisístrata* es una comedia romántica griega antibélica del siglo v a. C. que versa sobre un plan del personaje que da título a la obra para acabar con la guerra

Yo autodiagnostiqué mi celibato: heterosexualidad. La lista de síntomas incluye mal sexo, sexo mediocre, sexo monótono, «sexo» no
deseado (que es en realidad una agresión), sexo al que yo sentía que
no podía negarme y sexo cuando parece poco sexi abogar por el propio deseo o la seguridad de una misma.

Después de haber tenido las experiencias suficientes, el sexo heterosexual era… ¿sexista? Y la heterosexualidad no tenía sentido narrativo. Basta con considerar lo siguiente: la brecha del orgasmo y el impuesto rosa;[5] y depilación a la cera y las infecciones por cándidas y del
tracto urinario, y las hospitalizaciones debidas a que esas infecciones
se convierten en infecciones de riñón; VPH que puede originar cáncer de cuello uterino y biopsias cervicales; efectos secundarios de los
anticonceptivos,[6] miedo al embarazo, embarazo y parto, abortos y acceso restringido al aborto y a la planificación familiar; las complicaciones resultantes y los gastos, y asumir la responsabilidad de dichas
complicaciones y de dichos gastos; la presión de dar y de no recibir; la
vergüenza corporal y la vulnerabilidad del cuerpo (someterse a la pe-
netración) y la ortodoxia cultural (sucumbir al sexo con las condiciones impuestas por los hombres con hombres que ejercen poder mediante las relaciones sexuales); exponerse a la insatisfacción, al dolor, al
daño; la previsión de llegar a desear cualquier clase de sexo (mal sexo
/ sexo mediocre/monótono, «sexo» no deseado / agresión / sexo no
seguro); y todo el acicalamiento y la actuación y la abnegación de las
mujeres heterosexuales para que el orgasmo masculino tenga éxito.

O sea, que no era que me hubiera quedado sin sentimientos, sino
que sentía demasiado (de nuevo) (siempre). Tal como Susan Sontag

191

---

del Peloponeso, persuadiendo a todas las mujeres de que hagan una huelga sexual
hasta que cese el conflicto.

5. La discrepancia/discriminación en los precios, donde los productos «rosa»
(dirigidos a un público femenino, por ejemplo los desodorantes para mujeres) son
más caros (y a menudo menos efectivos). La mujer estadounidense promedio (que
gana menos que el hombre estadounidense promedio) paga más de 1300 dólares al
año de «impuesto rosa».

6. Efectos secundarios de las pastillas: cefalea, náuseas, dolor en las mamas, depresión, manchado, flujo. Efectos secundarios del DIU: desmayarse de dolor durante
la inserción, retortijones, complicaciones que provocan una histerectomía. Efectos
secundarios del diafragma: en *Sexo en Nueva York* el diafragma de Carrie se queda
encallado en su cuerpo y Samantha tiene que sacárselo.

escribió en *Ante el dolor de los demás*: «Los estados descritos como apatía y anestesia moral o emocional están cargados de sentimientos; y esos sentimientos son rabia y frustración». Mis sentimientos de rabia y frustración coincidían con los de otras mujeres en su mayoría heterosexuales. En Facebook a finales de 2016 me invitaron al evento «Mujeres: dejad de tener sexo con los hombres en Estados Unidos», una especie de *Lisístrata* publicada en las redes sociales y la primera de las muchas llamadas a un periodo sabático de pollas de las que he presenciado desde entonces, incluidas aquellas que cancelan la heterosexualidad y promueven divorciarse de los republicanos. El silencio corporal absoluto se presenta como una reacción razonable a la última década: el sexo es aún más ridículo y peligroso con las libertades civiles y reproductivas, ganadas con tanto esfuerzo, en peligro; con políticos nostálgicos de la violación en el matrimonio, y con la disponibilidad de los cuerpos femeninos, legislativa y literalmente, siempre que a los hombres les apetezca (y eso sucede constantemente). Muchas de nosotras sentimos que nos lo debemos a nosotras mismas.

Cuando estaba enferma perdí la voz. En la primera fase de mi drama médico, mi dolor de cabeza se extendió al cuello y los hombros, por lo que pedí cita para una costosa terapia basada en masajes llamada terapia biodinámica craneosacral (BCST por sus siglas en inglés), echando mano de la tarjeta de crédito de mi madre. El sitio web decía que la BCST influye en el sistema nervioso central así como en «el fluido que baña» el cerebro y la médula espinal, para «conseguir un efecto en todo el cuerpo, la mente y el espíritu». Guay.

Durante noventa minutos una mujer dio vueltas alrededor de mi cuerpo estirado en una camilla y me pasó las manos por encima sin rozarme; a veces me tocaba en algún punto, levemente; casi no lo notaba. Prosiguió con su trabajo por encima de mi cuerpo, con cualesquiera señales que mi sistema nervioso central pudiera emitir.

Durante noventa minutos esperé a que empezara el masaje. Podría haberme entregado a la medicina energética, pero el dolor en el cuello y los hombros no me dejaba. Durante noventa minutos luché en mi mente. «Di algo». Necesitaba decirle a la masajista lo que quería. «¡Di algo!». Quería un masaje normal. Ni siquiera quería que la terapeuta comprendiera o solucionara aquello que estaba mal en mi interior. «DI ALGO». Solo tenía que abrir la boca y preguntar: «¿Podría hacerme un masaje normal, por favor?».

Lo único que conseguí fue abrir la boca.

«Y ya se nos ha acabado el tiempo», dijo aquella mujer después de noventa minutos. Luego salió de la sala y me quedé en la camilla con un gesto de rabia, y cinco minutos después le di un 20 % de propina.

Eso volvió a suceder, pero en esa ocasión fue asqueroso. Un oftalmólogo me puso la mano en el muslo durante un examen. «Solo está siendo amable», me dije a mí misma para tranquilizarme. Y además, no tenía otro sitio donde poner la mano excepto mi muslo, me convencí a mí misma. «De todos modos —autonegocié—, el examen ya casi ha acabado».

Lo que dijo el expresidente [PITIDO] es cierto: les permitimos hacerlo. He permitido a demasiada gente hacer lo que quisiera conmigo.

Mi incapacidad para hablar se agudizó de manera tan extrema que mi psicofarmacóloga me derivó a una especialista del trastorno obsesivo compulsivo. Fue una derivación inesperada, ya que no me lavaba las manos una cantidad extraordinaria de veces ni pulsaba los interruptores de la luz más de una vez, que era todo lo que yo sabía del TOC gracias a la tele.

En nuestra sesión inicial la especialista me planteó cientos de preguntas de diagnóstico, entre ellas:

—¿Necesitas que las cosas sean «justo como tú quieres»?

—Para nada —respondí sin pensarlo dos veces—. Solo que después de cada diálogo, o de cada mensaje, mentalmente vuelvo a reproducirlo siete u ocho veces y a considerarlo desde todos los ángulos, de cerca en primer plano y extrasolar, para analizarlo…

—¿Y acaso…? —me interrumpió la especialista, pero yo no había acabado de hablar.

—… y concentrarme en los fragmentos más mortificantes, luego juzgo mis frases en una escala de 1 a 10, preveo las consecuencias, decido si se me debería o podría perdonar, y considero lo que la otra persona pensará de mí («no se rio cuando dije…», «¿no le caigo bien?», «¿le habré ofendido?», «¿habré dicho algo ofensivo?»). Luego represento un diálogo alternativo y medito sobre la viabilidad de rehacerlo, todo eso mientras me quedo petrificada a ciento cincuenta metros de distancia de la conversación original y con la mirada fija, intentando dejar de pensar inmersa en la imposibilidad de dejar de pensar, porque, si lo hago, entonces pasarán cosas malas. Por eso intento limitar mis conversaciones diarias a la temporada actual de *The Bachelorette* y nunca envío mensajes.

»Ni siquiera puedo tomar notas (comunicarme conmigo misma).

»Además, lavo a la perfección los envases que voy a reciclar antes de ser físicamente capaz de llevarlos a reciclar.

La especialista me diagnosticó TOC.

Era una perfeccionista, Virgo además, y en una ocasión escribí a mano unos cincuenta borradores de una carta de amor porque cada vez que me equivocaba arrancaba una hoja nueva con renglones de la libreta hasta que escribí la carta sin ninguna falta, y entonces taché unas cuantas palabras en cada página para que pareciera que no me importaba cometer errores y seguir escribiendo. Pero ¿TOC? No, gracias.

—El silencio puede ser un síntoma del TOC —me explicó la especialista—, si te quedas callada de manera compulsiva, porque tienes miedo, de forma obsesiva, de no decir las cosas como «deberían» decirse.

No volví a pedir cita para que me viera un especialista en TOC durante un año, aunque mi silencio iba en aumento y se había convertido en algo más que un hábito, más allá del bloqueo creativo del escritor y el estancamiento espiritual, más allá de la falta de seguridad en mí misma y desear no haber dicho lo que había dicho, o haber dicho exactamente lo que quería, más allá del amor y los roles de género tradicionales, más allá de ser una judía instintivamente reticente a revelar su condición, más allá del perfeccionismo y el arrepentimiento y del afrontamiento...

Mi silencio era obsesivo, compulsivo, patológico...

Tengo miedo de no estar expresándome bien. Lo cual, como descubriría más tarde, era en parte causa de mi enfermedad.

11

Nueva versión de la histeria

*E*n la primavera de 2018, la chica de catorce años a la que había hecho de canguro desde que tenía nueve, mi responsabilidad y mi protegida, que era más una hermana pequeña que un trabajo (me imaginaba que vendría a verme cuando estuviera en el hospital para enfermos terminales, y a cambio yo la radicalizaría), saltó desde la ventana del piso decimoquinto donde vivía cinco días antes de cumplir los quince, aterrizó sobre un andamio y, ¿cómo podría explicarlo?, murió.

Kate Spade se mató pocos meses después, luego Anthony Bourdain, y no podía escribir, ni enviar mensajes, ni deslizar el dedo sobre la pantalla, ni dormir, ni funcionar, sin estar entablillada.

El dolor había vuelto y era más misterioso que nunca.

El cirujano ortopédico diagnosticó mi dolor como síndrome del túnel carpiano bilateral / tendinitis del flexor de la muñeca, y dos veces a la semana iba en el tren F a terapia ocupacional. Todos los días hacía una serie de estiramientos de muñeca y me embadurnaba con aceite de CBD y espray de magnesio, y me ponía compresas de hielo y almohadillas térmicas, compraba toda clase de artículos ergonómicos, e incluso tomé prestado un aparato de estimulación nerviosa eléctrica transcutánea (TENS por sus siglas en inglés) de la pareja de famosos cuyos perros paseaba. En mi apartamento extendía los antebrazos en un gesto de recibimiento y disponía los electrodos de las muñecas al codo, y una vez seleccionada la menor intensidad, los impulsos eléctricos latían en mis brazos e inundaban mi sistema nervioso de forma que las señales del dolor no llegaban a mi cerebro. Pero no me sentía mejor, sino mucho mucho peor, y durante todo el verano mis brazos se mantuvieron en forma pero no funcionaban.

Un día de finales de agosto Louis C.K. «regresó a los monólogos» en la sala Comedy Cellar de Nueva York, tras admitir las acusaciones de acoso sexual, y cuando iba a sacar el queso de la nevera, una descarga eléctrica me atravesó la espalda y me tiró al suelo, donde me quedé paralizada, hasta que pude nadar sobre mi barriga de una habitación a otra. El dolor en mis brazos había desaparecido. O, mejor dicho, había abandonado mis brazos para desplazarse a las lumbares.

Durante el otoño (y la nominación de Brett Kavanaugh como juez del Tribunal Supremo, y la demanda federal por difamación del fundador de aquella revista literaria *online* contra Moira Donegan y treinta mujeres anónimas más, reclamando un millón y medio de dólares por los perjuicios causados por la lista de los «hombres asquerosos en los medios de comunicación»),[1] la parte baja de mi espalda sufrió tres contracturas más. En urgencias me recetaron esteroides orales para el «pinzamiento del nervio»; el especialista en rehabilitación de la columna volvió a diagnosticar mi mal, esta vez era una hernia discal, y me derivó al fisioterapeuta. Este, al que había visto dos veces a la semana hasta que se me acabaron las sesiones que cubría mi seguro, me dio ejercicios para movilizar la pelvis y flexionar la espalda hacia atrás que debía realizar diariamente, y me pregunté si estar enferma se había convertido en un especie de vicio que no podía dejar.

«Tu dolor está siguiendo el ciclo informativo», me dijo el novio de una amiga. Tenía razón. Un mes después de la investidura presidencial de Donald [PITIDO], tuve cefalea de nuevo, justo diez años después del trauma sexual por el que había suplicado. Luego, cuando por todas partes había hombres acusados de agresión y acoso sexual, mi garganta y mi estómago entraron en pánico. Después los suicidios, la nominación de aquel juez en el Supremo, la demanda, y mi sistema nervioso colapsó en dolencias sucesivas.

Cuando tenía dolor, la única conversación que podía mantener era sobre el dolor. Llamé a una amiga esotérica para contarle mi sufrimiento, y me habló de amigos suyos en la misma onda con un dolor

---

1. Uno de sus abogados es tristemente famoso por defender a Paul Nungesser, un estudiante universitario que denunció que la Universidad de Columbia debería haber impedido a la estudiante Emma Sulkowicz pasear con su colchón por el campus en protesta de la presunta violación que sufrió por parte de Nungesser (la queja de Nungesser fue desestimada).

implacable, que lo superaron después de leer *Curar el cuerpo, eliminar el dolor*, del doctor y profesor John E. Sarno, una obra que versa sobre el «síndrome cuerpo-mente» y sus síntomas físicos sin enfermedad ni trastorno médico conocido. La «psicogénica», o, como el doctor Sarno da en llamarlo, el síndrome de miositis tensional (TMS por sus siglas en inglés), es un estado de sufrimiento psíquico que se traduce en un estado físico: las emociones (especialmente la ira) se acumulan en el inconsciente, sin poder expresarse hasta que superan la capacidad máxima y desencadenan en el cerebro la creación de síntomas de enfermedades crónicas que no parecen tener un origen conocido y que las pruebas médicas no pueden explicar. Es decir, algunas formas de dolor físico son la expresión de un dolor emocional reprimido.[2]

Paréntesis feminista: «Desde la década de 1950, el diagnóstico psicosomático ha confirmado la forma, muy real, en que la mente puede expresarse a través del cuerpo», escribe la doctora Elinor Cleghorn en *Enfermas: una historia sobre las mujeres, la medicina y sus mitos en un mundo de hombres*. Pero cuando la mente de una mujer se expresa a través del cuerpo de una mujer, las «clasificaciones reconocidas... se ven enturbiadas» por el sexismo, «con conceptos erróneos sobre la tendencia de la mujer a exagerar y fingir sus síntomas», con médicos que no escuchan a las mujeres, con la falta de investigaciones sobre el cuerpo femenino y con declaraciones que afirman que el cuerpo de la mujer desconcierta a la ciencia.

Υ

2. Nada de esto está avalado por la ciencia. No obstante, en el artículo de opinión del *New York Times* «A 30-Year-Old Best-Selling Book Might Hold the Key to Curing Chronic Pain» («Un *best seller* de hace treinta años podría contener la clave de la cura del dolor crónico»), la redactora de ciencia Juno DeMelo comenta el libro del doctor John Sarno *Libérese del dolor de espalda* (1991) —anterior a *Curar el cuerpo, eliminar el dolor* (1998)—. DeMelo somete a examen las hipótesis del doctor Sarno, y aunque sostiene que algunas son dudosas, afirma que el «tenía razón» acerca del «vínculo entre el dolor emocional y el físico», y señala que los «científicos ahora se centran en el sistema nervioso para comprender el dolor crónico no causado por lesiones en los nervios o en los tejidos», sino por «un mal funcionamiento de los circuitos del cerebro, que prolonga, amplifica y posiblemente incluso es responsable de la aparición del dolor».

Durante años, médicos y periodistas del mundo occidental se han hecho eco de la conexión cuerpo-mente y cómo el cuerpo carga con las emociones, sobre todo en el caso de la soledad (un estado psicológico que codifica señales hormonales y moléculas genéticas, y que puede tener un desenlace fatal porque agrava las afecciones cardíacas, la diabetes y enfermedades neurodegenerativas como el alzhéimer. Los médicos ahora tratan la soledad con fármacos analgésicos (paracetamol y medicación para la presión sanguínea como betabloqueantes). Pero la soledad, según el doctor Sarno, es «consciente». Sabemos cuándo nos sentimos solos y podemos (quizá) tomar medicación. El trauma, sin embargo, básicamente es incognoscible e innombrable (hay demasiadas interferencias en su relato y es demasiado caótico como para contar con una narrativa, puesto que una narrativa necesita un principio, un desarrollo y un final). Lo innombrable se convierte en silencio, y el silencio se convierte en nuestro destino, porque es aquello de lo que no hablamos, o en lo que nos negamos a pensar, lo que envía electricidad y ataca las fibras nerviosas.

La hija de Audre Lorde lo sabía. A la hora de aconsejar a su madre, activista y poeta, sobre qué debía decir en su discurso titulado «The Transformation of Silence into Language and Action» («La transformación del silencio en lenguaje y acción»), Elizabeth Lorde dijo: «Háblales [al público] de que nunca eres verdaderamente una persona completa si permaneces en silencio, porque siempre habrá un pequeño fragmento en tu interior que querrá ser expresado, y si sigues ignorándolo, se vuelve más y más furioso y más y más intenso, y si no lo sacas un día saldrá y te dará un puñetazo en la boca desde dentro».

Un buen día aquel fragmento en mi interior que quería ser expresado hizo eso mismo.

«Este va a ser el mayor desafío que hayas tenido en este trabajo», le dije a la empleada de una tienda de artículos eróticos cuando me preguntó si me podía ayudar a encontrar lo que buscaba.

Otra ginecóloga me había dicho durante el examen anual que mi cuello uterino desgarrado ya no parecía que acabara de pasar por un parto sin que así fuera, y pensé que entonces podía volver a la normalidad.

«Quiero dejar el celibato y volver a presentar un pene a mi vagina, pero no uno humano, ni siquiera uno de tamaño humano —le dije, porque estaba preparada para algunas cosas pero no para otras—. Tengo una oportunidad de sexo en el horizonte».

La cuestión era esta: no podía hablarle a la Oportunidad sobre mi celibato, porque de así hacerlo pensaría que era un bicho raro. Tenía miedo de que se asustara; de mí, de mi realidad, de mis sentimientos. Especialmente de mis sentimientos, que eran inaceptables (en realidad sobre todo un sentimiento: vergüenza, el sentimiento básico del trauma, que hablaba por mi puesto que el silencio es la mayor obsesión cuando una está traumatizada). Ya había asustado y ahuyentado a otras Oportunidades al compartir aquella información excesiva, por lo que salir del celibato se había convertido en un arte difícil de dominar. Tenía que solucionar ese asunto corporal de forma privada, con objetos inorgánicos, y hasta entonces no deseaba estar con nadie.

Me gasté dinero que no tenía en una cosa recargable curvada de color rosa, y esa noche puse en mi lista de reproducción la banda sonora de *Magic Mike* y su erotismo basado en la historia…

Pero al contacto con la cosa curvada rosa, mi cuerpo se acordó de lo que mi mente no quería recordar (el cuerpo es un elefante que nunca olvida), y se cerró en un puño, convirtiendo la arena en vidrio. 199

¡Pero encendí velas! Había leído a Anaïs Nin.

A mi cuerpo le daban igual las velas; comprendía algo que mi mente («yo») era incapaz de entender. Mi cuerpo tenía una mente, una memoria y una voz propias.

Pensé que podría volver a ser normal al tomar la decisión, pero los pensamientos no son hechos; el cuerpo sí. Y si se silencia el cuerpo…, bueno, en realidad no se puede.

El trauma «puede reactivarse» en cualquier momento según el psiquiatra Bessel van der Kolk en *El cuerpo lleva la cuenta: cerebro, mente y cuerpo en la sanación del trauma*, un libro de bolsillo que resurgió en la lista de *best sellers* del *New York Times* en 2020, 2021 y 2022, ocho años después de su publicación en 2014 (cuando el trauma solo estaba en la punta de la lengua de toda la nación). El trauma deja marcas corporales y puede «movilizar circuitos del cerebro alterados y secretar cantidades ingentes de hormonas del estrés» cuando se activa.

«Una experiencia se convierte en un trauma —resume la creadora de pódcasts Ezra Klein en la entrevista con Van der Kolk— cuando nos desconecta» de los demás, o desconecta el cuerpo de la mente. Mi mente, en algún momento y en algún lugar (¿la universidad?), ha desconectado de mi cuerpo (cuesta mucho escuchar a alguien a quien se odia; también resulta duro escuchar solo a otras personas y olvidar que uno mismo también es una persona digna de ser escuchada).

«El argumento demoledor —dice Klein— no es que el cuerpo lleve la cuenta, sino que la mente oculta las consecuencias». La mente cuenta una mentira que el «cuerpo no se cree», como por ejemplo: «Estoy bien». Esa era la mentira que me decía a mí misma pero no podía vivir.

El fracaso de Anaïs Nin y la silicona se produjo a los siete meses de ponerme enferma. ¿Coincidencia, histeria o trauma, o las tres cosas a la vez?

En *The Lady's Handbook for Her Mysterious Illness (El manual de la dama para su misteriosa enfermedad)*, su autora, Sarah Ramey, conecta el relato arquetípico que comienza con la violación, la muerte o la enfermedad de una mujer con «la historia de todos [literalmente] los traumas». El preludio de las más misteriosas enfermedades es el trauma, «una acusada separación o una herida del alma, un resquebrajamiento que puede tener su origen en las propias acciones, aunque con más frecuencia son factores externos los que lo inician». Lo cual es tan ubicuo que suele ser lo habitual. El trauma en la narrativa «se ha convertido en sinónimo de historia de fondo», escribe el crítico Parul Sehgal en «The Case Against the Trauma Plot» («El caso contra la trama del trauma»), y como «cualquier convencionalismo exitoso, [el trauma] encuentra la manera de evitar que nos demos cuenta».

Freud se habría mostrado de acuerdo. Y también quien le inspiró, el neurólogo Jean-Martin Charcot, que «se centró en los síntomas de la histeria que mostraban algún parecido con el daño neurológico: parálisis motriz, pérdidas sensoriales, convulsiones y amnesia», escribe la doctora Herman en *Trauma and Recovery*. Ya en 1880, Charcot «había demostrado que los síntomas [de la histeria] eran psicológicos», puesto que se originaban en la mente. Pero dado que Freud se retractaría posteriormente, y que la histeria tenía mala reputación, pasarían siglos hasta que los investigadores miraran atrás y formularan la hipótesis de que el trauma puede regresar y seguramente lo hará adoptando distintas formas en el cuerpo y que, tal como afirma la doctora Herman, «la historia del evento traumático resurge no como una narrativa verbal, sino como un síntoma» en un aluvión de células.

El síndrome cuerpo-mente (y sus muchas otras denominaciones) puede que sea una respuesta fisiológica al trauma, y es posible que, en vez de como narrativa verbal, la historia de mi acontecimiento traumático (o de varios) saliera a la superficie en forma de síntomas y me diera un puñetazo en la boca desde dentro.

La histeria no fue mi primera opción a la hora de elegir mi trastorno. «Es psicológico», me habían espetado ya con anterioridad, para ocultarme a mí misma mi propio abuso sexual (por supuesto que era psicológico; la cultura me había instruido de niña la idea de que una mujer tenía que consentir que la tomaran con violencia, y el concepto del patriarcado del amor y el sexo me había dejado exactamente como estaba previsto y yo sabía que pasaría).

Algunos de mis síntomas inexplicables con el tiempo sí tuvieron una explicación. La pérdida de visión y la cefalea eran efectos secundarios del primer estabilizador del estado de ánimo que me recetaron. A continuación, para tratarme la vista y el dolor de cabeza me dieron un segundo estabilizador del estado de ánimo que consumió el sodio en mi sangre y me produjo hiponatremia. El bulto en el pecho…, bueno, mi madre sobrevivió en tres ocasiones al cáncer de mama.

El miedo, el estrés, la ansiedad, la depresión, la neurosis y el azúcar probablemente agravaron mis síntomas físicos en un «milhojas psicológico».[3] Y «es muy probable —escribe la autora y activista Soraya Chemaly en *Rabia somos todas: el poder del enojo femenino para cambiar el mundo*— que la ira no expresada o expresada de forma inadecuada intervenga en la aparición de… el malestar, el dolor o la angustia». Añade: «Dar vueltas a las cosas y el catastrofismo, algo más común en las mujeres, intensifica la sensación de dolor».

Mis otros problemas, como el dolor en los brazos y en la espalda de origen nervioso y resistente al tratamiento, eran literalmente inexplicables desde el punto de vista médico. «Por mi experiencia —afirma el doctor Sarno en *Curar el cuerpo, eliminar el dolor*—, el dolor de espalda, de estómago y de cabeza casi siempre tienen una causa psi-

201

---

3. La discípula del doctor Sarno Juno DeMelo escribe en *Times*: «Los factores de estrés pueden provocar inflamación en la columna vertebral y el cerebro, lo cual está relacionado con sensaciones de dolor aumentadas».

cológica». Además, «las infecciones de las vías altas respiratorias están fuertemente influenciadas por los factores emocionales», debido a su efecto sobre el sistema inmunológico (dichos factores emocionales reducen la eficacia y el funcionamiento del sistema inmunológico, y ese puede ser el origen de la infección). Mi dolor de garganta estaba a medio camino: podía ser causa de factores emocionales o de demasiado ibuprofeno y el subsiguiente reflujo ácido (que el vinagre de sidra de manzana, el jugo de chucrut y los tés y tinturas del herbolario, correctamente calibrados, aliviaron). El reflujo ácido puede dañar las cuerdas vocales, aunque también puede tener el mismo efecto un uso excesivo de estas, o su infrautilización hasta que quedan debilitadas, encogidas y consumidas.

Para ser sincera, estar histérica no me parecía una idea tan disparatada después de que mi cuerpo me rechazara durante dos años. La histeria, o una crisis cuerpo-mente, puede ser una reacción realista a que a una le hagan dudar de su propia cordura al vivir en la Nación Patas Arriba del Traje de Chaqueta. Quienes como yo votaron por Hillary Clinton recibieron un golpe inesperado en el espíritu («llamaré a mi bebé, fruto de una violación, Roe Wade» ejemplifica hasta dónde llegaron mis pensamientos de miedo), y después de eso durante años las malas noticias nos acosaron, refrescando nuestro trauma y el cortisol y los giros inesperados en la trama a cada momento. Siempre había (y sigue habiendo) acusaciones, audiencias, *hashtags*, tasas de mortalidad y derechos en juego, cada vez más, de nueva aparición, de forma repetida y continua. Las heridas no tienen tiempo de curar, y muchas se abren y vuelven a abrirse todo el tiempo. Los sucesos, pensamientos y los segundos deberían quemar menos con el tiempo, en ese espacio reservado para curar todas las heridas, pero no es así en nuestra economía. Mi móvil se me antoja como el escenario de un trauma, una estufa móvil que me abrasa.

Las mujeres que se encomiendan al control maternal de los medios son las que en mayor medida deben experimentar el trauma permanente en combinación con una retraumatización perenne. Silicon Valley obviamente ha inventado métodos estresantes para relajar y hacer que sigamos amando lo que odiamos (que afectan especialmente a las mujeres, y sobre todo a mí), que anhelemos lo que nos tiraniza, que valoremos positivamente todo aquello que anula nuestra habilidad de pensar con claridad, y que nos obsesionemos con realidades reiteradas que representan a las mujeres como ciudadanos de segunda clase sin voz, hasta tal punto que puede que nunca podamos amortiguar el ruido y encontrar la paz, que nunca recordemos lo que estábamos a punto de decir, y que nunca nos enfurezcamos lo suficiente como para hacer cualquier otra cosa que no sea consumir los contenidos que acaparan nuestros días y nuestras vidas, y que son una salida hacia ellos; salida que al mismo tiempo es la entrada. Relajarse de ese modo me recuerda la última escena de la película de terror *Saw VIII* (dirigida por dos hombres y escrita por dos hombres), cuando la última mujer, en un enfrentamiento con un hombre, dispara una pistola manipulada y la bala sale por la culata y le atraviesa su propio cráneo en lugar de salvarla.

«Creo que la relación entre rabia/calma puede desempeñar un papel a la hora de determinar cuándo se producirán síntomas físicos», afirma el doctor Sarno.

Si existe una proporción entre rabia/calma que influye de forma efectiva, entonces la cuestión es quién se pone furioso y quién se reprime hasta que se pone enfermo debido a esa represión. En la obra de Chemaly *Rabia somos todas*, la autora cita varios estudios que asocian las mujeres a la ira, la represión y la enfermedad: «Las mujeres que reprimen su ira tienen el doble de probabilidades de morir de afecciones del corazón» y «algunos cánceres, especialmente el de mama, sobre todo en las mujeres negras, se vinculan a lo que los investigadores describen como "supresión extrema de la ira"». Las afecciones del corazón y el cáncer son conversiones del malestar «socialmente aceptables», pero las emociones, como la ira, no son aceptables, porque reprimir la ira (y el trauma) es simplemente cuestión de educación.

Las personas que sobreviven a un trauma son además particularmente vulnerables a un futuro sufrimiento debido a la represión, porque la «respuesta habitual frente a las atrocidades es borrarlas de la conciencia», afirma el doctor Herman en *Trauma and Recovery*. Si pensamos o hablamos demasiado sobre aquello…, no, no queremos poner el dedo en la llaga. Y ¿qué puede ser mejor que no sentir nada, que no pensar nada, que no hablar en absoluto de lo ocurrido? Es una táctica de supervivencia: olvidar o morir. De modo que hacemos de tripas corazón, cada día, durante todo el día, y no permitimos que nos afecte, y no permitimos que nos afecte, y no permitimos que nos afecte durante tanto tiempo, tantísimo, que nuestros cuerpos lo rescatan, no en forma de pensamientos o de lágrimas, sino de hernia discal.

203

«Olvidar o morir» es más auténtico. El trauma no expresado permanece en el cuerpo y en el cuerpo político; puede transmitirse culturalmente y de generación en generación, como en el caso de la herencia epigenética, la teoría de que un ambiente traumático afecta los genes y los recuerdos de los hijos de los supervivientes del Holocausto, y también de los esclavos, y a sus nietos y bisnietos, *ad infinitum*. Y para colmo de males, las investigaciones demuestran que las personas traumatizadas contraen más enfermedades y se mueren antes.

La herencia epigenética no es tan distinta de la histeria colectiva. Este fenómeno tiene lugar cuando un grupo de personas padece los mismos síntomas o síntomas comparables que provocan un cortocircuito en el sistema nervioso sin una causa física patológica (la causa puede ser psicológica). Wikipedia (nuevamente redactada en su mayoría por hombres) enumera episodios registrados de histeria colectiva que han afectado principalmente a mujeres y a chicas jóvenes. En una zona rural de Carolina del Norte en 2002, diez chicas adolescentes sufrieron convulsiones durante cinco meses. En Ciudad de México entre 2006 y 2007, más de quinientas estudiantes de un internado católico experimentaron un brote de «síntomas inusuales». Hacia 2009 en Afganistán aparentemente algunas jóvenes de varios colegios comenzaron a sufrir mareos, desmayos y vómitos como si hubieran sido envenenadas; las Naciones Unidas y la OMS investigaron (durante años), pero no consiguieron ninguna prueba de intoxicación y se llegó a la conclusión de que las chicas tenían una «enfermedad psicogénica masiva» (histeria colectiva). En Malasia en 2019, unas escolares empezaron a gritar, y algunos sociólogos clínicos especularon con la hipótesis de que era consecuencia de la adhesión del colegio a las leyes islámicas estrictas, pero la Administración no lo creyó así y acabó talando los árboles circundantes por si habían sido poseídos por malos espíritus. En el centro para chicas jóvenes Starehe de Kenia, también en 2019, sesenta y seis estudiantes enfermaron con tos, fiebre y estornudos; la Administración cerró la escuela, pero solo dos estudiantes dieron positivo en un test del virus que provoca el resfriado común, por lo que todas las estudiantes fueron sometidas a una evaluación psicológica, y los especialistas consideraron que se trataba de un caso de histeria colectiva.

ϒ

En el funeral de la chica-que-siempre-tendrá-catorce-años había una mesa con papeles y bolígrafos para escribirle una nota y depositarla en una caja que guardarían sus padres. Esperé hasta el final, hasta que los demás asistentes (la mitad de ellos niños) hubieran escrito y se hubieran ido, y después me arrodillé para escribir sobre un vestido con estampado de flores que dejé allí como ofrenda después del servicio, pero había demasiadas palabras que elegir para expresar el máximo sufrimiento. Escribí un borrador tras otro, que no eran ni un homenaje ni un réquiem, sino un «Jódete»; y luego un «Te quiero».

«Jódete» porque estaba furiosa con ella y no podía sentir nada más. Estar furiosa con ella era la mentira que tenía que contarme a mí misma para soportar mi pena. Y la ira era además la verdad en la medida en que…, bueno, es como la sensación que se tiene cuando se dice algo que se desea no haber dicho nunca.

«Quiero saltar por la ventana por algo que se resume en una razón: no puedo escribir un libro», escribí a Sugar, la famosa columnista de consejos en internet (nacida como Cheryl Strayed) en agosto de 2010. Y en abril de 2018, la chica-que-siempre-tendrá-catorce-años saltó de la ventana por alguna razón que nadie nunca sabrá.

La chica-que-siempre-tendrá-catorce-años y yo nos lo habíamos contado todo, pero como nadie sabe cómo hablar con adolescentes o sobre el sufrimiento, no me habló sobre su pena (su dolor es una cuestión que me plantearé eternamente, y el mío es el silencio y el impulso de hacerme esa pregunta aunque tenga la certeza de que nunca tendrá respuesta).

Mi sufrimiento siempre me había separado de «los demás». El sufrimiento no les contaba nada a «ellos», pero a mí me decía:

1. Todos los que sufren lo hacen en soledad.
2. Nadie comprende cómo hay que sufrir.
3. Cada sufrimiento es un copo de nieve.
4. El sufrimiento se aparece en formas que no parecen sufrimiento.
5. Cuando sufrimos, no hay un «antes» del sufrimiento y tampoco un «después»; lo único que hay es el suelo y la cama.

Busqué la Sensación en mi protegida y hermana que yo cuidaba cuando llegó a la pubertad y sus emociones surgieron y se volvieron

cursis y poéticas, porque teníamos mucho en común. Pero su sufrimiento era un copo de nieve, que sufriría en soledad, sin mi conmise-
ración ni mi consejo.

Escribí a Sugar para pedirle consejo durante mi primer verano en
Nueva York, cuando iba encorvada y estaba espástica y descontrolada.
En la carta le hablé de mí misma: «Soy una joven patética y confundida», una *millennial* que había tenido que dejar por escrito en público su incapacidad para escribir y que estaba «enferma de pánico». ¿Por
qué? «Escribo como una niña», comenzaba la carta. Y explicaba que
escribía sobre «las experiencias de mi vida de dama» de tal manera
que el resultado era «una emoción sin filtro, un amor no correspondido, y al final un debate sobre la vagina como metáfora», y otras cosas
similares que me dejaban reducida a mi cuerpo y a mi estado psicológico, lo cual era objeto de burla y desprecio. Pero no podía evitarlo: todas las palabras surgían de forma estúpida y femenina, insoportables,
equivocadas, y yo señalaba y me reía de mis frases y las marcaba: «No
es lo bastante bueno, no es lo bastante bueno, no es lo bastante bueno». Mi escritura era de niña, y mi infantilidad era insuficiente, y mi
insuficiencia no me hacía poética, me hacía querer tirarme por la ventana. Porque no solo no era una persona conocida, sino que tampoco
sabía cómo hacer o ser algo, ni una artista, ni una heroína, ni una esposa, ni una practicante, ni un insecto.

El consejo de Sugar ante mi grito de auxilio fue, entre otras cosas: «Escribe, Elissa Bassist. No como una chica. Ni como un chico. Escribe como una hija de puta». Su consejo fue una cura conversacional
que se hizo viral. Acabó plasmado en tazas de café que acabaron apa-
reciendo en programas de televisión y en camisetas y peleles de bebé.
Me convertí en famosa de segunda mano en círculos literarios espe-
cializados por una frase que yo no escribí (yo no había escrito «Escribe como una hija de puta») y por el sufrimiento que la había inspira-
do (sí había escrito «Quiero tirarme por la ventana»). Durante años
recibí *emails* bienintencionados de gente con la esperanza de que hubiera escrito un libro importante y de que estuviera escribiendo como
una hija de puta.

No había escrito ningún libro importante, ni estaba escribiendo como una hija de puta. Dormía como una hija de puta. Veía Netflix como una hija de puta. Hacía *sexting* a los inaccesibles emocionalmente como una hija de puta. Recomendaba libros escritos por

autores masculinos a tipos que me gustaban porque ellos «en realidad no leían a mujeres» como una hija de puta. Enseñaba a otros escritores a escribir como hijos de puta. Y después del suicidio, el único libro que pude escribir como una hija de puta fue *The forever-fourteen-year-old jumped out the fifteenth-floor window and splatted on scaffolding (La chica-que-siempre-tendrá-catorce-años que saltó por la ventana y se estrelló contra un andamio).*

Su suicidio resquebrajó algo en mi interior, enorme y sin estrellas, y a pesar de la intensidad de la sensación, todavía podría sentir más. Había espacio en el interior de esa sensación para todo el mundo, en todas partes. Pero no había espacio suficiente en mi mente, y tal vez por eso se fue hacia mis muñecas y se convirtió en «síndrome del túnel carpiano».

En esa época no habría dicho (estando sobria) que la rabia sin voz tenía algo que ver con mis brazos o mi sistema nervioso central. En lugar de eso, devolví mi enorme iPhone y usé mis dientes como dedos y grité de forma indiscriminada, cada vez que mis amigos bromeaban sobre querer suicidarse o que una chica muerta aparecía en pantalla. Pero cuando mi disco intervertebral se desplazó y el dolor de mis brazos simplemente… desapareció, tal como predecía *Curar el cuerpo, eliminar el dolor,* empecé a creer lo que había leído: que un dolor como el mío se va moviendo a otras partes u órganos del cuerpo, para encontrar sustitutos que expresen lo que la persona enferma no expresa. También había leído que la mente crea síntomas como defensa, para despistar al enfermo de su ruina emocional; el dolor psíquico es la verdadera amenaza y el regalo protector del dolor físico es su distracción.

«Tu dolor es un regalo», me dijo una masoterapeuta (por un fugaz momento, me visualicé dándole un golpe en la teta). Como si la herida fuera el lugar por donde la luz penetraría en mi interior, como escribió el místico Rumi. Como si el dolor no pudiera desaparecer si seguía expulsándolo para luego volver a reanimarlo. Como si no fuera a dejarme en paz hasta que me hubiera enseñado lo que tenía que aprender acerca de mi voz. «No hay nada más que regalos en esta pobre pobre Tierra», escribió el poeta Czesław Miłosz.

12

Habla otra vez

*D*escanso, sexo, vibradores, oraciones, exorcismo, psiquiátricos, tortura, ejecución, hipnosis, histerectomías, embarazos constantes. Esos son algunos de los remedios para las mujeres histéricas con síntomas que no tenían explicación, además de aguantar, superarlo, no hablar de ello, no preocuparse por ello y no pensar en ello.

El descanso, el sexo, los vibradores y las oraciones no me ayudaron, y tampoco lo hizo el hecho de aguantar, ni pude superarlo. Pero sí me instalé *apps* de meditación y realmente medité, y una tarde de verano, para celebrar que llevaba enferma dieciocho meses, escuché la edición «relaciones milagrosas» del pódcast *21-Day Meditation Experience (Una experiencia de meditación durante 21 días)* de Oprah y Deepak y experimenté uno de esos momentos de repentina revelación. Antes de que el gurú Deepak Chopra (denunciado en una ocasión por acoso sexual, aunque la demanda fue desestimada antes de llegar a los tribunales) me guiara en la meditación, había una descripción del *chakra* de la garganta. En la tradición yóguica, el cuerpo humano cuenta con siete *chakras* o centros energéticos. El *chakra* de la garganta (el «centro de la expresión») es el quinto, y controla las habilidades comunicativas y el truco de salón de decir en voz alta lo que se piensa. Si está desequilibrado, causa estragos en el cuerpo. Si está bloqueado, puede provocar una sinusitis o dolor de garganta, o puede suponer quedarse con la lengua trabada o sin saber qué decir.

En plena perorata sobre el *dharma*, abrí los ojos y miré hacia abajo:

Mi cuerpo…
estaba conectado…
a mi cabeza…
por la garganta.

«Y si mi garganta, que une el cuerpo y la cabeza, es decir, mi quinto *chakra*, que une los otros *chakras* situados por encima y por debajo, es lo que tengo que abordar? ¿Y si mi quinto *chakra* está bloqueado?».

Ya me habían hablado del *chakra* de la garganta. Un masajista que me trató el dolor de cabeza me envió un *email* donde me hablaba de probar con esencias florales.

«La yuca sigue siendo lo que me viene a la cabeza cuando pienso en ti —escribió—, porque libera la mente y ayuda a ver las cosas en perspectiva, entre otras propiedades». También mencionó el jacinto ramoso, «que está indicado para la garganta y la expresión personal».

Otra masajista que me trató la espalda me aconsejó «cambiar la relación con mi dolor» y sentirlo para poder moverme a través de él, además de «hidratarme, respirar y vocalizar» mientras lo sentía. «¿Vocalizar?», pregunté para comprobar si había oído bien. «Sí. De lo contrario el dolor se queda atrapado».

Para desbloquear mi quinto *chakra* finalmente llamé a un renombrado centro de terapia del trastorno obsesivo-compulsivo en Manhattan, pedí hora con el terapeuta más asequible y me pusieron en la lista de espera. No hay nada como Oprah, Deepak Chopra y un suicidio infantil para inspirar el cambio, y además se me estaban acabando las opciones de tratamiento.

Antes de la primera sesión en septiembre de 2018, estudié la biografía y las fotos en primer plano de la que pronto sería mi terapeuta, y comprobé que era guapa. Tenía el pelo de color obsidiana en una larga melena, demasiado larga, como la de una sirena. Y parecía joven, más que yo, demasiado joven, lo cual implicaba que únicamente había estudiado problemas sin haberlos experimentado jamás. Con todo, me presenté en su consulta y tomé asiento en un sofá moderno frente a la terapeuta con nivel de máster, y sentí ganas de peinarle la melena con un tenedor.

Durante las primeras sesiones intenté convencerla de que no tenía TOC, mientras ella hacía lo contrario.

El folleto para el paciente con el título «Trastorno obsesivo-compulsivo: algunos datos interesantes» decía que unos seis millones de estadounidenses lo sufren, sin contar los muchos millones más que rechazan ese término porque solo es que son muy limpios. Hay muchas variedades de TOC, desde el miedo a las superficies a miedo a los granos en la cara. Tal vez nacemos con ese mal; o quizá comienza de forma gradual y lo desarrollamos en respuesta a factores estresantes; es posible que se metastatice debido a una prolongada exposición a internet y a intentar salir victoriosa ante avatares que simulan calidez pero en realidad son frialdad (ese podría ser mi caso, cuando conocí a Fucktaco y empezó a vivir en mi cabeza y yo estaba obsesionada a tiempo completo).

El TOC presenta dos aspectos: obsesiones que evocan angustia e interfieren con la forma de vivir la vida y compulsiones, o rituales, encaminados a disipar las obsesiones y reducir la ansiedad (pero que tienen el efecto opuesto, empeorándolo todo en furiosas tentativas de hacer mejor algo, como reventar un grano o apagar un fuego con gasolina). La terapeuta señaló mi obsesión como «miedo a decir lo incorrecto»[1] y «miedo a represalias por hablar», y mi compulsión era

211

---

1. Hay muchas maneras de interpretar el «miedo a decir lo incorrecto». 1) Fobia: la fobia número 1 de los estadounidenses es el miedo a hablar en público (la muerte ocupa el puesto número 5, y la soledad, el 7, así que las personas tienen más miedo de hablar abiertamente en voz alta que de morir o morir solas). En mi vertiente de polemista, intérprete y conferenciante, me encantaba hablar en público, de modo que ese miedo, también llamado glosofobia, no se contaba entre mis problemas. 2) «Silencio blanco», cuyo origen puede deberse al miedo de decir lo incorrecto en relación con las razas, el racismo o ser racista. Aunque temía poder ofender a alguien (además de decir algo ignorante y perpetuar el odio), no tenía miedo de decir lo incorrecto mientras intentaba decir lo correcto y que me corrigieran, para luego hablar mejor (después de haberme puesto a la defensiva y pedir disculpas). 3) «Cultura de la anulación»: no temía ser anulada (o mejor dicho, que se me exigieran responsabilidades). Mientras escribo estas palabras, muchas personas están tuiteando acerca de una «crisis de la libertad de expresión», pero ¿quién sufre dicha crisis? ¿Los protestantes pacíficos que son víctimas de ataques y hasta de asesinato? ¿O las Karens* que no tienen ningún problema en alzar su voz para demostrar su racismo y condenar que se les llame la atención?

*«Karen» es un nombre reservado a las «mujeres blancas con un corte de

corregirme y silenciarme a mí misma, así como hacerme el tercer grado, como impulsada por una frecuencia aguda, como si cada frase incitara el apocalipsis o que pudiera resultar herida.

La literatura sobre el TOC dice que el sistema del miedo es primitivo y evolucionó antes que el lenguaje, por lo que el miedo se aprende y desarrolla a través de conductas y experiencias. Cada vez que revisaba y perfeccionaba de forma compulsiva un mensaje de texto durante semanas, mi cerebro lo registraba y categorizaba la posibilidad de «decir lo incorrecto» como «asunto de vida o muerte», puesto que había invertido todo mi ser en intentar evitarlo (eludir el rechazo), lo cual me reafirmaba en mi miedo de que mis palabras podrían enterrarme, y eso me hacía aún más sensible ante la posibilidad de la incorrección, de modo que la próxima vez que estuviera a punto de escribir o abrir la boca para hablar no lo haría. Aunque la mía es una compulsión mental, es dolorosa: duele físicamente, de verdad, es como patalear en el agua para no hundirse, como si no me fuera posible detenerla, como aquella mujer de la antigua Grecia, Timica, que destacó entre las demás mujeres por tragarse su propia lengua antes que decir algo equivocado.[2]

La exposición y prevención de respuesta (ERP por sus siglas en inglés) es «el» tratamiento para el TOC. Es una terapia conductual según la cual la persona obsesionada se expone a sí misma, deliberadamente, a situaciones atormentadoras que desencadenan sus obsesiones y la consiguiente angustia (exposición). Al mismo tiempo, y con la fortaleza de Sísifo, el compulsivo debe reprimir la irresistible necesidad de aliviar su angustia mediante rutinas que hacen su vida difícil al hacer lo que parece fácil (prevención de respuesta).

---

pelo concreto que exigen hablar con el director», que se restringió a «mujeres blancas que demuestran su racismo y sus privilegios» y ahora se ha ampliado a «mujeres blancas que actúan de cualquier forma que resulte problemática». La etiqueta es otra forma de silenciar a las mujeres (siempre habrá nuevas formas de hacerlo), pero también: que se jodan todos los que defienden su derecho a hablar por encima de todos aquellos que no cuentan con una voz que nuestra cultura pueda registrar.

2. Su lógica: el amor. Ella hablaba de él (¿de qué otra cosa si no? Es decir, de casarse con él. Ella quería hablarle a todo el mundo de él y no hablar con nadie más que él. Cuando oyó su propio eco («¿Y si él ha oído que únicamente hablo de él?»), tuvo que renunciar a su lengua.

Tenía que hacer aquella terapia con una hermosa terapeuta, pero el tratamiento para el TOC me aclaró por qué lo necesitaba. Comprender mi miedo no me impedía tener miedo. Independientemente de cuánto supiera como feminista cultivada con diez mil horas de terapia, el cuerpo y sus sistemas siempre sabrían más. El miedo era la garantía de que lo conocía perfectamente y sin embargo no podría reaccionar mejor ante él (es una de las tragedias humanas secundarias: saberlo todo y sin embargo... pensar: «No, no, no», y aun así decir: «¡Sí!»).

«La exposición consiste en estar dispuesto a hacer lo que una voz interior te dice que no debes hacer bajo cualquier circunstancia», me dijo la terapeuta.

En mi caso, se trataba de expresarme. Decir lo que yo creía que los demás no querían que dijera. Era escribir algo insufrible que tal vez incitaría la crítica ácida y las represalias de hombres asquerosos. Era decir no. Era hacer preguntas. Era salir malparada. Era abrirme a ser malentendida o a que me hicieran *ghosting*, me juzgaran y criticaran, a ser aborrecida o despreciada, a que se me viera como una persona desagradable, borde, molesta, anormal, chiflada. Era hablar de forma horrible pero hablar de todos modos, una y otra vez.

213

«De nada no sale nada», dice el rey Lear a su hija menor, Cordelia, palabras escritas por el dramaturgo William Shakespeare. «Habla otra vez», sigue diciendo.[3]

¿Cómo se puede, exactamente, «hablar otra vez»? ¿Cómo podrían las mujeres hacer aquello que han sido condicionadas para evitar? ¿Cómo se puede contravenir el instinto y las directrices sociales en un mundo que prefiere la muerte de una mujer a su opinión?

La autora bell hooks tuvo que cambiarse el nombre. «Una de las muchas razones por las que decidí escribir con el seudónimo de bell hooks —explica en *Respondona*— era la creación de una identidad como escritora que desafiase y reprimiera todos los impulsos que me apartaban de mi propia expresión para conducirme hacia el silencio».

A lo largo de la historia han existido métodos públicos y privados para obligar a expresarse a las mujeres. Algunas culturas de la

---

3. Lamentablemente, el padre de Cordelia le dice «Habla otra vez» para que dé largos discursos sobre él y sobre cuánto lo quiere como *quid pro quo*.

Antigüedad contaban con catarsis ceremoniales y lamentos fúnebres en rituales coordinados para mujeres, en los cuales «se aprobaban las normas que especificaban la ubicación, el tiempo, la duración, los integrantes, la coreografía, el contenido musical y verbal [de las expresiones de pena o duelo] de las mujeres», escribe Anne Carson en *El género del sonido*. Algunos festivales femeninos reservaban un tiempo para que las mujeres se gritasen unas a otras «comentarios ofensivos, obscenidades o chistes groseros», y sus declamaciones sugieren «una acumulación de rabia sexual». Había «rituales herméticos a prueba de filtraciones» para que las mujeres drenaran «esas tendencias desagradables y emociones salvajes», y esas ocasiones eran por el bien de la ciudad más que el de las mujeres, para purificarla del desagradable sonido femenino.[4]

A finales del siglo XIX, la catarsis era una técnica terapéutica y del psicoanálisis para mujeres con ira sexual acumulada. El doctor Freud y su colaborador Joseph Breuer ayudaban a las pacientes histéricas (mujeres con amargos recuerdos y horribles sensaciones que corrompían el alma) mediante hipnosis, y animándolas a que hablasen de lo que no podían, con la esperanza de que la mente y la boca, por fin, estuvieran preparadas. Los doctores incorporaban lo innombrable a un relato y los síntomas a una interpretación crítica; supuestamente al reescribir las historias en nombre de las mujeres en cuestión y analizarlas, las pacientes se liberaban de sus síntomas. La famosa paciente de Breuer «Anna O.», cuyo nombre real era Bertha Pappenheim, se refería a esa técnica como la «cura del habla». Freud afirmaba que era «necesario hablar», y, tal como dice la doctora Herman en *Trauma and Recovery*, durante «una breve década los hombres de ciencia escucharon a las mujeres con una devoción y un respeto sin parangón en toda la historia anterior o posterior».

Había jugado con la idea de poder dar un relato a lo inenarrable. Durante una de mis rupturas con Fucktaco fui a visitar a un terapeuta de estilo budista en San Francisco que me escuchó con devoción y respeto, y a continuación probó un método de psicoterapia experimental llamado EMDR (de sus siglas en inglés Eye Movement Desensitiza-

4. Es una lástima que ya no queden festivales semejantes y que ahora no contemos con convenciones o modelos para expresar nuestros lamentos o gritar obscenidades y dar rienda suelta a esa furia sexual.

tion and Reprocessing) que había puesto en práctica con supervivientes del 11-S para guiarlos a través de los peores escenarios al otro lado de sus miedos y ayudarlos a superar su trastorno por estrés postraumático (algo que no cubría el seguro).

En ese momento pensé: «¡Qué dramático usar este método conmigo, simplemente otra chica a la que le han roto el corazón!». Otra chica emocionalmente estrangulada. Pero yo era presa de cualquier posible exorcismo (por otro lado, Bessel van der Kolk señala que sucesos como el 11-S «tienen menos posibilidades de causar un trauma porque afectan a toda la comunidad» mientras que las rupturas emocionales no).

Tomé asiento en un cómodo sofá frente a un cuadro de montañas y coyotes y cerré los ojos mientras sostenía en cada mano sendas varillas de color crema.

El método EMDR funciona tomando como base la conexión cuerpo-mente y las similitudes entre ambos; es decir, del mismo modo que una herida física que se produce repetidamente no cura, una herida mental recurrente tampoco lo hará, y el trauma es una lesión en la psique que «se comporta como una herida abierta», tal como dijo Freud sobre la complejidad de la melancolía.

Lo habitual con este método es que el terapeuta pida al paciente que rememore un suceso traumático mientras aquel dirige los movimientos del ojo del paciente o le da golpecitos en las manos, y ese contacto sensorial variado ayuda a neutralizar el recuerdo traumático o a sacarlo a la superficie para poder dejarlo atrás («recuerdo» no es siquiera la palabra correcta porque el trauma no se «recuerda desde el pasado», sino que es una reacción, revivida una y otra vez, como un grotesco callejón sin salida o un *déjà vu* crónico donde la persona traumatizada confunde los tiempos verbales y tiene la sensación de que el pasado es el presente y de que no hay mañana. El momento traumático debe confeccionarse en la memoria; la mente y el cuerpo tienen que trasladarlo del «ahora» al «entonces»).

¿Cómo lesioné mi psique, que se comportaba como una herida abierta? Gchat guarda las conversaciones, y como la mayoría de las que mantenía con Fucktaco eran vía Gchat o Gmail o mensajes, aproximadamente el 90 % de nuestra interacción estaba guardada, transcrita, y el acceso en todo momento a nuestra historia la dejó suspendida en el tiempo, y también a «nosotros», y a mí. Ya no

215

estaba con Fucktaco, pero tenía la sensación contraria, porque podía acudir al archivo y recuperar a mi antojo (en el funeral de una relación, si el duelo dura demasiado, esta resucita; o más bien regresa en una versión zombificada). Podía tal vez revivir una conversación de hacía tres años, una discusión o el hilo sobre cómo llamaríamos a nuestra hija, un intercambio que estaba empezando a olvidar, pero que no quería olvidar, y al releerlo cambiaba el ahora con el pasado o con lo que debería ser, para que, aunque estuviera sola con el teléfono, pareciera plausible que al final siempre acabaríamos volviendo a estar juntos.

«Es algo similar a una catástrofe concreta vivida —me dijo el terapeuta— que sobrecarga tu cerebro hasta el punto de ser incapaz de integrar la memoria normalmente, y tus recuerdos, inéditos y bloqueados, adquieren un carácter traumático».

Utilizó una metáfora ampliada para transmitirme cómo era mi estado mental y sistema de procesamiento de la memoria: un hombre en la oscuridad va palpando la pared para encontrar una salida a su celda. Considera la posibilidad de escalar los muros, atravesarlos haciendo un túnel, tirarlos abajo, encontrar un pasaje secreto, etcétera. A su alrededor hay personas que le dan instrucciones y consejo. Personas que le aman. Le dicen: «Date la vuelta». Él responde: «Primero tengo que rodear la pared». Las personas a su alrededor repiten: «Date la vuelta». Pero él insiste: «No hasta que descubra la forma de salir». Las personas cantan: «Date la vuelta, date la vuelta», y él las ignora. Cierra los ojos (para exacerbar su dilema) y empieza a dar golpes a las piedras y el mortero, buscando, frenético, rompiéndose las uñas mientras el coro sigue cantando «simplemente date la vuelta». El hombre está manoseando una columna. La pared está en su mente.

Oía el lejano rumor de Ocean Beach, mientras el terapeuta conectaba las varillas, y en lugar de pedirme que rememorase un suceso angustiante, me pidió que describiera una pesadilla imaginaria que en realidad yo no quería visualizar (algo parecido a otra clase de tratamiento del TOC: un ejercicio o exposición imaginaria): lo único que debía hacer era asir las varillas mientras me pedía que imaginara la boda de mi-nunca-jamás-marido con alguien que no era yo.

—¿Qué aspecto tiene mientras avanza por el pasillo?

Apreté los párpados intentando visualizarle en el pasillo de la sinagoga durante la ceremonia, vestido de novio.

—Parece feliz —respondí mientras el terapeuta ajustaba las varillas, que vibraban de forma rítmica de izquierda a derecha («estimulación bilateral»).

—¿Qué estás haciendo mientras se casa? —preguntó, y enseguida me recordó que debía respirar.

—Escribo una novela —dije ambiciosa.

—¿De qué trata la novela?

—De un hombre perdido —fue mi respuesta, porque no se me ocurrió ninguna otra. Habría querido escribir una versión actualizada del mito de Orfeo y Eurídice; sobre un hombre que mira hacia atrás cuando se supone que no debe hacerlo y pierde a su amada. En la impecable película *Retrato de una mujer en llamas* (escrita y dirigida por la cineasta Céline Sciamma), el personaje de Héloïse lee el mito en voz alta, y el de Marianne sugiere la razón por la que Orfeo se gira: «Eligió su recuerdo. No hace la elección del amante, sino la del poeta». La elección del poeta tal vez sea la más sana. El amor como consuelo, estando acompañado por el recuerdo y no por el amor, tal vez sea más sano.

Algo se estaba desprendiendo. Otras imágenes y otras ideas y otras posibilidades y otros planes. ¿Habían estado a mi disposición todo ese tiempo, esperando, de forma teórica?

Me parecía que ya era bastante por un día.

Pero el terapeuta quería saber más. Me explicó que el trauma amputa nuestra imaginación y atrae las historias que nos contamos a nosotros mismos para poder seguir viviendo; no podemos imaginar que nada pudiera ser distinto, y el cambio es impensable. Al preguntarme por acontecimientos que no habían sucedido, el terapeuta en realidad me estaba pidiendo que escribiera una nueva historia, habitara una nueva realidad, experimentara un final alternativo y redirigiera mi corazón.

—¿Dónde es la boda?

—En una sinagoga en Denver.

—¿Qué lleva la novia?

—Un vestido largo de color blanco roto. También un ramo porque es lo que suelen llevar las novias. Rosas, tal vez. —No podía pensar en otra clase de flores—. Va del brazo de su padre anciano. La dama de honor es la sobrina de él, vestida de encaje, y va lanzando pétalos de rosas rojas con los bordes dorados…

—¿Qué sientes en tu cuerpo?

Sentí que de regalo de boda le daría a Fucktaco el presente de no ser su esposa.

El terapeuta me preguntó por su vida en común, enlazados, casados.

—¿Qué ves? ¿Qué oyes?

Visualicé el sureste asiático y esquí en Loveland, Colorado, en las vacaciones de invierno, arropándose en la vejez conyugal, abrazándose y abrazando a dos pequeños esquiadores con gafas de protección de plástico negro y dientes perfectos, y les oí reír mientras posaban para su tarjeta electrónica anual de Janucá que enviarían a toda su familia y miles de amigos.

La corriente aumentó en la varilla de la mano izquierda, y luego en la de la mano derecha, interfiriendo con mi percepción sensorial y con mis redes neurales.

—Sanar un trauma tal vez sea cuestión de reparar las redes neurales desconectadas —había dicho el terapeuta cuando me habló por primera vez del método EMDR.

Mi mente empezó a divagar y repasó mis en aquel entonces planes de futuro con Fucktaco, para deshacerlos, para reescribir lo que había quedado en mi mente grabado a fuego.

«Nuestra boda no será a lo grande, ni tampoco íntima; nuestra boda no será como las bodas promedio. Nuestra boda, que habíamos planeado por Gchat, no tendrá lugar. Tampoco habrá niños con tarjetas de vocabulario. Sus fluidos y los míos no se combinarán en un ADN que no se hará patente en nietos, ni en cualquier generación venidera. Los sonajeros todavía sin usar y la ropa premamá elástica ocupará los carritos de la compra de otras parejas. ¿Hay alguna palabra para denominar todo esto? ¿Apodar a una hija o a un hijo? Porque no pondremos ningún nombre a nuestros no-hijos no-concebidos, ningún nombre en honor a mis abuelos o a los suyos, y la discusión sobre cuál elegir no tendrá lugar, y no tendré que fingir que me gusta un nombre solo porque le gusta a él. No desperdiciaremos toda una vida juntos. La muerte no nos separará. Los acontecimientos impulsados por las expectativas serán editados con Photoshop a partir de las fotos que nunca tomaremos de lo que nunca será una familia, sin etiquetar ni publicar en Instagram. Y no, ni siquiera eso, ni siquiera nos conformaremos el uno con el otro».

El terapeuta desconectó las varillas vibradoras y las antiguas creencias quedaron atrás.

Lloré hasta que se me acabaron las fuerzas, hasta que se terminaron las lágrimas por el hombre perdido que había perdido.

El terapeuta me preguntó si me encontraba bien.

Sí lo estaba. Me sentía bien en un futuro distinto y para nada desintegrada ni muerta, tal como antes había imaginado.

Tal vez me había recuperado de aquel hombre, pero no estaba del todo curada. Años después, con mis cefaleas, la acupuntora que diagnosticó mi rabia me recomendó su propia terapia conversacional: confrontar a los demás hombres asquerosos y purgarlos de mi vida, para eliminar de mi mente lo que se había manifestado en mi cuerpo debido al uso de la voz. Como si eso pudiera arreglar cualquier cosa.

Su recomendación era una versión de la «escritura expresiva», el remedio psicológico del psicólogo James Pennebaker para el dolor según su teoría de que escribir sobre las propias heridas ayuda a cerrarlas. «El primer test sistemático del poder del lenguaje para aliviar el trauma se llevó a cabo en 1986», escribe Van der Kolk en *El cuerpo lleva la cuenta*. Pennebaker pidió a sus estudiantes de Introducción a la Psicología que pensaran en lo peor que les había pasado nunca, y después los distribuyó en tres grupos y les mandó que buscaran un cuarto de hora en soledad durante cuatro días seguidos para abrir un hilo y escribir (como una composición personal pero en ciencias). Un grupo escribió sobre los sucesos de la vida diaria (tensión emocional mínima), otro grupo describió de forma detallada su peor recuerdo (tensión emocional media) y el tercero relató la miseria más oscura y cómo se sentían al respecto, además del impacto para toda la vida (tensión emocional máxima).

De forma previa al experimento, se les preguntó por su historial médico, y quedaron al descubierto «problemas de salud más o menos importantes: cáncer, presión sanguínea alta, úlceras, gripe, cefaleas y dolor de oídos»; en los resultados de Pennebaker, los estudiantes que escribieron con la tensión emocional máxima experimentaron «una disminución del 50 % en el número de visitas al médico».

En estudios repetidos basados en el mismo protocolo, los resultados fueron similares: «salud mejorada» mediante la escritura «correlacionada con una mejora del funcionamiento inmunitario».

«En la mayoría de los estudios sobre conciencia emocional y tera-

219

pia expresiva», escribe la periodista científica Eleanor Cummins en «Is the Pain All in My Head?» («¿Está el dolor solo en mi cabeza?»), las personas enfermas «informaron de una reducción significativa de su dolor», alrededor del «20 %», algo «comparable con todas las herramientas de gestión del dolor, incluidos los opiáceos, y los fármacos antidepresivos y anticonvulsionantes, las terapias de meditación y *mindfulness*, la masoterapia y fisioterapia, entre otras».

El doctor Sarno observó además en sus pacientes «el anhelo de una unificación consciente de los pensamientos y los sentimientos», y una vez conseguida, su dolor físico remitía. Tras «exorcizar el equivalente a un diario de sentimientos negativos durante cuatro meses», explica Juno DeMelo en su artículo de opinión de *Times* sobre el método del doctor Sarno, «a pesar de mi incredulidad, estaba curada» del dolor crónico en su músculo piriforme. DeMelo admite que «el doctor Sarno con casi toda seguridad simplifica en exceso y pone demasiado énfasis en los orígenes psicológicos del dolor. Pero también me ayudó a comprender que tanto la mente como el cuerpo son responsables del sufrimiento físico. Y que tenemos la capacidad de cambiar las cosas».

En el caso de las mujeres que se sienten furiosas, Soraya Chemaly halló estudios que demuestran que «tan solo recordar una experiencia de ira tiene como resultado una reducción en la cantidad de anticuerpos, la primera línea de defensa para eludir la enfermedad», y que «la tasa de supervivencia en las mujeres con cáncer de mama que expresaron su ira duplica la de aquellas que se la guardaron dentro».

Aunque no está documentado, la escritura expresiva al parecer obra milagros para las mujeres en general, ya que a lo largo de la historia han tenido que disimular su rabia y ocultar sus escritos en diarios privados o cartas, o como posdatas o parodias o ficción o relatos de espíritus, porque su lenguaje era demasiado retorcido y deprimente, y se malinterpretaba como señal de locura; por eso, para las mujeres, escribir representa su negativa a desaparecer. Es una herramienta para (¿cómo decirlo?) darse vida a una misma. Para ser el sujeto por una vez.

Para acabar con los deberes sobre la expresividad que me había encomendado mi acupuntora, envié un *email* a mi padre.

Había escrito y enviado cientos de *emails* en mi vida, la mitad de ellos como mínimo de carácter emotivo, pero este se me antojaba como el Everest. Me quedaba con la mirada fija en la nada, esperando a que treinta y cinco años de conversaciones no mantenidas se materializaran en Gmail; pensaba y pensaba...

Estaba pensando demasiado. Eso es lo que habría dicho mi expsicóloga. En cada sesión me preguntaba cómo me sentía y yo respondía: «Pienso que me siento...».

«No», me interrumpía, y me pedía que empezara con «Me siento...».

Pero desde que desactivé mis sentimientos como los vampiros en *Crónicas vampíricas* que «desactivan su humanidad», solo podía pensar los sentimientos, pero no sentirlos.

Gracias a mi psicóloga me compré de rebajas una lámina y una alfombrilla para el ratón con la representación de la rueda de las emociones, y me la imaginaba preguntándome: «¿Cómo te hace sentir tu padre?». Mi padre, al cual había apodado con el sobrenombre de «abismo emocional».

Me remití a la lámina con seis emociones primarias en el centro: «furia, miedo, disgusto, tristeza, felicidad, sorpresa». Cada una se abre en abanico para incluir sus variantes. En el caso de la furia, esta se desplegaba en «herido, amenazado, odioso, enojado, agresivo, frustrado, distante, crítico». Busqué la diversificación de «herido» y encontré un tercer nivel: «avergonzado, devastado». «Enojado» se dividía en «furioso, encolerizado». El despliegue de la «tristeza» abarcaba: «culpable, abandonado, desesperado, deprimido, solitario, aburrido». Al consultar las variantes de «abandonado» llegué a «ignorado, victimizado». Luego vi que «desesperado» se dividía en «indefenso, vulnerable». Y por último «culpable», con su ampliación «arrepentido, avergonzado».

«Papá», empecé a escribir en el *email*. De momento iba bien.

En el prólogo del *email* le hablé de la acupuntora y de la tarea que me había encomendado.

Luego empecé con una frase que comenzaba por «me siento» («me siento enojada cuando hablamos porque parece que apenas me escuchas, que apenas estás al otro lado»), y una vez hecho esto, todo fluyó, todas las aseveraciones no dichas que empezaban con «me siento» («me he sentido furiosa durante días, meses, años»), y escribía «siento esto» («siento frustración porque nuestra comunicación pasa por mi madre y porque ella ha tenido que luchar mis batallas contigo»), y escribía «siento aquello» («me siento devastada porque no has

221

estado por mí y yo tampoco por ti»), como si estuviera tocando una pieza de jazz al piano («hace algunos años hablamos sobre nuestra relación a través de [mi madrastra] en calidad de portavoz y mediadora. Nos prometimos el uno al otro que eso cambiaría. Siento tristeza porque nada ha cambiado»), como si mis sentimientos se transmitieran a través de mis dedos y llegaran a mi padre y a todos los padres del mundo («me siento enfadada porque alegas inocencia y corrección en virtud de la ausencia»; «siento que necesito algo más de un padre. Tal vez tú sientas que necesitas algo más de una hija; no lo sé, porque no nos comunicamos aparte de hablar de las películas que hemos visto o tenemos pendientes, lo cual me hace sentir infeliz»).

El zumbido que se oyó al pulsar el botón «enviar» actuó como señal para que mi cefalea desapareciera, y en efecto así fue, momentáneamente.

Expresarme y expresar todas mis emociones acabaría con nuestra relación, estaba segura, puesto que con anterioridad ya había sido motivo de que terminaran otras relaciones con otros hombres. Sin embargo, mi padre respondió, y con varios párrafos. Y con amabilidad. Y abierto al cambio, y sin ponerse a la defensiva o mostrarse ansioso porque fuera yo quien cambiara.

Aun así, era consciente de que tenía que cambiar.

Aunque solo fuera porque mi silencio no era solo mío, y no solo me hacía daño a mí.

Para ello haría ejercicios de expresión formal en el contexto de la terapia del TOC con la joven sirena, que personalizaban la exposición y las prevenciones de respuesta (ERP) para ayudarme a resucitar mi voz.

«Escribe un mensaje», me dijo la terapeuta durante la sesión, indicándome que hiciera uso de mi móvil. «Pondré la alarma del temporizador para que suene dentro de cinco minutos —dijo—, para limitar el exceso de reflexión».

Con las axilas húmedas a causa del resplandor de la pantalla, redacté un mensaje, solo un mensaje, uno breve para recalibrar el miedo que contaba con un recorrido de décadas.

«Ahora —prosiguió— envíalo como está, con errores ortográficos, sin corregir ni pedir disculpas, para "equivocarte" sin defenderte ni dar explicaciones, ni dedicar demasiado esfuerzo».

El método ERP era ridículo, lo odiaba: sentirse mal temporalmente para poder sentirse mejor algún día. Corregirme a mí misma había sido mi tiempo para «mí» (aunque ese tiempo no era demasiado y era mi perdición, ya que mi único sentimiento era la ansiedad). No pensaba que me moriría por enviar un mensaje, pero sí que quienquiera que lo recibiera no me amaría / no me querría / se enemistaría conmigo / dejaría de seguirme en las redes / me despediría del trabajo / o me atacaría verbalmente, y el arrepentimiento por lo que había dicho para que tuvieran semejante reacción se convertiría en la espiral de pensamientos de las tres de la madrugada durante el resto de mi vida. Cada mensaje, cada *email* y cada conversación eran audiciones para conseguir amor, y me había acostumbrado a expresarme de forma que suscitara o evitara reacciones concretas, y a basar lo que decía en la anticipación de cómo sería percibido por el receptor, por lo que un solo error ortográfico podía poner todo en riesgo.

Pensé: «No puedo hacerlo» mientras lo hacía, dejando un error y sin llorar.

La terapeuta y yo debatimos sobre cómo el resultado, por ejemplo la aprobación, es irrelevante al tratamiento (no decía algo incorrecto a propósito para ganar o perder a alguien, sino para restaurar el equilibrio de mi mecanismo del miedo, a través de una conducta distinta).

También comentamos que no necesitaba el desenlace feliz que yo creía necesitar, la ficción que venden a todas las chicas y que cada una se vende a sí misma hasta que las últimas palabras de una mujer son «sí quiero». Lo que necesitaba era tener menos miedo de mi voz y su imperfección. Necesitaba la sabiduría del famoso meme «antes de que digas que eres demasiado, pregúntate si eres siquiera lo suficiente». Necesitaba las frases de la escritora feminista francesa Hélène Cixous: «Las mujeres deben escribir su propio yo: deben escribir sobre mujeres y conducir a las mujeres a la escritura, de la que han sido apartadas con la misma violencia con la que han sido apartadas de sus cuerpos, por las mismas razones, en virtud de la misma ley, con el mismo objetivo fatal. La mujer debe ponerse dentro del texto (y del mundo, y de la historia) por su propio movimiento». Necesitaba ponerme a mí misma en un mensaje, devolverme al mundo (y tal vez a la historia)

223

diciendo lo que quería decir sin miedo al desastre o a equivocarme, y sin tambalearme abrumada y frenética, y dejando de lado las consecuencias que ello pudiera o no acarrear.

«La verdadera tortura —me dijo la terapeuta— es renunciar a tantas cosas de ti misma tan solo para evitar cualquier paso en falso, de forma que cada vez que abres la boca tienes menos que ofrecer. ¿Entonces? Refrenarte y morderte la lengua hasta que sangre no es amor. Es una novela victoriana».

¿O acaso sería el patriarcado? El TOC también se conoce como la «enfermedad de la duda» porque el cerebro se aferra a la duda y al miedo, y de forma compulsiva hace lo que esté en su mano para determinar qué es lo «correcto». Pero como mujer, dudar y tener miedo era mi ejercicio diario y lo que llenaba mi día porque el cerebro femenino contiene dos pensamientos: «¿Estaré en lo cierto? ¿Soy lo bastante buena?». Cualquier frase apenas puede salir de boca de una mujer antes de que interfiera su voz interior. «¿Pareceré una chiflada? ¿Tendré mal aspecto? ¿Haré que se enfade? ¿Estoy siendo considerada? ¿Justa? ¿Dulce?». Una mujer no puede mostrarse en desacuerdo y sentirse segura simultáneamente. Una mujer no puede decir «no» y tener razón. Una mujer no puede rebelarse mientras deforma su voz para conseguir aprobación. Una mujer simplemente no puede. Hasta las mujeres que asisten a la movilización Women's March (Marcha de las Mujeres) se muestran inquietas por no cumplir con el voto de silencio que nunca tomaron.

En mi caso, tenía que distinguir entre el TOC y el patriarcado, que era otro tipo de trastorno. Mi miedo a hablar podía entenderse como una disfunción personal, o como una respuesta generalizada ante la censura que sufren las mujeres al expresarse, hasta tal punto que el patrón del miedo de la mujer percibe cada acto como un conflicto inminente que evitar. Las estadísticas de homicidios y violaciones confirman que una mujer debería tener miedo de su voz (existe incluso el término «violencia del rechazo» para designar el fenómeno específico que tiene lugar cuando las mujeres dicen «no», y que incluye el abuso, el apuñalamiento, el disparo con arma de fuego, la violación, la violación en manada, el asesinato y el asesinato en masa). Y las estadísticas no documentadas sobre la violencia contra mujeres racializadas, así

224

como LGTBIQA+, señalan que los grupos marginalizados deberían tener aún más miedo de su voz y, tal como apunta Tressie McMillan Cottom en *Thick*, sentirse más obligadas a «filtrar nuestros chistes, risas, emociones, y bagaje» y «gestionar constantemente las interacciones sociales complejas con el fin de que no nos despidan, aíslen, malinterpreten, juzguen erróneamente o asesinen».

Pregunté a la terapeuta: «¿Hay alguna terapia para las mujeres que sufren el trastorno del patriarcado? Se lo pregunto en nombre de todas mis amigas».

También se lo preguntaba por mí misma, una mujer que ha dedicado sesiones enteras de terapia a discutir una frase para decírsela al manitas y que me escuche sin llamarme «princesa».

Y también planteé la cuestión a mis estudiantes de escritura creativa, los cuales, en caso de ser mujer y atreverse a hablar en clase, es para retractarse de sus escritos y su experiencia vivida, como si su libertad de expresión y su licencia para vivir y comentar sus vivencias se pusieran en tela de juicio de forma perpetua, como si sus textos fueran su cruz y su perspectiva estuviera fuera de lugar en una asignatura por la que han pagado por participar, una clase en la que a veces suplico a las mujeres que hagan preguntas porque a mí me lo tendrían que rogar, de no ser yo la profesora.

De momento no existe una terapia para el patriarcado, ni tampoco un método ERP aplicable. Cuando la terapeuta y yo llegamos a esa conclusión, nos quedamos mirándonos fijamente la una a la otra sacudiendo la cabeza hasta que se acabó el tiempo de la sesión.

225

Analepsis: mi prioridad fundamental a finales de 2016 era encontrar una clase de preparación para el combate cuerpo a cuerpo; no quería seguir pululando por la Nación Patas Arriba del Traje de Chaqueta sin estar entrenada para ello. Otras mentes aterradas debían pensar de forma parecida porque, en un grupo de comediantes privado de Facebook, una monologuista publicó información sobre un seminario de defensa personal gratuito impartido por un expolicía que ahora trabaja de doble en televisión y películas.

El espacio era ofrecido por el campo de tiro Westside Rifle & Pistol Range de Manhattan. Me encontré con las comediantes femeninas con *look* deportivo en el aula situada en el sótano, pero en lugar de saltar al tatami y de desactivar la amenaza de un samurái con inclinaciones psicópatas protegido con gomaespuma, el expolicía dio una charla de dos horas que incluía un resumen detallado informativo y aterrador, mientras nosotras tomábamos notas sobre cómo prevenir convertirnos en víctimas y cómo usar las distintas partes de nuestro cuerpo como armas, además de cómo sobrevivir. «En el andén del metro, el lugar más seguro es detrás de un poste de emergencia. En la calle hay que ser consciente de dónde estamos, caminar por zonas familiares y calles principales. Si os parece que alguien os está siguiendo, hay que confiar en el instinto, llamar al teléfono de emergencias y proporcionar a todo volumen la ubicación, además de describir a la persona que os sigue lo mejor que podáis, enfocándoos en las peculiaridades distintivas porque nosotros somos nuestros mejores testigos. Los depredadores rastrean las presas fáciles (mujeres distraídas, con auriculares, adormiladas, perdidas), por lo que conviene alzar la vista, ser consciente de nuestro alrededor y estar alerta, para transmitir "No tengo miedo". En caso de ser atacada, hay que gritar: llamar la atención y luchar contra el instinto de susurrar al oído del atacante con voz suave cómo vamos a ayudarle a atacarnos. Los agresores son más vulnerables desde el punto de vista físico en los ojos, el hueco de la yugular (la zona blanda entre el cuello y la clavícula), el plexo solar (la boca del estómago), el cabello y las orejas. Y en caso de que haya un cuchillo o una pistola de por medio —todas contuvimos la respiración para escuchar el plan infalible de ataque o huida del expolicía— entonces hay que encomendarse a Dios para por lo menos salir con vida».

En medio de los disparos de práctica que escuchábamos al otro lado de los muros del aula, tomaba rápidas notas, que serían útiles para el transporte público y las aceras.

En mis notas había una ausencia, de modo que alcé la mano, en un acto de extrema valentía.

«¿Y si has salido con un hombre —empecé a decir— y te lo estás montando con él, pero en realidad no quieres hacerlo, ni siquiera lo insinuaste, pero de todos modos lo haces porque sería muy desconsiderado no hacerlo?».

El expolicía rebuscó entre sus apuntes.

«Eso me pasó la semana pasada», ofreció la mujer a mi izquierda. Su amigo «llevado por la pasión» (bienintencionado, loco de amor, borracho), la había subyugado, y ella le había besado de forma consentida para que él no la obligara a tener sexo de forma no consentida. ¿Y si protestaba y le provocaba? Por eso ella cedió un poco para evitar ceder mucho. Eligió la posición de menor resistencia, del mismo modo que una conversación difícil se desvía hacia lo inocuo.

La defensa personal en general era algo demasiado avanzado para nosotras. Pensé: «Ojalá existieran las condiciones previas para una comunicación para la defensa personal y así poder enmendar vidas enteras de condicionamiento de la socialización y de la respuesta al trauma».

El tratamiento del TOC resultó ser mi entrenamiento para la comunicación para la defensa personal.

La terapeuta especialista en el TOC respondió lo que el expolicía no pudo: el silencio es una respuesta al trauma, una modalidad de lucha, fuga, parálisis, adulación, y otras estrategias de protección y control que son como trampillas. Forman parte de las respuestas instintivas que desarrollamos para sobrevivir (aunque no para vivir).

Por mi condición femenina, de niña no pude poner en práctica decir que «no», y eso había precipitado mi trauma; luego, como mujer la palabra «no» ya tenía un matiz de experiencia traumática. Algunos expertos en el TOC sugieren que este trastorno se caracteriza por «pensar en errores» en relación con un posible perjuicio. En el caso de los hombres, tengo miedo de que decir lo incorrecto («no») les pueda herir y que entonces ellos me hagan daño a mí (con su silencio o gritando, o desgarrando mi cuello uterino). Por eso perdí la palabra «no», o no conseguía recordarla. Y perdí la teoría feminista y el hecho de que se me había traumatizado, así como el hecho de que era un hecho y no «mi interpretación». Padecía de afasia no clínica, como la paciente de Freud, «Dora», que había perdido el habla.

Sin la palabra «no» me había quedado estancada en la adulación, en complacer a los demás, en conseguir su aprobación, en la respuesta «ningún problema» respecto «a lo que sea que quieras», en decir que «sí».

Lo que no pude explicar al expolicía era que quería-necesitaba-ansiaba responder «sí», independientemente de cuál fuera la pregunta. Que diría lo que quienquiera que me lo pidiese quisiera que dijera y más aún, o menos, mucho menos, si lo que decía pudiera ser eso que un hombre quería oír. Que desnudarse era más fácil que hablar. Que de las palabras que salían de mi boca podía leerse entre líneas: «Por

227

favor, no me hagas daño, gracias, y lo siento». Que el trauma cambiaba las cerraduras del cerebro, el cuerpo y la garganta, y que yo había cambiado debido al trauma, para eludirlo, para soportarlo. Que «¡SÍ!» era la respuesta que tenía siempre a punto cuando me sentía amenazada, y que así es como me sentía continuamente, y que las respuestas ante el trauma habían reemplazado a las que habían sido de uso diario.

El doctor Sarno postula que el inconsciente percibe la ira en sí misma como una amenaza, «de ahí la exagerada reacción dramática en forma de dolor y otros síntomas físicos».

Durante todas las sesiones de terapia tenía dolor y me traía un cojín hinchable para la espalda y así poder sentarme con mi hernia discal. Había asistido a sesiones semanales durante dos meses, entre cada cita con el fisioterapeuta, y mis síntomas, trastornos, tragedias, género y voz seguían entrelazándose cuanto más se me revelaba acerca de lo que quedarse sin voz implicaba y aniquilaba.

Las exposiciones y la prevención de la respuesta se volvieron aún más exasperantes porque eran tan básicas y a la vez tan imposibles de llevar a la práctica. Por ejemplo, para suprimir de un solo tiro mi TOC y las respuestas ante el trauma, la terapeuta me hizo practicar decir «no» primero en mensajes de *apps* de citas, para acostumbrarme y adquirir el hábito, para dejar a un lado la prudencia que podía parecer aceptación cuando en realidad no estaba de acuerdo, y no ceder a la tendencia (la presión, el imperativo, el mandato de la supervivencia) de consentir a un hombre solo porque es un hombre; para oír «no» en mi mente y visualizar esa palabra ante mí para poder verbalizarla en voz alta y luego ir ampliando la gama de posibles respuestas: «Por favor, no me hables de ese modo». No me siento cómoda con lo que dices. Eso no me va bien. No quiero. No no. De ningún modo. En absoluto. Bajo ninguna circunstancia. Nunca. Ni en toda tu vida. No».[5]

La vergüenza que sentía era tan intensa que me parecía oírla latir.

«¿ME ESTÁS TOMANDO EL PELO con que no puedo pronunciar una palabra de DOS LETRAS?», le espeté gritando en una sesión.

Sentí aquello de lo que había oído hablar tanto: rabia. Mi boca ardía de ira y no podía parar, no lo haría.

«Y como EN EL PASADO he pedido lo que no quería, ahora y

5. «"No" es una frase completa», dijo Elizabeth Olsen sobre el mejor consejo que recibió de sus hermanas.

POR SIEMPRE tengo que vivir con las repercusiones de haber dado a los hombres lo que querían?

»Y ME MATA que (1) se viole a mujeres; (2) que se espere que las mujeres SOPORTEN la violación; (3) que las violaciones de mujeres se nos recuerden CONSTANTEMENTE en las noticias, las redes sociales, los productos de entretenimiento y la política; y (4) ¿se supone que debemos MANTENER LA CALMA, no quejarnos y CONTINUAR con nuestras vidas como si no ESTUVIÉRAMOS en GUERRA?

»NO ME HAGAS HABLAR DE QUE la violencia contra las mujeres se integra en las biografías de HOMBRES que controlan nuestros HECHOS, nuestras HISTORIAS y nuestras LEYES; y mientras esos MISÓGINOS electos votan una legislación para controlar a las mujeres (de acuerdo con el *establishment* que no percibe a las mujeres como seres humanos con derecho a la vida, o a una vida sin dolor), nosotras en calidad de votantes debemos QUEDARNOS SENTADAS TRANQUILAMENTE y REPRIMIR nuestra rabia, lo cual únicamente AGRAVA nuestra situación, y además es MALO PARA NUESTRA SALUD y DEBILITA nuestro sistema inmune porque la SUPERVIVENCIA desvía nuestra atención del foco.

»¿Y CÓMO SE ATREVE ALGUIEN, y lo que es el colmo TODO EL MUNDO, a presuponer que las mujeres fracasamos a la hora de estar a la altura de ciertos estándares (ser entre comillas BUENA, tener entre comillas RAZÓN), estándares que NOSOTRAS inventamos, junto a nuestro FRACASO?

»¡Y DURANTE TODO ESTE PROCESO, ¿no se nos hace luz de gas para que creamos que nada de esto sucede o ha sucedido o seguirá sucediendo?! Y después, ¡ENCIMA!, ¿acaso no se nos dice que para ser felices debemos tener relaciones románticas y cariñosas con hombres, que duren toda la vida, y además aprender a hacerles la mejor de las mamadas?[6] Y, y, y… Mientras vemos cómo mueren chicas de fic-

6. … y CASARNOS con ellos porque nuestra cultura (que puede irse A LA MIERDA) ha asimilado algo que hasta el siglo pasado era una institución opresiva no opcional, en virtud de la cual una mujer NO gozaba de competencia legal o financiera, y la ha disfrazado como «ROMANCE» y «PROPÓSITO», porque si las mujeres aspiran a tener esas dos cosas, entonces (1) permitiremos a los hombres que tengan sexo cuando les plazca y (2) nos casaremos con ellos para servirles dándoles hijos, cuidándolos, llevando la casa, como trabajadoras sexuales, además de ocupar-

ción, hay chicas reales muriendo, pero no podemos hablar sobre esto o sobre ellas o sobre salud mental porque "la vida empieza en la concepción" y a quién le importa cuándo acaba...

DE TODOS MODOS».

«Hola, Elissa, ¿estás ocupada?», me preguntó un hombre en un mensaje de Bumble (o Tinder o BeLinked, o Follar, Cásate, Mata, o cualquiera de los miles de *apps* para ligar). Pensé: «No», pero temía parecer maleducada, y debido al potencial de violencia causada por el rechazo, tenía un miedo exagerado de ser asesinada por el afectado por mi mala educación.

«Apóyate en tu miedo», me instó la terapeuta. No se refería a la misión de Sheryl Sandberg en su «manifiesto feminista», titulado *Vayamos adelante (Lean In): las mujeres, el trabajo y la voluntad de liderar*, sobre cómo tomar asiento a una mesa durante una reunión de negocios con hombres de negocios. Se refería a que, cada vez que pusiera en entredicho mis propias palabras y dudara de mí misma y no me perdonara nada de nada, debía repetirme a mí misma «aseveraciones de apoyo» para practicar las respuestas no compulsivas y para aceptar mi miedo y mi duda en lugar de combatirlos, o huir, o quedarme paralizada, o empezar con las adulaciones.

Volví a leer: «Hola, Elissa, ¿estás ocupada?»; y escribí: «No», pero luego me asaltaron las dudas.

«Tienes que estar dispuesta a sentirte un poco incómoda», dijo la terapeuta, implacable, acerca de ir en contra de mi naturaleza.

Entonces fui asertiva. «Quizás estoy siendo maleducada. Tal vez me maten por serlo». Pulsé el icono con el avioncito de papel y mi «No» apareció en la pantalla.

Los siguientes asquerosos treinta segundos permanecí sentada, angustiada por la incertidumbre («He dicho algo incorrecto, ¿no? ¿NO? ¿Es algo incorrecto?»), intentando no echarme atrás por mi mecanismo de afrontamiento. Porque eso es lo que debía hacer, lo que hacía y haría infinidad de veces, como una secuoya que necesita arder para crecer.

---

nos de la gestión emocional, mientras cumplimos también con trabajos fuera de casa que sirven realmente para pagar nuestra costumbre de comprar comida. Y a cambio obtenemos... ¿compañía?, ¿seguridad?, ES UNA PREGUNTA HONESTA: ¿QUÉ? ¿POR QUÉ?

«¡Hola! ¿Te gusta el cine? ¿Has visto la nueva película del *Joker*?».
«No».

«¡Elissa! ¡Hola! Dime, ¿preferirías dominar todos los instrumentos o
ser capaz de hablar cualquier idioma de forma fluida?».
«¿Qué? No».

«¡20 preguntas! Tienes que responder con sinceridad y no puedes repetir las preguntas que ya haya hecho la otra persona. ¿Trato hecho?».
«¡20 respuestas! No. No. No. No. No. No. No. No. No. No. No. No. No.
No. No. No. No. No. No. No».

«¿Podemos dejar ya esta relación, por favor?».
«¡No, gracias!».
«Jaja, ah, bueno».

«Deberíamos vernos esta noche».
«No estoy preparada para vernos».
«Gracias, Elissa, de acuerdo, lo comprendo, ¿cuándo crees que estarás lista?».

De Tim, el 5 de marzo de 2020: «¿Cuántos dedos sacrificarías para poder
controlar el tiempo que va a hacer?».
De nuevo Tim, el 29 de marzo de 2020: «Hola, ¿te acuerdas de cuando el
tiempo que iba a hacer solía ser nuestro mayor problema?».
Yo: «No».

Cada vez que decía «no», era el fin del mundo, hasta que comprobaba que no era así.

Con cada «no», mi ansiedad y mi rabia se disipaban, y mi dolor físico también, y casi podía sentir cómo se iba purificando mi malestar con cada repetición.

Sigo sintiéndome insegura al decir «no». Pero cuando está a mi disposición (y a medida que pasa el tiempo cada vez lo está más) tengo la impresión de que soy capaz de todo, de que puedo confiar en mí misma.

Además, decir «no» cuando realmente lo pienso libera una gran cantidad de tiempo y de atención que tenía reservados para acosarme a mí misma.

Υ

Volver a hablar no es fácil, pero es sencillo. «Es arriesgarse», decía la terapeuta.

Arriesgarse a decir «no». Arriesgarse a escribir dos mensajes seguidos sin respuesta. Arriesgarse a resultar poco atractiva y ser percibida como una persona poco razonable, y arriesgarse a que a una la llamen «maldita zorra». Arriesgarse a «ser una zorra». Arriesgarse a que a una la insulten.[7] Arriesgarse a cometer errores y a ser corregida y a perder a aquellos que no perdonan. Arriesgarse a ser rechazada. Arriesgarse a ser aceptada. Arriesgarse a tener un conflicto. Arriesgarse a suscitar preguntas. Arriesgarse a exigir atención. Arriesgarse a que la voz de una no suene dulce, sino difícil, poco estética, acusadora, franca, cursi. Arriesgarse o arriesgarse a vivir la vida de media persona.

«La cuestión no es no tener miedo», es otra de las cosas que me enseñó mi terapeuta. Es posible que siempre tengamos miedo. La cuestión es tener miedo y arriesgarse de todos modos.

232

7. «Blasfemar es una herramienta esencial para perturbar el patriarcado y sus normas. Es el equivalente verbal de la desobediencia civil. El patriarcado no es educado. No hay nada cívico en el racismo o la misoginia», tuiteó la autora de *The Seven Necessary Sins for Women and Girls (Los siete pecados necesarios para chicas y mujeres)*, Mona Eltahawy, con el *hashtag* #WhyISayFuck.

13

Reclamar las voces de las mujeres

*U*na laguna argumental, a buen seguro, o un *deus ex machina* tal vez. Fuera lo que fuese, después de tres meses de tratamiento del TOC dejé de tener dolor. El dolor desapareció tal como había predicho la narrativa del dolor.

Si en un pódcast alguien me preguntara: «Elissa, autora aclamada por la crítica de tantos mensajes repetidos sin respuesta, ¿puedes indicarnos un momento simbólico que se te haya quedado grabado, cuando (perdón por mi lenguaje) pasaste página?».

Yo respondería:

Muchísimas gracias por hacerme esta excelente pregunta. Para mi hernia discal un fisioterapeuta me recomendó pilates, el ejercicio para bailarinas y lesionados. En clase observaba a la persona que tenía delante o al lado para ver qué debía hacer, porque todos los demás sabían qué hacer y yo no, y además estaba participando en una competición unilateral para ser la mejor. «Que le den», pensé durante una clase tras meses de ERP, y experimenté no mirar a nadie y moverme sin copiar. Y resultó que no era tan malo equivocarse o ser la peor. La sensación era ajena, insufrible, pero no se producía ninguna consecuencia, física o psicológica. En realidad era bastante seguro equivocarse. Podía cometer errores y aun así estar tan bien.

La mera idea de que algo fuera «incorrecto» súbitamente se me antojaba estúpida, vacía, una unidad de medida que me miniaturizaba. ¿Quién definía «incorrecto»? No era yo, y si tampoco había sido yo quien definiera la mayoría de mis problemas, entonces ¿eran en realidad míos? Como dice la escritora Suzanne Juhasz: «Un poema funciona si está a la altura». ¿Y si «incorrecto» no significaba lo que todo el mundo pretendía y amenazaba que quería decir?

Una vez consideré aquella palabra como lo que realmente era, todo cambió.

Aunque el miedo no cambió. Ni la duda. Y sigo teniendo cefaleas. Pero son menos apremiantes, y entre una y otra se han abierto paso nuevos sentimientos, nuevos pensamientos, incluso nuevas esperanzas.

No contaba con que me asaltara una repentina comprensión en el Club Pilates, ni con que pudiera cambiar la plasticidad de mi cerebro, ni con ayuda que efectivamente me ayudara, ni con que yo misma y mi dolor pudieran ser un regalo.

¡Mi dolor era un regalo! Un presente que podría ser el título de un álbum de Fiona Apple, como por ejemplo «Un día sin dolor de cabeza es un buen día» («No va a pasar nada más»; «Cada momento sin dolor es un extra y puede albergar una congregación de milagros insignificantes y una oportunidad única en la vida: perder y resucitar con cada latido del corazón ese destello engañoso, una valoración: estar viva, Hulu, un millón de cosas que van bien y seguimos contando»).

O un regalo como una brújula con una aguja imantada que apunta lejos de aquello que escuece (redes sociales, hombres asquerosos, *emails*) y cuenta con una tecnología especial para indicar que no puedo ir donde siempre había ido.

O un regalo como un mando a distancia que omite lo siguiente:

- medios de comunicación que condenan a furcias indefensas sin capacidad de expresión que aparecen sexualizadas, victimizadas, odiadas o son invisibles;
- contenido en el que la voz masculina es omnipotente y se acallan casi todas las demás voces;
- modelos de todos los hombres en uniforme militar y una mujer blanca en pantalón corto con un escote generado por ordenador que no es capaz de pensar pero es objeto de contemplación;
- guiones sin palabras para lo que hace sufrir pero con un sinnúmero de escenas de mujeres que sufren;

– la magia del cine en virtud de la cual otro antisuperhéroe que dispara esperma salva al mundo de sí mismo;
– todo lo que vi ayer y antes de ayer, y el día antes también.

Necesitaba la mercadotecnia del dolor porque en mi lista de cosas pendientes por debajo de «volver a hablar» lo siguiente era «enamorarme de la voz femenina». Porque resulta que no estaba tan harta de mi voz como de la voz masculina que me decía que estuviera harta de la voz femenina.

Mis dispares experiencias como actriz secundaria me demostraban suficientemente que «la realidad» (sea lo que sea) está ahí disponible para quien la quiera, y que podemos elegir; tal vez no en términos de salud reproductiva, sino en otra realidad, en la que nos mueve a través del tiempo y de otros cuerpos, y yo tenía que elegir mejor: ¿de qué había que extraer un significado, cuya versión de la realidad me llevara a través de la mía, y acaso había una batalla de grupos de baile?

«En ausencia de agua se bebe arena», dijo Shonda Rhimes sobre los medios de comunicación que abandonan a las mujeres. Había bebido mucha arena. No podía más. Y los hombres seguirían dándonos arena si seguíamos bebiéndola.

235

«Todo el mundo goza de la doble ciudadanía tanto en el reino de los sanos como en el de los enfermos —escribió Susan Sontag—. Tarde o temprano cada uno de nosotros se ve obligado, como mínimo durante una temporada, a identificarse como ciudadanos de ese otro lugar». Cuando conseguí salir de ese sitio y regresé al reino de los sanos (de momento), me mudé a otro apartamento de Brooklyn sin moho, y en mi nuevo sofá sobre el que no se habían producido avances sexuales no deseados elijo programas televisivos y películas dirigidas y escritas por mujeres, y siempre que es posible montadas y producidas también por mujeres, con la coreografía y revisión femenina, en los cuales el objetivo de la cámara sigue ampliando el campo y la perspectiva es radical (lo cual quiere decir «distinta»). Veo a las multitudinarias estrellas femeninas que cuentan con más de una historia (trauma fetichizado) y son algo más que el objeto de interés romántico, o una mujer ridiculizada, o muerta, o la morena #2 sin diálogo, o la proyección de un hombre, o la resolución a un melodrama masculino. Y veo en *streaming* aquello que se me antoja subversivo en lugar de reproducir el cliché, y que replantea lo marginal como foco central y no se parece a nada de lo que estamos acostumbrados. Básicamente, veo L y *Anatomía de Grey* una y otra vez. Así como otros programas y películas (¡hermosos!) encabezados y dirigidos por mujeres y mujeres *trans* y hombres *trans* y personas no binarias; y podría enumerarlos a todos, pero esa es la trampa. ¿Es posible hacer una lista con todos los responsables de programas y cineastas masculinos cisgénero, todas las cintas sobre hombres, protagonizadas por hombres, todos los genios y creadores de reyes y dioses varados? Hay demasiados; nadie lo conseguiría.

Ahora ya no dejo de preguntarme nunca (en lo que veo, en lo que hago y en lo que compro): «¿Hay gente de otros géneros y en cantidad numerosa que son el centro de atención y en una posición de poder? Cambio de canal cuando veo que los presentadores de las noticias son hombres exclusivamente.[1] La mayoría de los libros que leo no son de autores masculinos, libros en los que las mujeres son las protagonistas y ponen en negro sobre blanco todo lo que se ha acallado en mi vida, libros con verdades que ningún novelista masculino podría imaginar, libros que me permiten entrar en el juego y narran la experiencia vital de tal forma que me siento menos sola en la mía y que pueden cambiar el mundo al alterar las conversaciones que mantenemos. Como profesora, enseño a escritores que han vivido como mujeres o que siguen viviendo como una mujer, y no hace falta mencionarlo porque debería ser tan normal que resultara obvio. Como mamá de una mascota, adopté a mi perro de un refugio para animales gestionado por mujeres. Como consumidora, compro estropajos, papel higiénico, muesli y golosinas para perros hechos por mujeres, y compro la marihuana de cultivadoras femeninas. Después de todo, hacer lo contrario es la norma.

En «Female Artists Are (Finally) Getting Their Turn» («Por fin les llega el turno a las artistas femeninas»), escribe la periodista Hilarie M. Sheets en el *New York Times* sobre el papel de las galerías y

236

1. Las agencias de noticias también están empezando a ocuparse de esta cuestión: la BBC instituyó un proyecto para conseguir la equidad llamado «50:50 The Equality Project» («50/50, el proyecto de la igualdad»); la cadena ABC les ha imitado, y otros organismos de prensa han lanzado iniciativas similares.

los museos «a la hora de recuperar siglos de marginalidad e invisibilidad de las mujeres» como «contrapunto a las apariencias», y dirigir la atención hacia el silenciamiento y la sustracción inmemoriales de más de la mitad de la subjetividad de la población. «Quería animar a las mujeres jóvenes; parecen estar cayendo en una terrible depresión», escribió Virginia Woolf para justificar *Una habitación propia*, sobre aquellas que tienen una voz pero no pueden demostrarlo. En este intento de ponerse al día y alentar a las jóvenes encontramos, según palabras de Adrienne Rich, «la sensación extraordinaria de desprendimiento… de la carga de otra persona, de dejar de traducir. No es que pensar se vuelva fácil, pero las dificultades son intrínsecas al trabajo en sí mismo, en lugar de estar relacionadas con el entorno».

Vuelvo a reiterar al rey Lear: «Habla otra vez». Vuelve a hablar como si te fuera la vida en ello, porque así es, y porque la mía dependía de ello.[2] Hay que volver a hablar una y otra vez hasta que nuestras voces sean incontestables, porque nuestras voces también son voces. Habla otra vez como yo, que ahora tengo una voz y la empleo de forma impecable.

Es broma.

Sigo sintiéndome en conflicto debido a que uso mi voz, por supuesto.

En un mundo perfecto (no el de un hombre o el de una mujer), volvería a hablar con frecuencia y facilidad, sin pensar demasiado, sin antes tener que excitarme a mí misma ante el espejo. Todas mis palabras serían ciertas y trasladaría mis sentimientos de tal manera que merecerían credibilidad y veneración (porque la salud mental sería el tema de conversación más popular y célebre).

Me liberaría de la necesidad de hablar de hombres, hombres, hombres. Diría «no» con abandono y no tendría mayores repercusiones. O diría sí y eso sería porque yo lo quiero. No suavizaría mis deseos y querría más. Si una mano se posara sobre mi muslo sin que yo lo quisiera, ahí mismo diría: «Quita tu mano de mi muslo», sin más delibe-

237

2. «Sin modelos es difícil trabajar; sin contexto es difícil evaluar; sin iguales es casi imposible hablar», escribe Joanna Russ en *Cómo acabar con la escritura de las mujeres*.

ración interna. «Au», diría durante las relaciones sexuales en caso de que me hicieran daño, o en las consultas al médico si lo que podía hacer daño dolía. Y como me permitiría a mí misma ser interrump... Ya no me interrumpirían.

En un mundo perfecto no habría preceptos (ni género) y el gemido de una mujer ganaría el premio a «mejor canción del año» y yo no tendría que preocuparme de si hablo en voz demasiado alta con Alexa, en caso de que mi vecino me oyera. Y en ese mundo, hablaríamos de ciclos menstruales y a todo el mundo le parecería normal. Habría además festivales para desahogarse e incluso días libres para ello; el desahogo sería considerado todo un género en sí mismo.

Demostraría mi sensibilidad, sería tan emocional como en realidad soy. Y usaríamos un nuevo diccionario de sinónimos para mujeres con sentimientos. Y dejaría de pedir disculpas cuando no lo siento, y no me disculparía por existir.

Caerían las fuerzas sistémicas y las instituciones con sesgo de género, porque así debería ser, y el valor de una mujer dejaría de basarse en la aceptación, agradabilidad, docilidad, sexualidad o silencio.

Los hombres respetarían todas mis palabras, o por lo menos escucharían (escucharían en lo más profundo de la noche, y se despertarían todavía escuchando; escucharían al levantarse e incluso en público),[3] porque en un mundo perfecto a todo el mundo le pondría cachondo el cambio.

En un mundo perfecto saldría para nunca volver de la consulta de cualquier médico que no me escuchara, que no estuviera pendiente de cada una de mis palabras.

Nunca tendría demasiado miedo como para expresar el grito dentro de mi cabeza, ni me sentiría demasiado limitada por el condicionamiento para formular una pregunta como para no hacer una escena. Mis años de terapia estarían a mi disposición en todos los escenarios

3. Y comprarían tutoriales sobre cómo escuchar en busca de maneras creativas de escuchar, y elegirían manuales para estimular la escucha, y tomarían pastillas que les ayudaran a empezar a escuchar, y más pastillas para prolongar su capacidad para escuchar; buscarían en Google técnicas orientales de escucha y preguntarían a lesbianas y espiritistas cómo escuchar a las mujeres; irían a la tienda de objetos para escuchar en busca de juguetes para practicar la escucha, y hacerlo en cientos de posturas distintas; estarían comprometidos con el deber de escuchar y no pararían de hacerlo aunque les doliera la mano.

posibles. Y expresar mi opinión siempre sería un acto de supervivencia y nunca una sentencia de muerte.

Pero no estamos en un mundo perfecto, todavía no, ni siquiera estamos cerca de conseguirlo.

«En la Antigüedad, es cierto que..., casi sin excepción —escribe Mary Beard—, solo se escuchaba a una mujer hablar cuando estaba a punto de morir».

En mi carta a Sugar de 2010 alegué que el «tema unificador» de las escritoras era que sus carreras acababan en suicidio, que el autoasesinato estaba integrado en las biografías de sus vidas destrozadas, y era su declaración final de desesperación universal y personal. Las mujeres estaban muertas, eso indicaban las señales, y así seguiría siendo. En 2010 me vi a mí misma entre esas mujeres que sienten los funerales en su cerebro, con como mínimo un asterisco con nota al pie. A lo que me refería al decir «Quiero morir porque no puedo escribir» era que al no poder expresarme (y resultar incomprensible, quedarme callada y tener una voz deficiente) mi vida no tenía sentido, y de algún modo ya me sentía muerta; o que tener una voz pero no usarla sería para mí la muerte.

Antes de enfermar, y seis meses antes de que la chica-que-siempre –tendrá-catorce-años saltara por la ventana, habíamos compartido golosinas en el sofá en el que en otras ocasiones me había sentado en postura de meditación junto con sus padres, en su apartamento de Manhattan situado en la decimoquinta planta, y decidimos alquilar una película. Empezaron las negociaciones. Con un envase de caramelos PEZ que representaba un espíritu de unos dibujos animados, propuso una cinta basada en una novela escrita por mi primer jefe. Le lancé mi envase de caramelos PEZ con una bruja. No podía ver eso bajo ninguna circunstancia. Pero al final vimos la película, porque era lo que ella quería.

Vaya mierda, estuvimos de acuerdo en que aquel *thriller* tecnológico era lo peor que habíamos visto nunca. Durante todo el fin de semana dijimos: «Este chupachups es bueno —y después al unísono—, pero no tan bueno como aquella película».

Meses después, la película estaba disponible en *streaming* en Amazon Prime Video, y eso me recordó que tenía que enviarle un mensaje. Cada vez que me iniciaba sesión con mi cuenta, aparecía el icono del póster de la película, y eso me hacía reír y me recordaba que quería escribirle un mensaje, pero no lo hice, y nunca más pude.

239

En su funeral lloré tan discretamente como me fue posible y deseé cosas como por ejemplo que no estuviera muerta y haberle escrito un mensaje cuando pensaba en ella (sobre la película y la bisexualidad y cualquier cosa, simplemente todo). También deseaba, en general, contenerme menos y estar más abierta y decir algo, por muy poca cosa que fuera o aunque fuera demasiado, o imperfecto, en lugar de tantas veces no decir nada.

Había aprendido, al igual que cualquier chica, a no arriesgarme y a priorizar el miedo (a ser vulnerable, a las críticas, al ridículo, al rechazo, al sufrimiento, a la violencia), antes que mi capacidad expresiva personal auténtica. ¿Acaso me había reportado eso algún beneficio? ¿Aparte de permitirme funcionar en una sociedad que no puede soportar a las mujeres y no las escucha? Mi silencio no me había dado nada, ni enseñado nada, y tampoco me había servido para conocer a alguien, y no me había llevado a ninguna parte.

240   No decir nada para no decir demasiado, o no decir nada para no decir algo incorrecto; qué desperdicio.

Además, los poderes fácticos eliminan a las mujeres, hablen o no.

Me habían criticado, ridiculizado y rechazado en silencio. Había sufrido. Innumerables mujeres han sufrido y muerto en silencio. ¡Yo casi me muero! Thea Rosenfeld-Jones, de catorce años, sí murió.

«Te digo podría volver a hablar: lo que vuelve / del olvido vuelve / para encontrar una voz», escribe Louise Glück en su poema «El iris salvaje». Yo también había regresado del olvido y había vuelto a encontrar una voz, y había retornado para decir: no fue mi voz lo que me anuló. Fue mi silencio.

Agradecimientos

Gracias a los redactores y a las publicaciones en las que algunas de estas páginas aparecieron por primera vez en un formato diferente: «On Silence (or, Speak Again)» en *Longreads*, por Sari Botton; «The Never-to-Be Bride» en la columna *Modern Love* del *New York Times*, por Dan Jones; «My Diet, Caffeine-Free Rape» en *Cut*, por Maureen O'Connor; «Why I Didn't Say No» en *Not That Bad: Dispatches from Rape Culture*, por Roxane Gay.

Gracias a:

Mollie Glick, mi agente, por saber reconocer qué era todo esto y por ayudarme a convertirlo en un libro.

Al equipo de Hachette, a quienes mi libro y yo les gustamos tal y como somos, y especialmente a mi editora Lauren Marino, a la directora de producción Amber Morris, a la correctora Beth Wright, a la publicista Lauren Rosenthal, a las responsables de marketing Julianne Lewis, Niyati Patel, Carolyn Levin y Mollie Weisenfeld.

A Tammy Schulman, por ser la primera en decirme que debería escribir esto.

A Tracy Clark-Flory, por escribir sobre la masturbación con el porno de tu padre y dar comienzo a la conexión más importante de mi vida adulta (no podría escribir una amistad mejor que la nuestra). A Marion Rosenfeld, una de las fundadoras del Club 19, por ser mi primera lectora y mi mejor mentora.

A Cheryl Strayed, por darme consejo. A Sari Botton (de nuevo), por solicitar y editar el ensayo que se convirtió en este libro. A Roxane Gay (nuevamente), por aceptar, editar y publicar mi ensayo en *Not That Bad*, por el intercambio de *emails* sobre *The Human Centipede*, y por publicitarme (platónicamente). A Julie Greicius, por ser mi cónyuge editorial, una experta en besos y aún mejor editora, además de la mejor colaboradora del mundo. A Marisa Siegel, Lyz Lenz y Lisa Dusenbery por mi primer matriarcado y sororidad eterna.

A Sarah Madges: aunque no te haya puesto en la dedicatoria, este libro lo escribí para ti, y solo pude hacerlo gracias a tu ayuda. A Riane Konc: podrías escribir mi agradecimiento hacia ti mejor que yo; este libro no existiría en su formato actual, o en absoluto, si no me hubieras escrito aquel *email* en aquel entonces. A Caitlin Kunkel: este libro es su mejor versión gracias a ti.

A Mary Dain, por la ensalada aquel día en que juré que acabaría este libro (cinco años antes de conseguirlo). A Dominique Johnson, por los años de consuelo y ánimos, y por saber cuándo tocaba cada cosa.

A Julie Rossman y Amanda Reddington, por vuestras historias y vuestra rabia.

A Casey Scieszka y Spruceton Inn, por la habitación y el bar que pusieron a mi disposición. A *Writing Between the Vines* y Marcy Gordon, por la bodega también a mi disposición.

A Samantha Strauss, por la serie *Dance Academy* y por desmentir que una nunca debería conocer a sus heroínas. A Beth Montgomery, Pataleen Finaran, Janio Ellen Ibor, por enseñarme a escribir, a pensar y a sentir.

A todos y cada uno de mis alumnos pasados y futuros, por venir a clase.

A todos los que leyeron parte de este libro o me apoyaron durante el proceso de escritura: Briden Marks, Liza Birkenmeier, Michelle Orange, Lydia Conklin, Leigh Stein, Scott Cohen, Lora N. Barnes, Kristina Kearns, Maura McGee, Mira Ptacin, Yosh Han, Janine Brito, Mer Groves, Pushkar Sharma, Nikki Campo, Hannah Wood, Samantha Shea, Sara Levine, Allison Tatarsky, Claire Caplan, Lauren Zenner, Brenden Beck, Carolina Reiter, Miles Strucker, Mike Kelton, Will Hines y Aaron Rabinowitz.

A las cuatro heroínas quijotescas de mi historia: la acupuntora en el Brooklyn Acupuncture Project; mi psicóloga Danielle Rawda; la doctora Gabriela Centurion, mi psicofarmacóloga, por creerme desde el principio, por diagnosticarme con precisión y salvarme la vida en varias ocasiones; mi terapeuta en el Reeds Center, por curarme y salvarme de mí misma.

A la doctora Kim Rottier por verificar la información.

A Sarah Garfinkel y Jennie Egerdie, editores adjuntos de «Funny

Women», que me enviaron un pastel y una cesta de comida (respecti-vamente) cuando vendí este libro.

A mi padre y *padramonstruo*, por el material y por perdonarme por adelantado por haber hecho uso de él, y quererme de todos modos.

A mi madre y al señor Jay, mis mecenas y mejores amigos, por vuestro apoyo emocional y financiero durante toda mi vida. A mi ma-dre (de nuevo), por recordarme que «no tienes tiempo para sentirte como una mierda por cómo escribes».

A mi madre (otra vez, con más sentimiento), no solo por darme la vida, sino por darme la vida que quería. Y a Benny Theodore Bassist, por ser un niño muy muy bueno.

Desagradecimientos

*D*esagradezco a mis exnovios y antiguos jefes.

Notas

INTRODUCCIÓN

«"presencia ausente" con forma femenina»: Caroline Criado Perez, *La mujer invisible: descubre cómo los datos configuran un mundo hecho por y para los hombres*, Editorial Seix Barral, Barcelona, 2020, pág. 13.

En El Salvador, donde el aborto está prohibido: Caitlin Cruz, «A Salvadorian Women Convicted of Homicide After Miscarriage Is Released From Jail», *Jezebel*, 11 de febrero de 2022.

NASA canceló su primer paseo espacial exclusivamente femenino: Jacey Fortin y Karen Zraick, «First All-Female Spacewalk Canceled Because NASA Doesn't Have Two Suits That Fit», *New York Times*, 25 de marzo de 2019.

se puede elegir a un perro como alcalde: Natalie Colarossi, Kelly McLaughlin y James Pasley, «Meet the Dog Mayors of America», *Insider*, 7 de julio de 2020. Puede consultarse en: www.insider.com/dog-mayors-of-america-2019-7.

la cuarta parte de los alcaldes humanos en 2021 eran mujeres: «Women Mayors in U.S. Cities 2021», Center for American Women and Politics, Eagleton Institute of Politics, Rutgers University–New Brunswick, mayo de 2021. Puede consultarse en: cawp.rutgers.edu/facts/levels-office/local/women-mayors-us-cities-2021.

las mujeres tienen «por lo menos el doble de probabilidades de sufrir afecciones dolorosas crónicas»: Maya Dusenbery, *Doing Harm: The Truth About How Bad Medicine and Lazy Science Leave Women Dismissed, Misdiagnosed, and Sick*, HarperOne, Nueva York, 2018, pág. 3.

«síntomas no explicados por la medicina»: Dusenbery, *Doing Harm*, pág. 79.

Endometriosis: Perez, *La mujer invisible: descubre cómo los datos configuran un mundo hecho por y para los hombres*, pág. 308.

«Es necesario comprender esto»: Alyson J. McGregor, *Sex Matters: How Male-Centric Medicine Endangers Women's Health and What We Can Do About It*, Hachette Go, Nueva York, 2020, pág. 26.

La depresión es un 70 % más frecuente: Paul R. Albert, «Why Is Depression More Prevalent in Women?», *Journal of Psychiatry and Neuroscience* 40, n.º 4, julio de 2015, págs. 219-221.

«Aproximadamente una de cada cinco mujeres»: Dusenbery, *Doing Harm*, pág. 91.

Los intentos de suicidios en mujeres adultas presentan un índice de 1,6 veces mayor: «Suicide Data: United States», American Foundation for Suicide Prevention, enero de 2021, Puede consultarse en: afsp.org/state-fact-sheets.

las tasas de suicidio en chicas adolescentes: «QuickStats: Suicide Rates for Teens Aged 15-19 Years, by Sex-United States, 1975-2015», Centers for Disease Control and Prevention, 4 de agosto de 2017. Puede consultarse en: www.cdc.gov/mmwr/volumes/66/wr/mm6630a6.htm.

los adolescentes consumieron un promedio de nueve horas diarias de contenidos: «Landmark Report: U.S. Teens Use an Average of Nine Hours of Media Per Day, Tweens Use Six Hours», Common Sense Media, 3 de noviembre de 2015. Puede consultarse en: www.commonsensemedia.org/press-releases/landmark-report-us-teens-use-an-average-of-nine-hours-of-media-per-day-tweens-use-six-hours.

suelen ser hombres quienes informan sobre la mayoría de las noticias: «The Gender Gap in Coverage of Reproductive Issues», Women's Media Center (WMC) Media Watch, 2016. Puede consultarse en: wmc.3cdn.net/3d96e35840d10fafd1_7wm6v3gy2.pdf.

En las relaciones es más probable que sean las mujeres quienes pidan disculpas: Karina Schumann y Michael Ross, «Why Women Apologize More Than Men: Gender Differences in Thresholds for Perceiving Offensive Behavior», *Psychological Science* 21, n.º 11, 2010, págs. 1649-1655; Katharine Ridgway O'Brien, «Just Saying "No": An Examination of Gender Differences in the Ability to Decline Requests in the Workplace», tesis doctoral, Rice University, 2014.

disminución del funcionamiento cognitivo de las mujeres (nota al pie): Olga Khazan, «Frigid Offices Might Be Killing Women's Productivity», *Atlantic*, 22 de mayo de 2019.

«El único y mejor vaticinador de las violaciones»: doctora Julia T. Wood, «Gendered Media: The Influence of Media on Views of Gender», en Natalie Fixmer-Oraiz y Julia T. Wood, *Gendered Lives: Communication, Gender, and Culture*, Belmont (California), Wadsworth, 1994, págs. 231-244.

Miller llamó a la senadora Kamala Harris «histérica»: Lily Herman, «Former Trump Aide Calls Senator Kamala Harris "Hysterical" for Doing Her Job», *Allure*, 14 de junio de 2017.

1. HISTORIAL MÉDICO

Casey Affleck: Eliana Dockterman, «Casey Affleck Just Addressed #Me-Too and the Harassment Allegations Against Him. Here's What to Know About the Controversy», *Time*, 25 de enero de 2017.

Primero era migraña, clasificada como «cefalea primaria»: International Classification of Headache Disorders, tercera edición (ICHD-3), ichd-3.org/1-migraine.

cuarenta y siete millones de estadounidenses sufren migraña: Stephanie Sy, «15 Percent of Americans Have Migraine Disease. Why Aren't There Better Treatment Options?», *PBS News Hour*, 26 de febrero de 2020.

las mujeres que sufren dolor son consideradas personas «con ansiedad», no «con dolor»: Diane E. Hoffmann y Anita J. Tarzian, «The Girl Who Cried Pain: A Bias Against Women in the Treatment of Pain», *Journal of Law, Medicine & Ethics* 29, 2001, págs. 13-27.

la medicina rara vez reconoce las diferencias entre ambos sexos: Caroline Criado Perez, *La mujer invisible: descubre cómo los datos configuran un mundo hecho por y para los hombres*, Seix Barral, Barcelona, 2020, págs. 271-274: «Los investigadores han encontrado diferencias entre hombres y mujeres en todos los tejidos y sistemas de órganos del cuerpo humano, así como en la "prevalencia, curso y gravedad" de la mayoría de las enfermedades humanas comunes». «Hay diferencias de sexo hasta en nuestras células», como «en las células inmunitarias usadas para transmitir señales de dolor». Un estudio «mostró una diferencia significativa entre hombres y mujeres en la "expresión de un gen que se considera importante para el metabolismo de los fármacos"». Una revisión reveló que «la integración de la medicina basada en el sexo y el género en las facultades estadounidenses seguía siendo "mínima" e "irregular", con brechas específicas en el enfoque del tratamiento de la enfermedad y el uso de fármacos».

«la mayoría de las universidades y programas de residencia en hospitales no instruyen»: Jennifer Wolff, «What Doctors Don't Know About Menopause», AARP, agosto/septiembre de 2018. Puede consultarse en: www.aarp.org/health/conditions-treatments/info-2018/menopause-symptoms-doctors-relief-treatment.html: «Un estudio reciente revela que solo el 20 % de los programas de residencia de ginecología y obstetricia ofrecen alguna clase de formación sobre la menopausia. En casi todos los casos dicha formación es opcional. Y casi el 80 % de los médicos residentes admiten que a "duras penas se sienten cómodos" al tener que hablar o tratar la menopausia».

«los cuerpos femeninos»: Perez, *La mujer invisible*, pág. 278.

Las mujeres informan de menos dolor del que realmente sufren: Alyson J. McGregor, *Sex Matters: How Male-Centric Medicine Endangers Women's Health and What We Can Do About It*, Hachette Go, Nueva York, 2020, pág. 24: «Las mujeres presentan un umbral inferior de dolor y una menor tolerancia a este», por lo que «es más probable que perciban e informen de un nivel de malestar menor que en los hombres como "dolor" a pesar de que el grado de intensidad [del dolor] sea el mismo».

Eula Biss clasifica con un tres su dolor: Eula Biss, «La escala del dolor», *Revista de la Universidad de México,* mayo de 2021. Puede consultarse en: https://www.revistadelauniversidad.mx/articles/1f60fc8c-63ce-43cb-acf5-8ee79ebf8627/la-escala-del-dolor.

clasificaba su dolor crónico por debajo de lo que le parecía: Sonya Huber, *Pain Woman Takes Your Keys, and Other Essays from a Nervous System*, University of Nebraska Press, Lincoln, 2017, pág. 39.

Un estudio de Yale revela que el dolor de los muchachos jóvenes (nota al pie): Brian D. Earp, Joshua T. Monrad, Marianne LaFrance, *et al.*, «Gender Bias in Pediatric Pain Assessment», *Journal of Pediatric Psychology* 44, n.º 4 , mayo de 2019, págs. 403-414.

«Cuanto más abiertamente hablan las mujeres de su dolor» (nota al pie): McGregor, *Sex Matters*, pág. 25.

la mayoría de los medicamentos no se prueban en mujeres: Paula A. Johnson, doctora en medicina, máster en Salud Pública, Therese Fitzgerald, doctora, trabajadora social médica, Alina Salganicoff, doctora, *et al.*, *Sex-Specific Medical Research: Why Women's Health Can't Wait: A Report of the Mary Horrigan Connors Center for Women's Health & Gender Biology at Brigham and Women's Hospital*, Brigham and Women's Hospital, Boston, 2014. Puede consultarse en: www.brighamandwomens.org/assets/bwh/womens-health/pdfs/connorsreportfinal.pdf.

La doctora Nafissa Thompson-Spires se opuso a una histerectomía (nota al pie): doctora Nafissa Thompson-Spires, «On No Longer Being a Hysterical Woman», *Paris Review* blog, 6 de enero de 2020. Puede consultarse en: www.theparisreview.org/blog/2020/01/06/on-no-longer-being-a-hysterical-woman: «Me opuse a una histerectomía basándome en dos principios, mi edad y la historia. Me opuse debido a la esterilización excesiva de mujeres negras (que presentan las tasas más elevadas de histerectomías innecesarias). Me opuse porque la ginecología moderna tiene su origen en la tortura de mis ancestros, que fueron utilizados al antojo de un sadorracista que desgarró los cuerpos de esclavas y de niños como si fueran animales. Su nombre, aunque eso no debería tener importancia, era James Marion Sims. Introdujo a la fuerza arcaicos artilugios en el cuerpo de las mujeres negras y extrajo los cráneos de bebés negros con instrumentos de pesca, y las numerosas estatuas y monumentos en su honor solo han sido trasladados de un sitio a otro, ensalzando al causante de la desdicha en lugar de a los agraviados».

la falsa premisa de que las personas de esa raza no sienten dolor (nota al pie): Elinor Cleghorn, *Enfermas: una historia sobre las mujeres, la medicina y sus mitos en un mundo de hombres*, Paidós, Barcelona, 2022: «El menosprecio racista del dolor físico y psicológico de las mujeres negras implica que se les receten menos fármacos contra el dolor y que sean más vulnerables a un posible diagnóstico erróneo, o a un peligro retraso en el diagnóstico. Y estas desigualdades las están matando».

la mayoría de los medicamentos, en caso de que sí se prueben en mujeres, no se testan durante: Perez, *La mujer invisible*, pág. 282: «Hasta ahora se ha observado que los tratamientos antipsicóticos, antihistamínicos y antibióticos, así como los medicamentos para el corazón, tienen un impacto en el ciclo menstrual. Se ha observado que algunos antidepresivos afectan a las mujeres de forma diferente en diferentes momentos de su ciclo, lo que significa que la dosis puede ser demasiado alta en algunos momentos y demasiado baja en otros».

la dosificación para «adultos» se basan en una persona del tamaño de un hombre: McGregor, *Sex Matters*, págs. 20 y 25.

las mujeres están medicadas en exceso: Irving Zucker y Brian J. Prendergast, «Sex Differences in Pharmacokinetics Predict Adverse Drug Reactions in Women», *Biology of Sex Differences* 11, n.º 1, 2020.

A una amiga le recetaron zolpidem (nota al pie): Lisa Stark y Daniel Clark, «FDA: Cut Ambien Dosage for Women», ABC News, 10 de enero de 2013.

«Casi con el doble de frecuencia que los hombres» (nota al pie): Yasmin Anwar, «Lack of Females in Drug Dose Trials Leads to Overmedicated Women», *ScienceDaily*, 12 de agosto de 2020. Puede consultarse en: www.sciencedaily.com/releases/2020/08/200812161318.htm.

muchas mujeres que no informan de sus propios ataques al corazón: Maanvi Singh, «Younger Women Hesitate to Say They're Having a Heart Attack», NPR, 24 de febrero de 2015. Puede consultarse en: www.npr.org/sections/health-shots/2015/02/24/388787045/younger-women-hesitate-to-say-theyre-having-a-heart-attack.

2. MUJERES HISTÉRICAS

la endometriosis cuenta con una «larga historia de ser tratada como una patología»: Elinor Cleghorn, *Enfermas: una historia sobre las mujeres, la medicina y sus mitos en un mundo de hombres*, Paidós, Barcelona, 2022.

No fue hasta 1980 cuando la Asociación Americana de Psicología: Carol S. North, «The Classification of Hysteria and Related Disorders: Historical and Phenomenological Considerations», *Behavioral Sciences* 5, n.º 4, diciembre de 2015: págs. 496-517.

«Lo más sorprendente era»: Joan Didion, «El álbum blanco», en *Los que sueñan el sueño dorado*, Random House, Barcelona, 2012.

dolor es «psicosomático», debido al «estrés», o tal vez «hormonal»: Alyson J. McGregor, *Sex Matters: How Male-Centric Medicine Endangers Women's Health and What We Can Do About It*, Hachette Go, Nueva York, 2020, pág. 28.

a las mujeres se les suele dar: McGregor, *Sex Matters*, pág. 101: «En un estudio de pacientes con síntomas similares de colon irritable, los investigadores concluyeron que a los hombres se les suele derivar para hacer una radiografía mientras que a las mujeres se les ofrecen fármacos ansiolíticos y consejos para un estilo de vida saludable».

El Instituto Nacional de Salud Mental afirma que se tarda: Philip S. Wang, Patricia A. Berglund, Mark Olfson y Ronald C. Kessler, «Delays in Initial Treatment Contact After First Onset of a Mental Disorder», *Health Services Research* 39, n.º 2, abril de 2004, págs. 393-416.

«Se calcula que cuatro de cada cinco recetas» (nota al pie): Maya Dusenbery, *Doing Harm: The Truth About How Bad Medicine and Lazy Science Leave Women Dismissed, Misdiagnosed, and Sick*, HarperOne, Nueva York, 2018, pág. 91.

3. ZORRA LOCA PSICÓPATA

Las mujeres expresivas eran lunáticas: Anne Carson, «El género del sonido». Puede consultarse en: https://periodicodepoesia.unam.mx/texto/el-genero-del-sonido/: «La locura y la brujería, así como la bestialidad, son condiciones comúnmente asociadas con el uso de la voz femenina en público en los tiempos antiguos y modernos», escribe Carson, y cita clásicos de la mitología griega, a las furias, las sirenas, a Margaret Thatcher y a Gertrude Stein.

«la nueva (y obviamente preferible) lobotomía»: Caroline Criado Perez, *La mujer invisible: descubre cómo los datos configuran un mundo hecho por y para los hombres*, Editorial Seix Barral, Barcelona, 2020, pág. 311.

La mayoría de los usuarios de opio a finales del siglo XIX eran mujeres: Erick Trickey, «Inside the Story of America's 19th-Century Opiate Addiction», *Smithsonian*, 4 de enero de 2018.

las mujeres tienen una probabilidad dos veces y media superior: Peter Wehrwein, «Astounding Increase in Antidepressant Use by Americans», Harvard Health Blog, 20 de octubre de 2011. Puede consultarse en: www.health.harvard.edu/blog/astounding-increase-in-antidepressant-use-by-americans-201110203624. Perez (*La mujer invisible*, pág. 311): «Un estudio sueco realizado en 2017 demostró... que era más probable que los hombres notificaran síntomas de depresión». El mismo estudio también «reveló que las mujeres que no han informado de tales síntomas tienen el doble de probabilidades que los hombres de recibir antidepresivos».

Durante el siglo XIX sería declarada demente: Rachel Vorona Cote, *Too Much: How Victorian Constraints Still Bind Women Today*, Grand Central Publishing, Nueva York, 2020, pág. 147.

su paciente «Dora»: Peter Gay, *Freud: A Life for Our Time*, W. W. Norton, Nueva York, 1989, pág. 246.

volvía a estar de moda la «histeria» como acusación: Alison Espach, «What It Really Means When You Call a Woman "Hysterical"», *Vogue*, 10 de marzo de 2017. Puede consultarse en: www.vogue.com/article/trump-women-hysteria-and-history.

zorra loca psicótica (CPB): Kennisha Archer, «How *Gone Girl*'s Amy Dunne Challenges the Psycho Bitch Trope», *Film Queue*, 2 de septiembre de 2016. Puede consultarse en: thefilmq.wordpress.com/2016/09/02/how-gone-girls-amy-dunne-challenges-the-psycho-bitch-trope.

«la etiqueta "loca"»: Cote, *Too Much*, pág. 139.

«la locuacidad de las mujeres se evalúa en comparación»: Dale Spender, *Man Made Language*, Routledge and Kegan Paul, Londres, 1980, pág. 41.

«¿Cómo es posible que las ex de tanta gente estén locas?»: Cheryl Strayed, *Tiny Beautiful Things*, Doubleday, Nueva York, 2012, pág. 213.

«invisibilidad social de la experiencia de la mujer»: Joanna Russ, *Cómo acabar con la escritura de las mujeres*, Editorial Dos Bigotes, Madrid, 2018.

4. QUIÉN TIENE LA PALABRA Y POR QUÉ

«¿Qué es lo que hace que una mujer sea mejor»: Thomas Wilson, *Wilson's Arte of Rhetorique, 1560*, Clarendon Press, Oxford, 1909.

El «problema nominal es el exceso»: Jordan Kisner, «Can a Woman's Voice Ever Be Right?», *The Cut*, 19 de julio de 2016. Puede consultarse en: www.thecut.com/2016/07/female-voice-anxiety-c-v-r.html.

«Los criminólogos de finales del siglo XIX» (nota al pie): Rebecca M. Herzig, *Plucked: A History of Hair Removal*, New York University Press, Nueva York, 2015, pág. 71.

«Un análisis de la televisión en horario de máxima audiencia en 1987»: Susan Faludi, *Reacción: la guerra no declarada contra la mujer moderna*, Editorial Anagrama, Barcelona, 1993.

los recientes análisis de Martha M. Lauzen: doctora Martha M. Lauzen, *Boxed In: Women On Screen and Behind the Scenes on Broadcast and Streaming Television in 2020-21*, Center for Women in Television and Film, San Diego State University, 2021. Puede consultarse en: deadline.com/wp-content/uploads/2021/09/2020-21-Boxed-In-Report-WM.pdf.

Los hombres son los que más hablan incluso en las comedias románticas: Hannah Anderson y Matt Daniels, «Film Dialogue from 2.000 Screenplays, Broken Down by Gender and Age», The Pudding, abril de 2016. Puede consultarse en: pudding.cool/2017/03/film-dialogue. El artículo es una recopilación de «la cantidad de palabras que dicen tanto personajes femeninos como masculinos en casi dos mil películas, presumiblemente el mayor proyecto de análisis de guiones hasta la fecha» en 2016.

Y en 2016 la secuela de *Cazafantasmas*: Abigail Chandler, «Why Does the internet Hate the New All-Female *Ghostbusters*?», *Metro*, 11 de julio de 2016. Puede consultarse en: metro.co.uk/2016/07/11/why-does-the-internet-hate-the-new-all-female-ghostbusters-5999889.

El «porcentaje de películas taquilleras» (nota al pie): doctora Martha M. Lauzen, *It's a Man's (Celluloid) World: Portrayals of Female Characters in the Top Grossing Films of 2020*, Center for Women in Television and Film, San Diego State University, 2021. Puede consultarse en: womenintvfilm.sdsu.edu/wp-content/uploads/2021/04/2020_Its_a_Mans_World_Report.pdf. El informe de Lauzen es un resumen anual y un análisis que examina la participación de las mujeres en la industria cinematográfica y «recoge la representación de casi veintidós mil personajes en aproximadamente mil películas» remontándose hasta el año 2002.

En aquel entonces, igual que ahora, casi siempre eran hombres quienes daban las noticias: Luba Kassova, *The Missing Perspectives of Women in News*, International Women's Media Foundation, noviembre de 2020. Puede consultarse en: www.iwmf.org/wp-content/uploads/2020/11/2020.11.19-The-Missing-Perspectives-of-Women-in-News-FINAL-REPORT.pdf: «Mundialmente, en 2015, el 19 % de los expertos o comentaristas eran mujeres. La cantidad de mujeres como fuentes de noticias en conjunto se ha visto levemente reducida desde 2010 (20 % versus 19 %). El ámbito de conocimientos de las mujeres ha pasado a centrarse en… la esfera de lo privado, emocional y subjetivo frente a lo público, racional y objetivo»; Kassova advierte que el 21 % de los protagonistas de las noticias son mujeres y que las «mujeres han estado sustancialmente menos representadas en la cobertura mediática en este siglo, en una proporción

254

de 5:1». En 2015, «las mujeres constituían el 15 % de las personas vistas, oídas o de las que se podía leer alguna información en portales digitales transnacionales», lo cual representa un incremento respecto a los últimos años (*Who Makes the News?*, Sarah Macharia, Global Media Monitoring Project, 2020. Puede consultarse en: whomakesthenews.org/wp-content/uploads/2021/11/GMMP2020.ENG_. FINAL_.pdf).

Durante el seguimiento informativo de las elecciones de 2016 y 2020: Alexander Frandsen y Aleszu Bajak, «Women on the 2020 Campaign Trail Are Being Treated More Negatively by the Media», Storybench, Northeastern University's School of Journalism, 29 de marzo de 2019. Puede consultarse en: www.storybench.org/women-on-the-2020-campaign-trail-are-being-treated-more-negatively-by-the-media. Frandsen y Bajak analizaron ciento treinta artículos de los medios *Washington Post*, *New York Times*, *Huffington Post*, CNN y Fox News.

Cuomo aprovechó sus fuentes mediáticas (nota al pie): Michael M. Grynbaum, John Koblin y Jodi Kantor, «CNN Fires Chris Cuomo amid Inquiry into His Efforts to Aid His Brother», *New York Times*, 4 de diciembre de 2021.

El analista jurídico de la CNN (nota al pie): Brian Stelter y Oliver Darcy, «Jeffrey Toobin Is Back at CNN Eight Months After Exposing Himself on Zoom», CNN Business, 10 de junio de 2021.

El responsable de Amazon Studios, Roy Price (nota al pie): Ellen Killoran, «"Good Girls Revolt" Creator: Amazon Studios Head Roy Price Didn't Like Cancelled Series», *Forbes*, 6 de diciembre de 2016.

los niños hablan más que las niñas: Anderson y Daniels, «Film Dialogue from 2.000 Screenplays».

los chicos hablan más que las chicas en clase: Janet Holmes, «Women Talk Too Much», capítulo 6 de *Language Myths*, Laurie Bauer y Peter Trudgill, Penguin, Nueva York, 1999): «En un amplio espectro de comunidades, desde el jardín de infancia a la escuela primaria, secundaria y los estudios superiores, se repite el mismo patrón: la voz masculina es la predominante en el aula. Así pues, en función de esta evidencia, se puede llegar a la conclusión de que el estereotipo de la mujer parlanchina refleja un prejuicio sexista y no la realidad objetiva».

los hombres hablan más que las mujeres en las reuniones de trabajo: Christopher F. Karpowitz, Tali Mendelberg y Lee Shaker, «Gender Inequality in Deliberative Participation», *American Political Science Review* 106, n.º 3, agosto de 2012, págs. 533-547.

hombres cisgénero heterosexuales, quienes, de acuerdo con lo evidenciado *ad infinitum*, resultan en realidad ser «demasiado»: Felice Maranz y Rebecca Greenfield, «Men Get the First, Last and Every Other Word on Earnings Calls», *Bloomberg*, 13 de septiembre de 2018. Pue-

255

de consultarse en: www.bloomberg.com/news/articles/2018-09-13/men-get-the-first-last-and-every-other-word-on-earnings-calls. Un estudio de 2017 realizado por la empresa Prattle examinó 155 000 audioconferencias de negocios de los últimos diecinueve años, en las cuales el 92 % del tiempo eran hombres los que hablaban.

intentan llevarse el mérito e interrumpen más: Katherine Hilton, «What Does an Interruption Sound Like?», tesis doctoral, Stanford University, agosto de 2018.

«Una mujer amiga mía *trans*»: Melissa Febos, *Girlhood*, Bloomsbury, Nueva York, 2021, pág. 249.

«la contribución de los hombres suele consistir más en información» (nota al pie): Janet Holmes, «Women Talk Too Much».

hoy en día incluso, la tecnología de reconocimiento automático de voz: Allison Koenecke, Andrew Nam, Emily Lake, *et al.*, «Racial Disparities in Automated Speech Recognition», *National Academy of Sciences of the United States of America (PNAS)* 117, n.º 14, 2020, págs. 7684-7689. Se trata de un informe sobre un estudio realizado en el que los sistemas de reconocimiento automático de voz (desarrollados «por Amazon, Apple, Google, IBM y Microsoft») transcribían entrevistas estructuradas con hablantes de raza blanca y negra, y «en los cinco sistemas sin excepción mostraban sustanciales desigualdades raciales» en la tasa de error promedio.

en relación con el reconocimiento de voz en automóviles: Graeme McMillan, «It's Not You, It's It: Voice Recognition Doesn't Recognize Women», *Time*, 1 de junio de 2011. *Harvard Business Review* también cita las investigaciones publicadas por el NAACL (North American Chapter of the Association for Computational Linguistics) que indican que «el reconocimiento de voz de Google es un 13 % más exacto en el caso de los hombres que en el de las mujeres».

la mujer actual habla con voz más grave que su madre y abuela: David Robson, «The Reasons Why Women's Voices Are Deeper Today», BBC, 12 de junio de 2018. Puede consultarse en: www.bbc.com/worklife/article/20180612-the-reasons-why-womens-voices-are-deeper-today.

Cuando le preguntaron a Joseph Campbell sobre «el viaje de la heroína»: Maureen Murdock, «The Heroine's Journey», en *Encyclopedia of Psychology and Religion*, edición de David A. Leeming, Springer, Nueva York, 2016. Puede consultarse en: maureenmurdock.com/articles/articles-the-heroines-journey.

esa voz más aguda procedente de un cuerpo femenino: David R. Feinberg, Lisa M. DeBruine, Benedict C. Jones y David I. Perrett, «The Role of Femininity and Averageness of Voice Pitch in Aesthetic Judgments of Women's Voices», *Perception* 37, n.º 4, abril de 2008, págs. 615-623; Sarah

A. Collins y Caroline Missing, «Vocal and Visual Attractiveness Are Related in Women», *Animal Behaviour* 65, n.º 5, mayo de 2003, págs. 997-1004.

Siri y Alexa tienen por defecto voces feminizadas: Chandra Steele, «The Real Reason Voice Assistants Are Female (and Why It Matters)», *PC Magazine*, 4 de enero de 2018.

el titular que leí recientemente sobre el «maltrato a los *bots* conversacionales»: Ashley Bardhan, «Men Are Creating AI Girlfriends and Then Verbally Abusing Them», *Futurism*, 18 de enero de 2022. Puede consultarse en: futurism.com/chatbot-abuse.

Ahora mismo muchas mujeres están siendo interrumpidas: Leslie Shore, «Gal Interrupted: Why Men Interrupt Women and How to Avert This in the Workplace», *Forbes*, 3 de enero de 2017.

pseudocientífico y probablemente se basa en el estudio citado con frecuencia: Dilraj S. Sokhi, Michael D. Hunter, Iain D. Wilkinson y Peter W. R. Woodruff, «Male and Female Voices Activate Distinct Regions in the Male Brain», *Neuroimage* 27, n.º 3, septiembre de 2005, págs. 572-578.

los colibríes hembra evitan el acoso: Sabrina Imbler, «Female Hummingbirds Avoid Harassment by Looking Like Males», *New York Times*, 26 de agosto de 2021.

«relación lesbiana» (nota al pie): Torrey Peters, *Detransition, Baby*, One World, Nueva York, 2021, pág. 9.

«Las mujeres negras especialmente» (nota al pie): Karen Attiah, «America Hates to Let Black Women Speak», *Washington Post*, 8 de octubre de 2020.

«la brecha de género del humor» (nota al pie): Christie Nicholson, «The Humor Gap», *Scientific American*, 1 de octubre de 2012.

«cuentan, entre sus habilidades, con la capacidad de fingir» (nota al pie): Susan Orlean, «The Rabbit Outbreak», *New Yorker*, 29 de junio de 2020.

5. CHICAS VERSUS CHICOS EN LA CONVERSACIÓN

mi primera presentación: Ellen Fein y Sherrie Schneider, *The Rules: Time-Tested Secrets for Capturing the Heart of Mr. Right*, New York, Warner Books, 1995.

Pete Walker acuñó el término «respuesta de adulación»: Pete Walker, *Complex PTSD: From Surviving to Thriving: A Guide and Map for Recovering from Childhood Trauma*, Azure Coyote Publishing, 2013, pág. 45.

«Estamos hechos de palabras en la misma medida que de carne y sangre»: Alexandra Schwartz, «Shifting Identities in Sanaz Toossi's "English"», *New Yorker*, 28 de febrero de 2022.

«necesitan frases diferentes para contener»: Mary Gordon, en el prólogo de *Una habitación propia* de Virginia Woolf.

«entre la chica que escribía poemas»: Joanna Russ, *Cómo acabar con la escritura de las mujeres*, Editorial Dos Bigotes, Madrid, 2018.

«Solo quería…»: citado en Russ, *Cómo acabar con la escritura de las mujeres*, Editorial Dos Bigotes, Madrid, 2018.

bell hooks consiguió rememorar de forma crítica: bell hooks, *Respondona: pensamiento feminista, pensamiento negro*, Paidós Ibérica, Barcelona, 2022.

6. POR QUÉ NO DIJE QUE NO

«El clítoris ha sido cuestionado» (nota al pie): Elinor Cleghorn, *Enfermas: una historia sobre las mujeres, la medicina y sus mitos en un mundo de hombres*, Barcelona, Paidós, 2022; Helen E. O'Connell, Kalavampara V. Sanjeevan y John M. Hutson, «Anatomy of the Clitoris», *Journal of Urology* 174, octubre de 2005), pág. 1194; Georgina Rannard, «*The Vagina Bible* Adverts Blocked by Social Media», BBC News, 2 de septiembre de 2019; Doha Madani, «Delta to Investigate After Olivia Wilde Slammed In-Flight Censorship of "Booksmart"», NBC News, 31 de octubre de 2019; Tresa Undem, «My "Top 20" insights over the past year on views toward women and equality», Twitter, 26 de agosto de 2019. Puede consultarse en: twitter.com/teemoneyusa/status/1166039791131119618.

«Lo que la mujer entiende por amor»: Friedrich Nietzsche, *La gaya ciencia*, Editorial Tecnos, Madrid, 2002.

«Cuando el amor de una joven no se caracteriza por la abnegación»: Søren Kierkegaard, *Repetition and Philosophical Crumbs* Oxford, Reino Unido, Oxford University Press, 2009, pág. 14.

«el guion heterosexual»: Janna L. Kim, C. Lynn Sorsoli, Katherine Collins, *et al.*, «From Sex to Sexuality: Exposing the Heterosexual Script on Primetime Network Television», *Journal of Sex Research* 44, n.º 2, 2007, págs. 145-157.

«Lo que cuenta es lo que la heroína provoca»: Laura Mulvey, «Visual Pleasure and Narrative Cinema», *Screen* 16, n.º 3, 1975, págs. 6-18.

«El culto del amor en Occidente es un aspecto del culto al sufrimiento»: Susan Sontag, *Contra la interpretación y otros*, Ed. Taurus, Madrid, 1994.

Existe una escala oficial de orgasmos fingidos (FOS): Erin B. Cooper, Allan Fenigstein y Robert L. Fauber, «The Faking Orgasm Scale for Women: Psychometric Properties», *Archives of Sexual Behavior* 43, n.º 3, abril de 2014, págs. 423-435.

«dos veces en una hora» (nota al pie): Chris Brooke, «Women Tell More Fibs Than Men… Honestly! Four in Five Say They Tell a Lie on a Daily

Basis», *Daily Mail*, 3 de junio de 2015. Alrededor de dos mil personas fueron encuestadas por encargo de la compañía de seguros Privilege.

En «Trigger Warning: Breakfast»: Anónimo, «Trigger Warning: Breakfast», *The Nib*, 8 de julio de 2014. Puede consultarse en: medium.com/the-nib/trigger-warning-breakfast-c6cdeec070e6.

«cuidar y entablar amistad»: Shelley E. Taylor, «Tend and Befriend Theory», University of California, Los Ángeles, 1 de diciembre de 2006. Puede consultarse en: taylorlab.psych.ucla.edu/wp-content/uploads/sites/5/2014/11/2011_Tend-and-Befriend-Theory.pdf.

cada día en Estados Unidos una media de tres mujeres son asesinadas: National Organization of Women (NOW), «Violence Against Women in the United States: Statistics». Consultado el 28 de febrero de 2022: now.org/resource/violence-against-women-in-the-united-states-statistic.

mil esposas, novias, ex y mujeres objeto de interés romántico: Caren Lissner, «Men Are Killing Thousands of Women a Year for Saying No», *Dame*, 24 de octubre de 2017.

El 98 % de las matanzas desde 1966: Michel Martin y Emma Bowman, «Why Nearly All Mass Shooters Are Men», NPR, 27 de marzo de 2021.

las chicas de raza negra nunca disponen de la palabra «no»: Tressie McMillan Cottom, *Thick: And Other Essays*, New Press, Nueva York, 2019, pág. 184.

«"tenía que irme porque el aire era demasiado caliente o demasiado frío"» (nota al pie): Jeffrey Toobin, «The Celebrity Defense», *New Yorker*, 6 de diciembre de 2009.

«Las chicas son las más crueles consigo mismas»: Anne Carson, «El ensayo de cristal», en *Cristal, ironía y Dios*, Vaso Roto, Madrid, 2022.

7. NI TRAJE NUEVO DEL EMPERADOR NI NADA

«rebelión femenina se consideraba, si es que llegaba a ser visible»: Ann Douglas, introducción de *Personajes secundarios*, Libros del Asteroide, Barcelona, 2008.

«Las escritoras femeninas» (nota al pie): Maureen Dowd, «The Women of Hollywood Speak Out», *New York Times Magazine*, 20 de noviembre de 2015.

«Ella lo escribió pero mira lo que escribió (nota al pie): Joanna Russ, *Cómo acabar con la escritura de las mujeres*, Editorial Dos Bigotes, Madrid, 2018.

después de que se publicara el ensayo de Rebecca Solnit: Rebecca Solnit, «Los hombres me explican cosas», *Guernica*, 20 de agosto de 2012.

Puede consultarse en: www.guernicamag.com/rebecca-solnit-men-explain-things-to-me.

«cuando los hombres añaden un poco de humor a una presentación de negocios» (nota al pie): Jonathan Evans, Jerel Slaughter, Aleksander Ellis y Jessi Rivin, «Making Jokes During a Presentation Helps Men But Hurts Women», *Harvard Business Review*, 11 de marzo de 2019.

en 2019 el *Washington Post* informó sobre un estudio: Nikki Shure, John Jerrim y Phil Parker, «Bullshitters: Who Are They and What Do We Know about Their Lives?», IZA Institute of Labor Economics, abril de 2019. Puede consultarse en: ftp.iza.org/dp12282.pdf.

Mucha gente progresista cree (nota al pie): Luba Kassova, *The Missing Perspectives of Women in News*, International Women's Media Foundation, noviembre de 2020. Puede consultarse en: www.iwmf.org/wp-content/uploads/2020/11/2020.11.19-The-Missing-Perspectives-of-Women-in-News-FINAL-REPORT.pdf; Caroline Criado Perez, *La mujer invisible: descubre cómo los datos configuran un mundo hecho por y para los hombres*, Editorial Seix Barral, Barcelona, 2020, pág. 280.

«el fenómeno del trauma psicológico»: Judith Herman, *Trauma and Recovery: The Aftermath of Violence—from Domestic Abuse to Political Terror*, Basic Books, Nueva York, 2015, pág. 8.

las mujeres en 2010 ganaban el 77 % (nota al pie): Elise Gould, Jessica Schieder y Kathleen Geier, «What Is the Gender Pay Gap and Is It Real?», Economic Policy Institute, 20 de octubre de 2016. Puede consultarse en: www.epi.org/publication/what-is-the-gender-pay-gap-and-is-it-real.

Uber o un Lyft, puesto que ambas empresas estaban siendo investigadas: «Lyft Report Cites Higher Numbers of Sexual Assaults», NPR, 22 de octubre de 2021. Puede consultarse en: www.npr.org/2021/10/22/1048607981/lyft-sexual-assaults-safety-report.

#MeToo no trata (solo) de sexo: Rebecca Traister, «This Moment Isn't (Just) About Sex. It's Really About Work», *The Cut*, 10 de diciembre de 2017. Puede consultarse en: www.thecut.com/2017/12/rebecca-traister-this-moment-isnt-just-about-sex.html.

8. LA TELEVISIÓN IMPRESCINDIBLE DE LAS CHICAS MUERTAS

las mujeres constituyen menos de un tercio: doctora Martha M. Lauzen, *Boxed In 2019-20: Women on Screen and Behind the Scenes in Television*, 2020. Puede consultarse en: womenintvfilm.sdsu.edu/wp-content/uploads/2020/09/2019-2020_Boxed_In_Report.pdf; Lauzen, *It's a Man's (Celluloid) World: Portrayals of Female Characters in the Top Grossing Films of 2020*, Center for the Study of Women in Television & Film, 2021. Puede consultarse en: womenintvfilm. sdsu.edu/wp-content/uploads/2021/04/2020_Its_a_Mans_World_Report.pdf.

En 2013 la evidencia arqueológica (nota al pie): Virginia Hughes, «Were the First Artists Mostly Women?», *National Geographic*, 9 de octubre de 2013.

«Me di cuenta de la gran especificidad» (nota al pie): Brit Marling, «I Don't Want to Be the Strong Female Lead», *New York Times*, 7 de febrero de 2020.

Incluso el decimocuarto dalái lama cree: Ishaan Tharoor, «The Dalai Lama Thinks a Female Dalai Lama Would Have to Be "Very, Very Attractive"», *Washington Post*, 23 de septiembre de 2015.

cuatro años después pidió disculpas: Marie Lodi, «The Dalai Lama Says He Was Just Joking About His Successor Needing to Be Hot», *The Cut*, 2 de julio de 2019. Puede consultarse en: www.thecut.com/2019/07/dalai-lama-says-female-successor-should-be-attractive.html.

«¿Qué es el odio hacia uno mismo?»: Tara Brach, *Aceptación radical: abrazando tu vida con el corazón de un buda*, Gaia Ediciones, Móstoles, 2018.

«Una de cada ocho películas con distribución comercial en 1983»: Daniel Goleman, «Violence Against Women in Films», *New York Times*, 28 de agosto de 1984.

todas las mujeres nominadas a un premio a la mejor actriz de la Academia: Susan Faludi, *Reacción: la guerra no declarada contra la mujer moderna*, Editorial Anagrama, Barcelona, 1993.

la mitad de las ocho cintas nominadas al premio a la mejor película: Lena Wilson, «The Long, Problematic History of Rape Scenes in Film», *Playlist*, 26 de octubre de 2017. Puede consultarse en: theplaylist.net/problematic-history-rape-scenes-film-20171026.

En 2019, el violador de una niña declarado culpable Roman Polanski: Hadley Freeman, «What Does Hollywood's Reverence for Child Rapist Roman Polanski Tell Us?», *Guardian*, Londres, 30 de enero de 2018.

«En realidad no participo en películas»: Brent Lang, «Keira Knightley on "Colette", Pushing for Social Change, and If She'll Ever Direct», *Variety*, 16 de enero de 2018.

podría ver hasta cincuenta actos de violación: Charlie Jane Anders, «Someone Has Done a Statistical Analysis of Rape in *Game of Thrones*», *Gizmodo*, 26 de mayo de 2015. Puede consultarse en: gizmodo.com/someone-has-done-a-statistical-analysis-of-rape-in-game-1707037159.

«Bromeo, perversamente»: Sonia Saraiya, «The Truth About TV's Rape Obsession: How We Struggle with the Broken Myths of Masculinity, On Screen and Off», *Salon*, 25 de junio de 2015. Puede consultarse en: www.salon.com/2015/06/25/the_truth_about_tvs_rape_obsession_how_we_struggle_with_the_broken_myths_of_masculinity_on_screen_and_off.

Y su supuesta víctima tuvo que mudarse (nota al pie): Amanda Mitchell, «Christine Blasey Ford Is Donating Her GoFundMe Money to Sexual Assault Survivors», *Marie Claire,* 27 de noviembre de 2018.

«imágenes reguladoras»: Patricia Hill Collins, *Black Feminist Thought: Knowledge, Consciousness, and the Politics of Empowerment,* Routledge, Nueva York, 2008, pág. 69.

«¿Qué es el arte sino una expresión… ?»: Jessa Crispin, prólogo a Joanna Russ, *Cómo acabar con la escritura de las mujeres,* Editorial Dos Bigotes, Madrid, 2018.

La cobertura de informes de acoso sexual, violación y agresiones sexuales: *Who Makes the News?,* edición de Sarah Macharia, Global Media Monitoring Project, 2020. Puede consultarse en: whomakesthenews.org/wp-content/uploads/2021/07/GMMP2020.ENG_.FINAL20210713.pdf. Las mujeres y jóvenes no están lo suficientemente representadas como temas y fuentes incluso en las noticias que les atañen directamente, que el proyecto designa como noticias de «acoso sexual, violación y agresiones sexuales»; en los periódicos, las mujeres suponen el 35 % de los temas y fuentes sobre dicha temática.

cada setenta y tres segundos una persona estadounidense sufre una agresión sexual: «Statistics», RAINN (Rape, Abuse & Incest National Network), 2022. Puede consultarse en: www.rainn.org/statistics.

9. CIERRA LA PUTA BOCA

«Lo que no podía calificarse como violación»: Tressie McMillan Cottom, *Thick: And Other Essays,* New Press, Nueva York, 2019, pág. 193.

Lo mismo sucedió cuando la senadora Kirsten Gillibrand: Jane Mayer, «The Case of Al Franken», *New Yorker,* 22 de julio de 2019.

El contrato de Gabrielle Union: Megan C. Hills, «Why Was Gabrielle Union "Fired" from AGT? The Bring It On Star's Claims About Jay Leno's "Racist" Joke», *Evening Standard,* Londres, 12 de febrero de 2020.

el destino de la vida de Casandra como «siempre profetizar la verdad»: Mary Beard, «Did Women in Greece and Rome Speak?», blog del Museo Británico, 24 de marzo de 2014. Puede consultarse en: blog.britishmuseum.org/did-women-in-greece-and-rome-speak.

La maldición de Casandra aparece en otras obras: Elizabeth Lesser, *Que hable Casandra,* Maeva Ediciones, Madrid, 2022.

«Ese es el origen de #BelieveWomen»: Jennifer Wright, «Women Aren't Crazy», *Harper's Bazaar,* 28 de diciembre de 2017.

Elizabeth Warren recibió los apelativos «cabreada» y: Annie Linskey y Matt Viser, «Is Elizabeth Warren "Angry" and Antagonistic? Or Are Rivals Dabbling in Gendered Criticism?», *Washington Post*, 6 de noviembre de 2019.

la familia real investigó formalmente la «indecencia» de Meghan Markle: Emily Alford, «While the Windsors Investigate Meghan Markle's Rudeness, Perhaps They Could Look into Prince Andrew's Alleged Pedophilia», *Jezebel*, 3 de marzo de 2021. Puede consultarse en: jezebel.com/while-the-windsors-investigate-meghan-markles-rudeness-1846400129.

Los periodistas suelen recurrir a citas: Eliza Ennis y Lauren Wolfe, *#Me Too: The Women's Media Center Report*, Women's Media Center, 2018. Puede consultarse en: www.womensmediacenter.com/assets/site/reports/media-and-metoo-how-a-movement-affected-press-coverage-of-sexual-assault/Media_and_MeToo_Womens_Media_Center_report.pdf.

Kate Manne inventó el término «himpathy»: Kate Manne, *Down Girl: The Logic of Misogyny*, Oxford University Press, Nueva York, 2017, pág. 46.

«La forma predominante en la que»: Larissa Pham, *Pop Song: Adventures in Art and Intimacy*, Catapult, Nueva York, 2021, pág. 57.

La activista Tarana Burke creó Me Too: Sandra E. Garcia, «The Woman Who Created #MeToo Long Before Hashtags», *New York Times*, 20 de octubre de 2017.

«mujeres racializadas, de clase trabajadora, inmigrantes»: Rafia Zakaria, *Contra el feminismo blanco*, Continta Me Tienes, Madrid, 2022.

«es en verdad, a nivel profundo, una cuestión de raza y clase social realmente»: bell hooks, *Respondona: pensamiento feminista, pensamiento negro*, Paidós Ibérica, Barcelona, 2022.

supuestamente un violador y agresor sexual en serie, Marilyn Manson: Maria Sherman, «Marilyn Manson Faces Criminal Investigation for Sexual and Physical Abuse Allegations», *Jezebel*, 19 de febrero de 2021. Puede consultarse en: jezebel.com/marilyn-manson-faces-criminal-investigation-for-sexual-1846305831.

«No tendremos en cuenta la historia personal de cada nominado»: Kylie Cheung, «Supposedly Canceled Men All Pick Up Grammy Nominations», *Jezebel*, 24 de noviembre de 2021. Puede consultarse en: jezebel.com/supposedly-canceled-men-all-pick-up-grammy-nominations-1848117489.

«más allá de la credibilidad» (nota al pie): Judith Herman, *Trauma and Recovery: The Aftermath of Violence—from Domestic Abuse to Political Terror*, Basic Books, Nueva York, 2015, pág. 14; Caroline Criado Perez, *La mujer invisible: descubre cómo los datos configuran un mundo hecho por y para los hombres*, Editorial Seix Barral, Barcelona, 2020, pág. 221.

10. SILENCIO Y RUIDO

«Hete aquí el problema» (nota al pie): Bonnie Miller, *Women Don't Poop & Other Lies: Toilet Trivia, Gender Rolls, and the Sexist History of Pooping*, Ulysses Press, Berkeley, 2020, pág. 5.

«Muchas *femcels* dirían que»: Nona Willis Aronowitz, «The Femcel Revolution», *Elle*, 1 de septiembre de 2021.

11. NUEVA VERSIÓN DE LA HISTERIA

Louis C.K. «regresó a los monólogos»: «Louis CK Admits Sexual Misconduct Allegations Are True», BBC News, 10 de noviembre de 2017.

demanda federal contra Moira Donegan y treinta mujeres más: Brittany Martin, «Defamation Suit Against the "Shitty Media Men" List Creator Can Move Forward, Judge Rules», *Los Angeles Magazine*, 1 de julio de 2020.

síndrome de miositis tensional (TMS): John E. Sarno, *The Mindbody Prescription: Healing the Body, Healing the Pain*, Grand Central Publishing, Nueva York, 2001, pág. 7.

En el artículo de opinión del *New York Times* (nota al pie): Juno DeMelo, «A 30-Year-Old Best-Selling Book Might Hold the Key to Curing Chronic Pain», *New York Times*, 9 de noviembre de 2021.

«Desde la década de los cincuenta, el diagnóstico psicosomático»: Elinor Cleghorn, *Enfermas: una historia sobre las mujeres, la medicina y sus mitos en un mundo de hombres*, Barcelona, Paidós, 2022, pág. 6.

que puede tener un desenlace fatal porque agrava las afecciones cardíacas: Judith Shulevitz, «The Lethality of Loneliness», *New Republic*, 13 de mayo de 2013.

«Háblales [al público] de que nunca eres verdaderamente»: Audre Lorde, *La hermana, la extranjera*, Horas y Horas la Editorial, Madrid, 2002.

El trauma «puede reactivarse»: Bessel van der Kolk, *El cuerpo lleva la cuenta*, Eleftheria, Barcelona, 2020.

«Una experiencia se convierte en un trauma»: Ezra Klein and Bessel van der Kolk, «This Conversation Will Change How You Think About Trauma», *New York Times*, 24 de agosto de 2021.

«la historia de todos [literalmente] los traumas»: Sarah Ramey, *The Lady's Handbook for Her Mysterious Illness: A Memoir*, Anchor, Nueva York, 2020, pág. 228.

«factores externos»: Parul Sehgal, «The Case Against the Trauma Plot», *New Yorker*, 27 de diciembre de 2021.

«se centró en los síntomas de la histeria que mostraban algún pareci-

do con»: Judith Herman, *Trauma and Recovery: The Aftermath of Violence—from Domestic Abuse to Political Terror*, Basic Books, Nueva York, 2015, pág. 11.

«la historia del evento traumático»: Herman, *Trauma and Recovery*, pág. 1.

«que la ira no expresada o expresada de forma inadecuada»: Soraya Chemaly, *Enfurecidas*, Paidós, Barcelona, 2020.

«el dolor de espalda, de estómago y de cabeza casi siempre»: Sarno, *The Mindbody Prescription*, pág. 60.

Las mujeres que se encomiendan al control maternal de los medios: Las mujeres ven más las noticias que los hombres (Al Tompkins, «New Pew Study Says Local TV News Viewing Dropping Fast», Poynter, 5 de enero de 2018. Puede consultarse en: www.poynter.org/ethics-trust/2018/new-pew-study-says-local-tv-news-viewing-dropping-fast-2); ven 232 horas más al año en la plataforma Hulu que los hombres (Dana Feldman, «Hulu: How America Watched Television in 2017», *Forbes*, 18 de diciembre de 2017); son mayoría en cuanto a asistencia en salas de cine (*Theatrical Market Statistics 2016*, Motion Picture Association of America, 2017. Puede consultarse en: www.mpaa.org/wp-content/uploads/2017/03/MPAA-Theatrical-Market-Statistics-2016_Final.pdf); dedican 150 minutos más que los hombres al móvil (enviando mensajes, *emails*, consultando redes sociales, en ese orden; «Social Media Fact Sheet», Pew Research Center, 7 de abril de 2021. Puede consultarse en: www.pewinternet.org/fact-sheet/social-media); y constituyen la mayoría de los usuarios de Facebook, Instagram y Twitter (Jeff Clabaugh, «Why Women Check Social Media More Than Men», WTOP News, 22 de octubre de 2018. Puede consultarse en: wtop.com/business-finance/2018/10/why-women-check-social-media-more-than-men), comprobando la información de cada red social... solo... una... vez... más. Un estudio de 2017 sobre el uso adictivo de las redes sociales asociaba esta cuestión con ser joven y soltera (Cecilie Schou Andreassen, Ståle Pallesen y Mark D. Griffiths, «The Relationship Between Addictive Use of Social Media, Narcissism, and SelfEsteem: Findings from a Large National Survey», *Addictive Behaviors* 64 [2017], págs. 287-293). Aunque las mujeres jóvenes y solteras pasan más tiempo en internet, también son las que más abandonan la red debido a ciberacoso. «En la actualidad, globalmente, hay doscientos millones menos de chicas y mujeres en internet en comparación con la cantidad de hombres», escribe Soraya Chemaly en *Enfurecidas*.

«Creo que la relación entre rabia/calma»: Sarno, *The Mindbody Prescription*, pág. 41.

«Las mujeres que reprimen su ira tienen»: Chemaly, *Enfurecidas*.

«respuesta habitual frente a las atrocidades es borrarlas»: Herman, *Trauma and Recovery*, pág. 1.

las personas traumatizadas contraen más enfermedades: «Past Trauma May Haunt Your Future Health», Harvard Health Publishing, 12 de febrero de 2021. Puede consultarse en: www.health.harvard.edu/diseases-and-conditions/past-trauma-may-haunt-your-future-health; Carina Storrs, «Is Life Expectancy Reduced by a Traumatic Childhood?», *Scientific American*, 7 de octubre de 2009.

En una zona rural de Carolina del Norte en 2002: Robert E. Bartholomew y Bob Rickard, *Mass Hysteria in Schools: A Worldwide History Since 1566*, McFarland, Jefferson, NC, 2014.

En Ciudad de México entre 2006 y 2007: Daniel Hernandez, «The Haunting of Girlstown», *Vox*, 20 de mayo de 2020. Puede consultarse en: www.vox.com/c/the-highlight/21242299/outbreak-girlstown-chalco-world-villages-villa-de-las-ninas.

Hacia 2009 en Afganistán: Matthieu Aikins, «Are the Taliban Poisoning Afghan Schoolgirls? The Evidence», *Newsweek*, 9 de julio de 2012.

En Malasia en 2019: Heather Chen, «The Mystery of Screaming Schoolgirls in Malaysia», BBC News, 11 de agosto de 2019.

En el centro para chicas jóvenes Starehe de Kenia: Nancy Agutu, «Starehe Girls Diagnosed with Mass Hysteria», *Star*, Nairobi, Kenia, 4 de octubre de 2019.

12. HABLA OTRA VEZ

Deepak Chopra (denunciado en una ocasión por acoso sexual): Rich Juzwiak, «A Decades-Long History of Hollywood Getting Away with It», *Jezebel*, 10 de octubre de 2018. Puede consultarse en: jezebel.com/a-decades-long-history-of-hollywood-getting-away-with-i-1829536822.

Su lógica (nota al pie): Anne Carson, «El género del sonido». Puede consultarse en: https://periodicodepoesia.unam.mx/texto/el-genero-del-sonido/.

La autora bell hooks tuvo que cambiarse el nombre: bell hooks, *Respondona: pensamiento feminista, pensamiento negro*, Paidós Ibérica, Barcelona, 2022.

«se aprobaban las normas que especificaban la ubicación»: Carson, «El género del sonido».

durante «una breve década los hombres de ciencia escucharon a las mujeres»: Judith Herman, *Trauma and Recovery: The Aftermath of Violence—from Domestic Abuse to Political Terror*, Basic Books, Nueva York, 2015, pág. 11.

sucesos como el 11-S «tienen menos posibilidades de causar un trauma»: Ezra Klein y Bessel van der Kolk, «This Conversation Will Change How You Think About Trauma», *New York Times*, 24 de agosto de 2021.

«El primer test sistemático del poder del lenguaje»: Bessel van der Kolk, *The Body Keeps the Score: Brain, Mind, and Body in the Healing of Trauma*, Penguin Books, Nueva York, 2014, pág. 241.

«En la mayoría de los estudios sobre conciencia emocional»: Eleanor Cummins, «Is the Pain All in My Head?», The Cut, 25 de enero de 2022. Puede consultarse en: www.thecut.com/2022/01/pain-reprocessing-therapy.html.

Tras «exorcizar el equivalente a un diario de sentimientos negativos»: Juno DeMelo, «A 30-Year-Old Best-Selling Book Might Hold the Key to Curing Chronic Pain», *New York Times*, 9 de noviembre de 2021.

«tan solo recordar una experiencia de ira tiene como resultado»: Soraya Chemaly, *Enfurecidas*, Paidós, Barcelona, 2020.

«Las mujeres deben escribir su propio yo»: Hélène Cixous, Keith Cohen y Paula Cohen, «The Laugh of the Medusa», *Signs* 1, n.º 4, 1976, pág. 875.

existe incluso el término «violencia del rechazo»: Lily Katherine Thacker, «The Danger of "No": Rejection Violence, Toxic Masculinity and Violence Against Women», tesis de máster, Eastern Kentucky University, enero de 2019.

«filtrar nuestros chistes, risas»: Tressie McMillan Cottom, *Thick: And Other Essays*, New Press, Nueva York, 2019, pág. 194.

267

13. RECLAMAR LAS VOCES DE LAS MUJERES

«un poema funciona si está a la altura»: Suzanne Juhasz, *Naked and Fiery Forms: Modern American Poetry by Women*, HarperCollins, Nueva York, 1976, págs. 185, 201.

«a la hora de recuperar siglos»: Hilarie M. Sheets, «Female Artists Are (Finally) Getting Their Turn», *New York Times*, 29 de marzo de 2016.

«la sensación extraordinaria de desprendimiento…»: Adrienne Rich, «Conditions for Work: The Common World of Women», *Heresies* 3, 1977, págs. 53-54.

«Sin modelos es difícil trabajar» (nota al pie): Joanna Russ, *Cómo acabar con la escritura de las mujeres*, Editorial Dos Bigotes, Madrid, 2018.

Este libro utiliza el tipo Aldus, que toma su nombre
del vanguardista impresor del Renacimiento
italiano, Aldus Manutius. Hermann Zapf
diseñó el tipo Aldus para la imprenta
Stempel en 1954, como una réplica
más ligera y elegante del
popular tipo
Palatino

Histérica se acabó de imprimir
en un día de otoño de 2023,
en los talleres gráficos
de Liberdúplex, S. L.
Crta. BV 2241, km 7,4
Polígono Torrentfondo
08791 Sant Llorenç d'Hortons
(Barcelona)